MÉDITATIONS RELIGIEUSES

AVEC UNE NOTICE SUR SA VIE ET SES ÉCRITS ET UNE INTRODUCTION

SAMUEL VINCENT

Introduction par
ATHANASE COQUEREL FILS
Notice par
FERDINAND FONTANÈS

ALICIA ÉDITIONS

TABLE DES MATIÈRES

Introduction	1
Notice sur Samuel Vincent	16
1. Les Mystères	48
2. L'amour de Jésus	66
3. L'âme humaine et le monde	81
4. La Femme et la Religion	91
5. Revivrons-nous ?	106
6. Mangeons et buvons	117
7. Le Royaume de Dieu	131
8. La guerre intérieure	144
9. La durée du Christianisme	153
10. Jésus, idéal de l'humanité	162
11. La prière	168
12. La chair et l'esprit	182
13. L'amour de la patrie	193
14. Le visible et l'invisible	208
15. Le doute	215
16. Le Passager et le Permanent dans la religion	229
17. De l'union du Christianisme à la civilisation grecque	233

INTRODUCTION

I

Il faut que la religion, si elle prétend se faire écouter, se faire comprendre et accepter, parle à chaque époque la langue qui lui convient. Les siècles ne se ressemblent pas. Telle parole qui autrefois parut magique et qui a électrisé tout un monde, a perdu son prestige et n'est plus intelligible que pour un nombre d'âmes infiniment restreint. Ainsi, par exemple, le livre de *l'Imitation de Jésus-Christ*, qui a ému si profondément et si puissamment édifié le Moyen Âge, n'est plus aujourd'hui qu'un objet d'étude plein d'un intérêt mystique et d'un charme austère. Il élève encore à Dieu quelques âmes rares ; mais il est pour nos contemporains en masse une lettre morte que rien ne ressuscitera.

Comparés à leurs prédécesseurs immédiats, les hommes de notre temps ont ceci de remarquable et de nouveau, qu'ils s'intéressent de plus en plus aux questions religieuses. On s'en informe. On désire se faire une opinion sur ces graves problèmes. On consent même à recevoir l'impression des vérités d'en haut. On veut au moins en entendre parler.

C'est aux personnes qui ont des convictions chrétiennes et qui veulent les propager, à savoir les présenter à leurs contemporains dans un langage qu'ils puissent entendre et goûter, sous une forme qui agisse sur leur esprit et leur volonté. Il ne suffit nullement pour cela que les défenseurs de la religion étudient l'idiome moderne comme on apprend une langue étrangère, et qu'ils traduisent après coup en style du jour ce qu'ils auront pensé en un langage suranné. Il faut que l'homme de foi soit aussi l'enfant de son siècle et de sa patrie, qu'il vive de la vie de son époque ; que sa langue maternelle soit celle des penseurs de son temps ; et si, comme en nos jours, le règne de l'esprit scientifique, le goût de l'analyse, les droits et les devoirs de la critique sont reconnus par tout ce qui pense, il faut que lui aussi ait été nourri du même lait et ait grandi à la même école.

Notre siècle souhaite de croire, mais il prétend ne rien admettre sans savoir pourquoi. L'esprit moderne est positif ; il éprouve le besoin de l'idéal, mais il lui faut un idéal sensible, raisonné, et pour ainsi dire, concret. Il sent le vide de ce scepticisme ignorant et léger dont le XVIIIe siècle s'est épris. Notre génération, élevée à la rude école des révolutions et des restaurations successives, réclame une nourriture plus solide, plus substantielle que l'incrédulité étourdie et moqueuse de ses pères.

Et ce n'est pas seulement l'expérience douloureuse du passé qui nous rend plus exigeants et plus sérieux ; c'est aussi le pressentiment, toujours plus général, d'un avenir non moins redoutable. Notre passé, et, il faut bien le reconnaître aussi, notre présent, légueront à un prochain avenir d'immenses difficultés à vaincre, de vastes et obscurs problèmes à résoudre. Aussi, l'esprit public se recueille comme par instinct, s'examine, obéit à l'urgente nécessité de s'instruire et de s'armer, comme le voyageur qui va partir pour explorer des contrées nouvelles, pleines de périls mal connus. Religion et politique, économie sociale et philosophie soulèvent toutes à la fois des questions si complexes, si ardues, et bientôt si pressantes, que la pensée contemporaine, très légitimement préoccupée, cherche à s'affirmer sur ses bases menacées, et voudrait pouvoir, au milieu de l'ébranlement des esprits, s'appuyer au moins sur des principes arrêtés.

Aux interrogations inquiètes que notre époque s'adresse à elle-même sur les sujets religieux, le livre dont nous publions aujourd'hui une édition nouvelle donne une réponse calme et précise, pleine d'autorité humaine et de foi chrétienne. Élevé bien au-dessus de tout point de vue sectaire, le pasteur protestant dont on va lire les solides et pieuses *Méditations* était un homme de notre siècle, et un des plus avancés. Comme l'a dit de lui avec une entière vérité M. Prevost-Paradol, « on a vu rarement un sage et ferme esprit marcher avec autant de bonne foi dans le chemin de la vérité et exprimer des idées fortes et justes avec autant de candeur. Sur la plupart des points d'histoire ou de doctrine que Samuel Vincent a touchés... il a devancé de beaucoup les idées de son temps et se trouve d'accord avec les meilleurs esprits du nôtre[*]. »

Voici en deux mots ce qu'était le protestantisme aux yeux de Vincent : « Pour moi, dit-il, et pour beaucoup d'autres, le fond du protestantisme, c'est l'Évangile ; sa forme, c'est la liberté d'examen. »

On peut prédire hardiment à notre génération qu'elle arrivera nécessairement en religion, sous un nom ou un autre, et par quelque chemin qu'elle veuille ou puisse choisir, à ce double résultat : l'Évangile (car il n'existe rien au monde qui égale l'Évangile ou même qui en approche), mais l'Évangile interprété par la conscience libre et la libre pensée (car l'esprit humain est sorti de tutelle et ceux qui prétendent l'y faire rentrer sont dans une pitoyable illusion ; le temps les détrompera).

Il est possible, il est probable que ni la génération actuelle en France, ni les suivantes, ne se déclareront protestantes ; mais il est certain que dès maintenant et de plus en plus, les bons esprits dans toutes les Églises sont déjà et seront chaque jour davantage de la religion de Samuel Vincent, qui se réduit tout entière à ces deux termes : Évangile et liberté.

II

Les *Méditations religieuses* de Samuel Vincent voient le jour pour la quatrième fois[†]. Publiées d'abord isolément, elles furent réunies en un

---

[*] *Du Protestantisme en France*, introd., p. VII.
[†] Elles ont paru, en outre, traduites en allemand, sous deux titres différents, d'abord sous celui de *Das Christenthum als die Religion des Herzens*, puis à Esslingen, en 1852, sous celui-ci : *Betrachtungen ueber Religion und Christenthum* (1 vol. in-12). Une des Méditations, *la Femme et la Religion*, a été publiée à part et intitulée *Der weibliche Beruf im Lichte der Religion, Worte der Liebe*.

volume par les soins de l'auteur, dès 1829. Après la mort de Vincent, ce premier recueil, revu et augmenté de plusieurs morceaux inédits, fut publié de nouveau par son neveu et son collègue dans l'église de Nîmes, M. Fontanès, qui plaça en tête du volume une double notice sur la vie et les écrits de son oncle ; on retrouvera ce pieux travail dans l'édition actuelle. Depuis longtemps épuisé, l'ouvrage était souvent redemandé, soit par les disciples de l'auteur et par des familles protestantes où règne une instruction solide et une piété de l'ordre le plus élevé, soit par des pasteurs pour lesquels Vincent est demeuré un maître éminent et une lumière de leur Église, soit encore par bien des catholiques impartiaux, désireux de connaître ce grand et ferme esprit ou de s'éclairer de son opinion indépendante et réfléchie, sur les plus graves de tous les sujets.

En 1859, un autre écrit important de Samuel Vincent (*du Protestantisme en France** 1 vol. gr. in-18), a reparu avec une introduction très remarquable de M. Prevost-Paradol ; cette publication a été accueillie avec une faveur marquée. Nous ne craignons pas d'affirmer que l'ouvrage que nous réimprimons aujourd'hui offre un intérêt plus général et met encore mieux en évidence les mérites éminents de l'auteur.

Ce livre réunit deux caractères qu'on trouve rarement confondus en un seul. Comme le précédent éditeur l'a dit avec raison, « ce Recueil est un cours de philosophie religieuse adressé aux personnes qui peuvent et qui veulent se faire à elles-mêmes leur croyance. » Aussi est-ce avec une pleine confiance que nous le présentons aux esprits, très nombreux aujourd'hui, qui cherchent la vérité et qu'émeuvent ces grandes questions de Dieu, de l'âme et de nos destinées immortelles, du christianisme et de son avenir, partout agitées en ce temps-ci. Mais ces mêmes *Méditations*, œuvre d'un penseur profond et hardi, émanent aussi d'un cœur croyant et chrétien. C'est ainsi que ce volume, où tant de grands problèmes sont remués, est en même temps un *livre de piété* dans le meilleur sens du mot, non assurément pour ceux qui adorent sans penser et qu'effraye toute recherche sérieuse, mais pour les fidèles de diverses communions qui ont besoin d'une solide nourriture, intellectuelle et religieuse à la fois.

Les Mystères, le Doute, Revivrons-nous ? Mangeons et buvons, car

---

* C'est l'ouvrage que Vincent avait intitulé *Vues sur le protestantisme en France*.

demain nous mourrons, la Durée du christianisme, le Passager et le Permanent dans la religion, voilà autant de sujets qui doivent provoquer à de graves et fécondes réflexions tout esprit philosophique ; *l'Amour de Jésus, l'Âme humaine et le monde, la Femme et la Religion, le Royaume de Dieu, la Guerre intérieure, Jésus, idéal de l'humanité,* voilà des titres qui attireront les âmes pieuses ; mais nous osons assurer aux penseurs qu'ils trouveront dans ces pages chrétiennes une hauteur de vues tout à fait exceptionnelle et une puissante originalité ; et nous pouvons promettre aux lecteurs qui recherchent avant tout l'édification, qu'ils rencontreront dans ces essais philosophiques une rare abondance des sentiments les plus élevés et des émotions les plus religieuses.

Avec Vincent, on apprend à penser, à se rendre compte de ce qu'on croit ; la piété devient forte et virile ; l'adoration, qui s'est rendu compte d'elle-même, est d'autant plus fervente et plus profondément sérieuse. On sort de cette lecture plus calme et plus énergique ; on se sent devenu plus complètement homme et plus véritablement croyant.

À nos yeux, Samuel Vincent est, par excellence, un penseur religieux en qui se trouvent unis un esprit éminemment philosophique et une âme profondément chrétienne.

III

Ce qui frappe au premier abord, quand on a parcouru ses écrits et étudié sa vie, c'est l'étendue de ses facultés et la variété de ses connaissances. Occupé des devoirs de son ministère et de la présidence du consistoire dans une des Églises les plus populeuses et les plus influentes de la France protestante, Vincent avait trouvé le temps d'apprendre l'anglais, l'allemand, l'italien, l'espagnol. Voulant raviver dans la ville dont il était une des lumières, l'essor des intelligences et le goût de l'étude, il donna un cours public sur les littératures étrangères et sur leur histoire. Non seulement il analysait dans son journal, et de manière à en extraire toute la substance, les principales publications des théologiens et des prédicateurs de l'Allemagne et de l'Angleterre, mais il traduisit entièrement et il publia plusieurs de leurs ouvrages (Chalmers, Paley, Sintenis).

La théologie et les langues étaient si loin d'absorber toutes ses facultés, qu'il fut, dans le conseil général de son département, un des chefs actifs et influents du mouvement politique d'alors, dans une province difficile à administrer. Pendant ses dernières années, devenu un agronome distingué, il fut un bienfaiteur pour la contrée qu'il habitait, en introduisant dans la culture du sol de sages améliorations qui, d'abord combattues et honnies par l'esprit de routine, mais patiemment poursuivies par sa veuve, avec une fermeté de volonté et une supériorité intellectuelle dignes de lui, obtinrent plus tard l'éclatante consécration du succès et finirent par rallier tous les suffrages.

Enfin, ce même homme qui appréciait et goûtait les diverses littératures européennes, qui fut jusqu'à sa mort épris de la poésie, ne laissait aucune des sources du savoir échapper à ses investigations infatigables, et lisait, pour se délasser, des traités de hautes mathématiques. L'aridité des sciences exactes ne le rebutait nullement ; la rigueur des raisonnements, l'étroit enchaînement des déductions, avaient pour lui un attrait puissant.

Souvent les esprits qui aiment à se mouvoir dans un cercle si étendu n'en connaissent que la surface. Chez Vincent, au contraire, on a remarqué, comme un caractère dominant de ses travaux, la pénétration, une rare vigueur d'analyse, une laborieuse et féconde sagacité. Le volume qu'on va lire en offre de nombreux exemples, dans les développements originaux dont il revêt une foule d'idées larges et saines, et jusque dans les subdivisions lumineuses de quelques-unes de ses *Méditations*. Nous ne ferons qu'une citation, et nous l'emprunterons à un autre de ses écrits. Dans le *Discours préliminaire* qu'il mit en tête de la seconde édition de l'*Histoire des Camisards*, par Antoine Court, il avait à démontrer cette vérité qui, assurément, n'a rien de nouveau : « La violence appliquée à la religion est le plus mauvais de tous les moyens de conversion. » D'autres, peut-être, eussent appelé à l'appui de cette assertion des preuves extérieures, des exemples historiques ; Vincent se contente de dire que « l'expérience l'a partout prouvé, » et que ce moyen a été « repoussé avec horreur par l'auteur divin du christianisme. » Mais aussitôt il fait une analyse psychologique des effets de la persécution sur ceux qu'elle frappe.

« Loin d'éclairer les âmes, la persécution ne fait que les exalter et les aigrir. L'homme persécuté ne saurait être froid. Il est placé dans une situation violente qui le remue fortement, et qui développe toutes les facultés de son âme. Les émotions qu'il éprouve, cette chaleur toute nouvelle dont il se sent animé, doivent surtout se diriger sur les doctrines pour lesquelles il souffre. Son cœur, blessé dans l'endroit le plus sensible, et redoublant d'énergie pour repousser la force qui le comprime et qui l'humilie, désire vivement que ces doctrines soient vraies. Son esprit, plein d'une activité que la contrainte rend infatigable, cherche avec ardeur tout ce qui peut les établir ; sa croyance devient une véritable passion. Qu'attendre de la simple vérité sur un homme qu'on vient de placer dans une situation si violente ? Il est aussi peu disposé à céder aux raisonnements qu'à plier sous la force. Il était peut-être indifférent et froid, et la vérité l'aurait trouvé sans préjugé comme sans passion. Maintenant il est fortement persuadé des opinions que vous voulez détruire et plein d'ardeur pour les défendre. Il les soutiendrait même contre sa persuasion intérieure, parce qu'il croirait commettre une lâcheté en les abandonnant, lorsque vous voulez l'y contraindre. »

Voilà un exemple du procédé habituel de la pensée de Vincent. Une thèse, soutenue mille et mille fois, qui n'eût inspiré à bien d'autres que des lieux communs et de la déclamation, devient pour lui l'occasion d'une étude de psychologie aussi délicate que solide. Cette sagacité réfléchie et active, ce talent naturel pour creuser son sujet et le sonder jusqu'au fond, était chez lui animé par un ardent amour de la vérité et par la conviction profonde de l'intérêt et du droit qu'a tout être humain à posséder la vérité. Cet analyste si fin, cet investigateur passionné, ce critique sans peur, n'était rien moins que sceptique. Sa pensée saisissait la vérité d'une étreinte si vigoureuse, que rien ne pouvait plus l'en détacher ; de même que chez le mathématicien, rien n'ébranle la certitude de ce qui a été une fois pleinement démontré.

Ce qui l'a toujours sauvé du scepticisme, c'est que son âme était trop richement douée pour pouvoir s'enfermer tout entière dans le domaine de l'esprit, quelque vaste que ce domaine fût pour lui, en profondeur comme en étendue. Homme de cœur et de foi, père de famille tendrement dévoué à ses filles et à leur digne mère, pasteur habile à développer tout à la fois chez ses catéchumènes ou chez les auditeurs de ses sermons la pensée et la piété, la conviction et le sentiment, Vincent était chrétien sans étroitesse dogmatique, mais aussi sans sécheresse ni froideur. On verra, dans ses *Méditations*, quelle part essentielle, primordiale, il attribuait à l'amour dans le christianisme, au cœur dans la vie religieuse. Jamais peut-être un plus large savoir, un raisonnement plus serré, une plus droite et plus pénétrante logique n'ont été mis en œuvre sous l'inspiration d'une foi chrétienne plus ferme et plus sentie.

Aucune affection humaine, chez lui, n'était faible ou banale. Sous ce rapport, le discours qu'on lira plus loin, sur l'*Amour de la patrie*, mérite d'être signalé. Les autres *Méditations* de Vincent ne sont point des discours, et renferment seulement la substance des prédications du pasteur nîmois. C'est par exception que son sermon sur l'*Amour de la patrie* fut écrit tout entier, et l'on a eu raison de le comprendre dans la précédente édition de notre recueil. Rarement éloquent, si l'on entend par ce mot l'abondance entraînante des mouvements, l'éclat des images, la puissance d'une parole qui subjugue ceux qui l'entendent, Vincent s'élevait cependant par moments à une grande hauteur, et communiquait alors à ses auditeurs une émotion dont le souvenir ne s'effaçait plus. Il y a plus d'un morceau de ce genre dans le discours que nous indiquons. On se rappelle encore à Nîmes de quel accent, au retour d'un voyage dans des contrées moins brûlées du soleil, il disait du sol natal : « Ses sites réjouissent mes yeux. Après avoir contemplé avec extase la verdure luxuriante du Nord, j'éprouve une douceur secrète à retrouver la teinte pâle de l'olivier et ces collines pelées sur lesquelles s'étend un dôme resplendissant de lumière et d'azur. »

On se souvient encore de ses pressants appels à la concorde, au nom de la patrie commune, dans une province où, en 1815, la *terreur blanche* avait laissé des traces si cruelles, et où, en 1830, trois mois avant cette prédication de Vincent, quelques catholiques avaient craint un moment, de la part de la population protestante, des représailles indignes d'elle, et qui ne furent pas même tentées. Bien des colères sourdes et des défiances funestes fermentaient dans les cœurs ; Vincent en était indigné et combattait ces éléments de trouble et de haine, en digne ministre de Jésus-Christ et en citoyen plein d'amour pour son pays.

« Toutes les âmes généreuses, s'écriait-il, ne sympathisent-elles point à la douleur dont mon âme est navrée quand je songe à tout le mal qu'a fait à notre malheureux pays l'absence de la paix parmi les concitoyens ? Ô belles contrées du Midi favorisées du ciel, doux climat, terre nourricière, féconde nature qui ne demandez qu'à donner, beaux jours qui la secondez, air tiède, azur brillant des cieux, éblouissante lumière, torrent de chaleur régénératrice, soleil éclatant et réparateur, pourquoi, quand vous répandez sur nous les flots inépuisables de vos bienfaits, semblons-nous prendre à tâche de les gâter les uns pour les autres en les arrosant de fiel ? Pourquoi, dans un pays où la nature est si puissante et si riche, l'homme, l'homme seul, qui devrait valoir mieux qu'elle, se montre-t-il au-dessous des merveilles qui l'entourent, et comme indigne des dons qui pleuvent sur lui ? Pourquoi des concitoyens et des frères cherchent-ils à s'en empoisonner la jouissance par des inimitiés et des haines que les moindres accidents renouvellent, et dont rien ne présage la fin ? Ici la nature embellit tout ; l'homme la flétrit. Ah ! que le soleil se voile, que l'azur des cieux se ternisse, que la terre devienne ingrate, que la brume et les frimats remplacent nos jours tièdes et sereins, et que la paix règne dans les cœurs ! »

Si nous avons cité cette belle page, c'est moins encore pour montrer que Vincent a eu des moments de vraie et touchante éloquence que pour faire apprécier avec quelle chaleur d'âme et quelle vivacité d'impression il éprouvait ces deux nobles sentiments : l'enthousiasme pour les beautés de la nature et un filial amour pour sa patrie.

Nous le reconnaissons d'ailleurs : Vincent n'était pas, à vrai dire, un orateur ; sa parole manquait parfois de souplesse, et même de clarté ; son style était souvent négligé et sans élégance. Un accent languedocien fortement prononcé et un léger défaut de langue nuisaient à son élocution. Comme tous les hommes de son âge et de la même province, il avait parlé d'abord le patois du pays, et le français pour lui était plutôt une langue étudiée après coup que l'idiome maternel, dans lequel l'enfant a formulé ses premières pensées. Il y aurait injustice à ne pas tenir compte de pareils obstacles. À Paris, où il prêcha en 1835, dans la chaire de l'Oratoire, ces défauts tout extérieurs diminuèrent l'impression qu'aurait dû produire son sermon.

Un autre inconvénient plus grave ôtait souvent à sa parole quelque chose de son efficacité. Trop profond, trop abstrait pour son auditoire, trop riche d'idées neuves, de fines et justes nuances, d'observations délicates sur le cœur humain, saisissant et indiquant trop vite des rapports vrais, mais inattendus, entre le sujet qu'il traitait et d'autres idées qui se présentaient à lui, Vincent était peu compris par le peuple. En revanche, les meilleurs esprits recherchaient avidement ses enseignements, et ses élèves, mieux accoutumés à le comprendre, y trouvaient une source abondante d'édification et de lumières. D'ailleurs, impatient des longueurs qu'entraîne la recherche de la forme, trop fort et trop occupé pour assujettir son esprit à ces soins minutieux, Vincent prépara souvent ses prédications trop rapidement. Tandis que le fond de ses discours était le produit d'une méditation soutenue et mesurée, la forme était livrée trop souvent aux hasards d'une improvisation hâtive. Peu importe aujourd'hui pour ses lecteurs ; cette forme obscure ou peu oratoire a disparu, et c'est le fond seulement, tel qu'il l'a conçu et recueilli lui-même, que nous offrons aux bons esprits et aux âmes pieuses.

Pour être sincère jusqu'au bout, et tout épuiser, le blâme comme la louange, disons encore que Samuel Vincent, théologien assidu, penseur original, savant philologue, agronome habile et même, dans sa sphère, homme politique influent, a été accusé de n'être pas assez pasteur et prédicateur. Si l'on a prétendu le blâmer d'avoir étendu ses connaissances et son infatigable activité d'esprit, d'avoir voulu juger de près et de haut la vie intellectuelle de ses contemporains, d'avoir enfin dominé les esprits de tous les côtés à la fois, pour les éclairer et les amener à la vérité, ce reproche, à nos yeux, est un éloge. L'idéal du pasteur protestant, et en général du ministre d'un culte chrétien au XIXe siècle, était pour Vincent plus élevé, plus complexe, plus humain, plus sainement religieux, plus complètement chrétien que pour ses censeurs. Sa conscience, s'il se fût emprisonné dans le cercle étroit qu'on aurait voulu tracer autour de lui, l'aurait justement condamné, comme ne comprenant pas sa tâche et l'amoindrissant. Selon lui, le ministre de Jésus-Christ doit, s'il le peut, marcher en avant de tous ceux qu'il s'est chargé d'instruire et d'édifier. C'est bien ainsi que l'avaient entendu avant lui, au XVIe et au XVIIe siècle, ses plus illustres prédécesseurs. Mais si l'on veut dire seulement que Vincent, si éminent et si actif qu'il fût, n'a pu suffire à tout, n'a pu trouver toujours le secret difficile de se faire tout à tous, nous ne le nierons pas ; ce n'est pas ici un panégyrique, mais un portrait exact, et nous recommanderons seulement à ceux qui ont censuré un tel homme, d'être, avec autant d'abnégation et de fidélité, laborieux et dévoués, selon leur façon d'entendre leurs devoirs, qu'il le fût à sa manière.

Il a laissé après lui, dans ce monde, comme une traînée de lumière ;

l'influence de ses vues élevées et de ses fermes principes est demeurée vivante et féconde.

IV

Il nous reste à signaler dans l'œuvre de sa vie un côté essentiel sans lequel on ne se ferait qu'une idée très imparfaite des services qu'il a rendus et de la direction qu'il a imprimée aux esprits. Mais pour nous faire comprendre, il nous faut jeter un rapide coup d'œil sur la situation où s'est trouvée en France, avant et après lui, la science théologique.

Le réveil des hautes études de théologie auquel nous assistons depuis peu, fut pendant toute la carrière de Samuel Vincent l'objet de ses vœux ardents et de ses continuels efforts.

On a oublié, parmi nos compatriotes, que la science théologique, dédaignée depuis, fut jadis une des gloires intellectuelles de la France. Il n'est pas nécessaire, pour le prouver, de remonter à l'époque éloignée où florissaient Guillaume de Champeaux ou Anselme de Cantorbéry, Abeilard ou son antagoniste Bernard de Clairvaux. La théologie brilla d'un nouvel éclat quand Calvin eut écrit ses chefs-d'œuvre de style et de science, où une logique étroite le conduisit à mêler parmi d'immortelles vérités d'énormes erreurs. Un laïque, Duplessis-Mornay, publiait de savants et volumineux traités d'apologétique et de dogme. Cappel créait une science nouvelle, toute française d'origine, la critique sacrée, où marcha sur ses traces un célèbre oratorien, Richard Simon. C'était le temps où la reine Christine appelait en Suède le pasteur Bochart comme le premier orientaliste du monde. Alors Claude répondait un jour au grand Arnauld, le lendemain à Bossuet. Amyraut réformait déjà la sombre dogmatique des premiers réformateurs. L'érudit Blondel démontrait le premier la fausseté d'une légende scandaleuse contre la papauté, acceptée comme vraie par une foule d'auteurs catholiques. Les pasteurs des diverses Églises, et surtout ceux de Charenton, les Daillé, les Drelincourt, les Du Moulin, les Mestrezat, les Aubertin, publiaient de doctes écrits sur toutes les grandes questions religieuses qui alors partageaient les esprits. Louis XIV, après une harangue de leur émule Du Bosc, disait : *Je viens d'entendre l'homme de mon royaume qui parle le mieux.* La discussion, l'éloquence et le savoir, étaient en faveur. Le protestantisme français avait des académies célèbres à Saumur, à Sedan, et d'autres à Nîmes, à Die, à Orthez, à Montauban, à Orange. L'émulation entre catholiques et protestants était vivement excitée, et jamais, ni en France, ni nulle part, les chaires de l'Église romaine n'ont eu d'aussi grands et dignes orateurs que ceux qui se formèrent alors, un Bossuet, un Fénelon, un Massillon, un Bourdaloue, un Fléchier.

Louis XIV ferma les académies protestantes ; il exila les professeurs ; il donna à la Hollande l'historien Basnage, plus fait, a dit Voltaire, pour être ministre d'un État que d'une paroisse ; le pasteur Jurieu, l'érudit Le Clerc, Bayle enfin, et bien d'autres. Dès lors aussi, la science qui, dans une religion d'autorité comme le catholicisme, ne peut être aiguillonnée que par la contradiction du dehors, s'éteignit et ne se releva plus. Bossuet, que La Bruyère avait proclamé un Père de l'Église, fut le dernier. La médiocrité, la nullité extrême de la théologie catholique, vengea ses contradicteurs réduits au silence. La science ne s'est pas encore relevée, et elle ne fleurira de nouveau, dans les facultés de théologie romaine en France, que du jour où un gouvernement équitable aura placé à côté des plus importantes, et surtout à Paris, une faculté de théologie protestante, librement et fortement organisée.

À dater de la révocation de l'édit de Nantes, les Églises de la réforme, écrasées sous la persécution, n'eurent plus aucune ressource pour le haut enseignement. Elles furent longtemps sans pasteurs, malgré l'héroïque tentative de quelques proscrits qui osèrent rentrer en France et reprendre leur ministère ; leur hardi dévouement échoua le plus souvent. Malzac, Gardien-Givry, Géraud, finirent leurs jours dans les donjons des îles Sainte-Marguerite, et Brousson, le plus grand de tous par le courage, le savoir et le talent, fut exécuté sur l'esplanade de Montpellier. Ainsi, de l'ignorance naquit le fanatisme, et les inspirés des Cévennes, les prétendus prophètes camisards succédèrent aux pasteurs mis à mort ou bannis.

Ce fut alors qu'Antoine Court restaura le ministère évangélique en France. Avec une activité et une intelligence admirable, il prit l'initiative, forma quelques jeunes gens d'élite, se rattacha, avec eux, par l'étude et la consécration, au corps des pasteurs de Zurich, puis réussit, après de longs efforts, à réunir des fonds suffisants pour créer à Lausanne un séminaire transporté plus tard à Genève, cette Rome protestante que M. Michelet a justement nommée l'École des martyrs. Ce séminaire rendit alors d'éminents services, et forma de grands courages. Rabaut Saint-Etienne en sortait, ayant achevé ses études, quand il apprit pour première nouvelle, en mettant le pied sur le sol français, le supplice d'un collègue, d'un ami de son père, Teissier-Lafage, il ne recula point, et quand plus tard il monta sur l'échafaud de la Terreur, il montra, avec son collègue le girondin La Source, comment savaient mourir les fils des huguenots.

À dire vrai, c'est peut-être ce qu'ils savaient le mieux. Le séminaire de Lausanne, qui créait des martyrs, ne pouvait en même temps former des savants. Les pasteurs du désert n'y recevaient qu'un enseignement sommaire, et plus tard, dans leur vie de proscrits, tout leur manquait pour perfectionner leurs rapides études. Quand, en 1802, le premier consul donna une existence officielle à l'Église persécutée, il trouva dans ses rangs un clergé éprouvé, digne, dévoué, mais fort peu érudit.

Bientôt, en des temps plus calmes, le manque de vie scientifique fut senti ; mais d'abord les esprits les plus distingués furent seuls à en souffrir. Fils d'un des pasteurs de 1802, et petit-fils d'un ministre du désert, Samuel Vincent fut des premiers à signaler cette grave lacune. Dès lors il n'épargna rien pour protester contre l'ignorance satisfaite d'elle-même, ou effrayée de toute libre discussion. Il a laissé un spirituel portrait du pasteur ou du fidèle qui ne sait rien et qui s'inquiète des témérités de la science.

« Ils ont lu nos anciens théologiens ; mais ils ne connaissent point les immenses travaux dont la théologie s'est enrichie depuis ce temps. La critique sacrée est pour eux une science suspecte. Ils lui permettent bien d'exister, mais à condition de ne rien faire, de ne rien établir de nouveau. Ils voient partout des abîmes. Si vous leur parlez des variantes du texte sacré, ils vous regardent avec terreur et ils vous disent : « Monsieur, quelle incertitude vous jetez sur la Bible ! » Ils vous en veulent, comme si c'était vous qui les eussiez mises dans la Bible. Si vous leur parlez de recherches historiques et impartiales sur les divers livres de la Bible, ils vous disent : « Monsieur, vous voulez donc en faire un livre humain ! » En un mot, ils sont effrayés des faits comme des sophismes ; et tout ce que la théologie moderne trouve, il leur semble qu'elle l'invente. Ils ont toujours le rouleau à la main pour effacer les moindres aspérités, détruire les moindres proéminences*. »

Espérons que ce portrait ne ressemble plus à personne, et que le mépris de la vérité ou la peur de la science n'a plus d'adeptes, au moins parmi les protestants.

Vincent ne cessa, pendant toute sa vie, de faire la guerre à l'ignorance, de réveiller l'esprit scientifique, de provoquer le mouvement des esprits et la libre recherche. Il disait très bien : « La théologie, dans un grand nombre de ses branches, et des plus essentielles, est une science positive et de faits. Or, les faits ne s'inventent pas ; il faut les apprendre. »

Ailleurs, il montrait combien l'Angleterre à certains égards, la Hollande et bien plus encore l'Allemagne, nous étaient supérieures pour tout ce qui touche à cette science si élevée et si vaste. Française de naissance, la critique sacrée est depuis longtemps devenue tout allemande ; c'est de nos jours seulement que, grâce aux travaux de MM. Michel Nicolas, Reuss, Scherer, Colani et Réville, parmi les protestants, et de M. Renan, chez les catholiques, cette science exilée reparaît enfin dans sa première patrie. Mais Vincent a préparé de loin, et laborieusement, ce nouvel avènement dont enfin nous sommes témoins. Longtemps il ne fut que la voix du prophète qui crie au désert : « Aplanissez les sentiers ! » On l'écoutait peu ; on le comprenait moins encore ; il avait tout à créer, jusqu'à ses lecteurs ; mais il avait la foi ; il ne se décourageait point. Peu à peu, il sut se faire entendre. Le recueil de ses *Mélanges de religion, de morale et de critique sacrée* demeurera comme le plus ancien monument et le point de départ du réveil scientifique en France au XIXe siècle, dans le domaine de la théologie. « J'ai constamment tâché, a-t-il dit lui-même en parlant de cette Revue, d'augmenter la masse des faits, d'étendre les moyens d'instruction, de faire circuler quelques idées génératrices, et surtout de créer le désir et le besoin de pousser plus loin les recherches. J'ignore si j'ai réussi. »

Aujourd'hui, on ne l'ignore plus. Samuel Vincent n'a pas lutté en vain pendant tant d'années. À l'avenir, protestants ou catholiques, ceux qui écriront l'histoire de la théologie moderne en France devront

---

* *Du Protestantisme*, p. 307.

placer en tête de leurs annales, s'ils veulent être équitables, le nom de Samuel Vincent*.

Athanase Coquerel Fils

---

* Voici l'indication de quelques travaux sur Vincent :

1° *Étude comparée des tendances théologiques de Samuel Vincent et d'Alexandre Vinet*, par M. le pasteur Auzière, dans la *Nouvelle Revue de théologie*, 1858, p.73.

2° *Samuel Vincent*, par son petit-neveu, M. Ernest Fontanès, président du consistoire du Havre, dans le *Disciple de Jésus-Christ*, 1858 (mars et avril).

3° Une thèse soutenue en 1863 à l'École de théologie libre de Lausanne par M. Antonin, de Nîmes.

NOTICE SUR SAMUEL VINCENT

SA VIE
DISCOURS LU EN SÉANCE PUBLIQUE DE L'ACADÉMIE ROYALE
DU GARD, LE 29 AOÛT 1837.

Après cette impression grave et religieuse que produit toujours la mort d'un homme, surtout quand il a été frappé au milieu de nous, il est naturel à l'esprit humain de se replier sur lui-même pour apprécier cet événement et en peser les conséquences. Les uns, attristés par le spectacle de la tombe, s'arrêtent pensifs et se livrent au pressentiment du monde invisible auprès duquel ils se sentent arrivés ; les autres, plus occupés des choses visibles, regardent à la douleur de la famille affligée, à la place devenue vacante dans la société, aux affaires interrompues. Dans le premier moment, les mille voix de la multitude parlent de celui qui vient de mourir ; bientôt il n'est plus question de lui qu'au foyer domestique ; au dehors, la mort et l'oubli le pressent de tout leur poids.

Mais lorsqu'il s'agit d'un homme qui sort de la foule, d'un homme que ses talents, son influence et sa position distinguaient entre beaucoup d'autres, d'un homme que la mort a tout à coup arrêté au milieu de sa carrière, brisant les liens qui l'attachaient à la vie, et anéantissant les espérances qu'il offrait encore, chacun se sent plus vivement affecté.

Les paroles vagues et sans suite de la multitude ne suffisent plus ; on éprouve le besoin de se recueillir auprès de cette tombe à peine fermée, de rappeler les traits honorables, les talents, les services de celui que la cité vient de perdre ; on cherche à recueillir les détails épars de sa vie, pour les mieux comprendre ; on les résume pour les mieux retenir, et en appréciant l'homme remarquable qui a disparu de la scène, on veut lui payer un dernier tribut d'estime et de regrets.

Telle a été sans doute la pensée de l'Académie, lorsqu'elle a décidé qu'un de ses membres parlerait de M. Samuel Vincent dans cette séance publique. Je regrette qu'une voix plus digne d'attention n'ait pas été chargée de dire à M. Vincent un solennel adieu ; mais puisque la tâche m'a été présentée, je ne crois pas devoir refuser de la remplir, et je viens m'acquitter en ce moment d'un devoir à la fois doux et triste pour mon cœur. Ce qui m'encourage à prendre aujourd'hui la parole au milieu de vous, c'est la simplicité du travail qui m'a été confié. Je n'ai pas à faire ici l'éloge de M. Vincent : il était trop modeste pour que personne ait songé à le louer ; je dois seulement, dans une notice, vous raconter une vie que j'ai vue de près, et qui m'a fait beaucoup de bien. Le temps qui m'est donné est court, les développements et les détails trop particuliers me sont interdits ; je me bornerai aux traits les plus caractéristiques, en m'attachant à ceux qui peuvent plus particulièrement vous intéresser.

Jacques-Louis-Samuel Vincent, pasteur de l'Église réformée de Nîmes et président du consistoire, naquit à Nîmes en septembre 1787. Fils de pasteur, petit-fils d'un ministre du désert, il fut destiné au saint ministère. Une mémoire solide, une intelligence facile et étendue, de l'ardeur pour l'étude et des sentiments élevés secondèrent et encouragèrent les vœux de ses parents. De bonne heure, il se montra ami des livres, avide d'apprendre, et l'on s'aperçut, à la suite d'une maladie qui appela sur lui une attention toute particulière, qu'il passait une partie des nuits à lire et à écrire.

Pour commencer des études régulières, il fut mis au collège d'Uzès, puis à celui de Sommières, où un abbé lui enseigna le latin. Il ne l'a jamais oublié ; il se plaisait encore, dans les dernières années de sa vie, à rappeler les principes excellents qu'il avait reçus de lui, et le ministre protestant faisait l'éloge du prêtre catholique auquel il avait voué une juste reconnaissance.

Ses progrès à Sommières furent tels que, placé plus tard à Montpellier, dans l'établissement d'éducation de M. Daniel Encontre, qui l'appela souvent chez lui et lui donna des leçons comme à un ami, il écrivait en latin classique ce qu'on lui dictait en français, quoiqu'il déclarât à son professeur étonné qu'il n'avait jamais fait de thème. Une année, pendant les vacances, il lut l'Énéide en manière de délassement.

Arrivé à l'âge de faire des études plus fortes, il fut envoyé à Genève, où les jeunes protestants se préparaient au ministère évangélique et apprenaient la théologie. En arrivant, son langage modeste, ses manières simples, son accent méridional, sa mise vulgaire, la forme arrondie et vague de ses traits encore peu caractérisés, le firent prendre pour un jeune homme épais et lourd ; mais son esprit pénétrant, son jugement sûr, sa facilité à tout comprendre, à tout saisir, littérature, sciences, histoire, langues vivantes et classiques, l'abondance de ses idées, la promptitude avec laquelle il les liait et en formait des plans d'ouvrages, la quantité de travail qu'il faisait, tout en paraissant ne pas être économe de son temps, changèrent bientôt l'opinion à son égard : chacun reconnut que cet enfant du Midi avait une nature puissante, et il prit rang à la tête de ses condisciples. Il fut très aimé à Genève : ses professeurs, ses camarades, tous ceux avec lesquels il eut des relations s'attachèrent à lui ; tous aimèrent sa modeste simplicité et l'inaltérable bonhomie qui le caractérisaient, malgré les saillies d'un esprit enjoué qui raillait quelquefois, mais avec une parfaite bienveillance.

À travers les études classiques, tout en perfectionnant sa connaissance du latin et du grec, il apprit l'italien et l'anglais ; il fit ses études de philologie et de mathématiques avec une rare facilité. Entré dans l'auditoire de théologie, il prit goût à la critique appliquée à l'origine, à l'authenticité et à l'intégrité des livres saints, devançant les leçons de ses professeurs et travaillant par lui-même entouré de livres. Ses premiers essais de prédication eurent un caractère auquel ceux qui ne l'ont connu que tard ne s'attendent sûrement pas : cet écrivain solide, grave, distingué surtout par le fond de la pensée, par la sévérité du style et une grande sobriété d'ornements, se faisait remarquer par la grâce et la poésie de ses premières compositions, et l'on vit cette âme richement dotée jeter d'abord des fleurs et des parfums, comme plus tard donner des fruits pleins de maturité et de substance.

Il eut de tels succès comme étudiant, qu'il fut consacré avant le temps ordinaire, trois ans après être entré en théologie, et l'Église de Nîmes l'appela, en 1809, comme pasteur catéchiste. Là, il eut à instruire les enfants du peuple, qui n'entendaient pour la plupart que fort mal le français et ne savaient pas lire. Il fallut se plier à ce niveau inférieur, afin d'être utile aux faibles et aux petits. Il le fit ; mais, pour se dédommager, il se mit à lire en grec les histoires d'Hérodote et de Thucydide ; il fit ses délices d'Homère ; il médita les belles pages de Platon, et se nourrit de cette philosophie spiritualiste, en possession depuis tant de siècles de rallier autour de son drapeau les âmes élevées et généreuses. Alors aussi, il traduisit la *Philosophie morale* de William Paley, et il apprit à vaincre les difficultés de la langue allemande, se préparant aux publications qu'il a faites plus tard. Quand on sait tout ce qu'il a lu dans les huit ou dix premières années de son ministère, tout ce qu'il a extrait, toutes les ébauches d'ouvrages qu'il a faites, toutes les connaissances qu'il a acquises ou étendues et perfectionnées, le trésor immense d'idées et de faits qu'il a recueillis, classés, médités, fécondés, on s'arrête confondu devant cette activité prodigieuse. C'est ainsi que cet esprit supérieur se familiarisa avec toutes les branches des connaissances humaines. Il n'était étranger à rien, soit dans les arts, soit dans les lettres, soit dans les sciences. Avec le médecin, avec le naturaliste, avec le littérateur, avec le mathématicien, avec l'artiste, avec l'ouvrier, il était sur son terrain ; car il connaissait les faits, il comprenait les questions, et il les éclairait des lumières de son esprit toujours droit et sûr.

Mais, après ses travaux de cabinet, il s'occupa des moyens de répandre au dehors les fruits de ses études ; il fit plusieurs publications. Je ne puis, Messieurs, les analyser toutes ici ; à peine vous dirai-je un mot de quelques-unes. Je passe sous silence la traduction de l'ouvrage du docteur Chalmers sur *les preuves et l'autorité de la révélation chrétienne* ; la réponse au célèbre abbé de Lamennais, et les *Vues* si larges, si originales, *sur le protestantisme* ; j'arrive à un de ses ouvrages les plus importants, aux *Mélanges de religion, de morale et de critique sacrée*, qu'il publia de 1820 à 1825. Le but de ce journal, qu'il rédigea presque seul, faisant lui-même les fonds nécessaires à cette entreprise, et se créant en quelque sorte un public, le but de ce journal était de favoriser les études approfondies sur la religion. Après le XVIIIe siècle et ses attaques reproduites sous tant de formes, il pensait que l'on ne peut concevoir, exposer, défendre le christianisme exactement comme au XVIIe siècle, et il demandait qu'on le posât sur une base solidement éprouvée, qu'on le présentât de la manière la plus propre à le faire accepter de nos contemporains ; en un mot, heureux de posséder la perle de grand prix, pour parler avec l'Évangile, il voulait qu'on la montât pour les besoins du temps. Ce recueil, qui résumait les travaux théologiques de l'Angleterre et de l'Allemagne, remua beaucoup d'idées, posa un grand nombre de questions, agita parfois les esprits, en troubla quelques-uns, en éclaira beaucoup d'autres, et imprima un mouvement à la théologie parmi les protestants. Quoique la publication des *Mélanges* ait cessé depuis douze ans, ils sont restés comme un recueil fondamental de bibliothèque théologique, où le penseur aime à chercher encore des aliments pour ses méditations et d'utiles renseignements pour ses études.

Mais les *Mélanges* parlaient plus de science que de religion, de sorte que leur public était borné. Pour répandre au loin les idées auxquelles il avait foi, M. Vincent publia, sous forme de *Méditations*, la substance des discours qu'il prononçait dans les chaires de Nîmes. Là, il jeta les bases d'une véritable philosophie religieuse. Considérant la religion en elle-même, il montra qu'elle a sa source dans les profondeurs de l'âme, bien au-delà du point où commence le raisonnement ; il en appela sans cesse à nos tendances primitives, à nos besoins intimes, et, les développant avec habileté, il constata la réalité du sentiment religieux comme celle du sentiment moral. Ces méditations, quelque peu nombreuses qu'elles soient, renferment une mine féconde d'idées neuves, d'aperçus profonds ou ingénieux, et servent de portique au vaste monument que M. Vincent élevait au christianisme.

Pour continuer son œuvre et répondre à divers besoins ecclésiastiques, M. Vincent reprenait, en 1830, une publication périodique dans le but de faire prévaloir de plus en plus le spiritualisme sur le matérialisme, l'esprit sur la lettre, le fond sur la forme, lorsque la révolution de juillet éclata, et le nouveau journal, *Religion et Christianisme*, dut cesser de paraître au milieu des préoccupations politiques.

Le moment était bien grave, Messieurs : une révolution complète brusquement accomplie, une dynastie nouvelle élevée, toute l'Europe en armes, les questions politiques et sociales agitées avec passion jusque sur la place publique ! M. Vincent crut qu'il ne devait pas se couvrir de sa robe et s'asseoir à l'écart ; il pensa que, plus les temps sont difficiles, plus les amis de la patrie doivent faire de sacrifices personnels. Lorsque le vaisseau est battu par la tempête, tout le monde met la main à l'œuvre pour le sauver du naufrage. Il se joignit en conséquence aux amis de l'ordre et d'une sage liberté pour travailler à éclairer, à calmer, à civiliser les hommes, au risque de déplaire à quelques-uns, au péril de sa popularité et de son repos. Pour lui, les intérêts de l'humanité, les progrès dans l'ordre moral établi par la Providence passaient avant tout, et il s'y livra avec ce courage ferme et modeste qu'il possédait à un haut degré. Avait-il raison ? avait-il tort ? Ce sont des questions que nous n'avons pas le temps de résoudre ; je raconte seulement sa pensée.

Une autre préoccupation a pris, dans la dernière partie de sa vie, une place très grande, trop grande, aux yeux de beaucoup de personnes : je veux parler de l'agriculture. Messieurs, avant de juger un homme aussi distingué, surtout avant de le condamner d'une manière absolue, il faut le comprendre. Des arrangements de famille l'avaient chargé d'un domaine assez considérable pour l'occuper, pas assez pour le dispenser de veiller lui-même à son exploitation ; il dut y donner ses soins. À peu près dans le même temps, sa santé, éprouvée par les travaux du cabinet poussés avec une ardeur extrême, s'ébranla ; plusieurs maladies très graves le frappèrent ; celle dont il est mort quinze ans après s'annonça comme imminente. M. Vincent chercha, dans le grand air et l'activité de la campagne, une ressource précieuse pour rétablir ses forces et prolonger sa vie.

En passant du cabinet dans les champs et se livrant à des travaux d'une nature toute nouvelle, M. Vincent ne trouva point cet embarras, ces difficultés que l'on éprouve d'ordinaire à changer la direction de son esprit. Ce qui aurait été pour un autre un effort pénible, peut-être impossible, devint pour lui un jeu facile et plein d'attraits. L'agriculture s'offrit à cette vaste intelligence comme une nouvelle source d'idées, de faits et de combinaisons. Bientôt au courant des principes de la science, il y apporta ce même besoin de progrès qui le conduisait toujours. Les meilleures méthodes, les instruments perfectionnés, les améliorations les mieux entendues, empruntées aux livres et à d'autres contrées, distinguèrent bientôt les campagnes de M. Vincent. Un temps on crut que cet esprit élevé, concevant tout en grand, n'avait pas suivi la bonne voie, précisément parce qu'il aspirait à faire très bien ; mais les résultats, qui ne marchent pas aussi vite que la pensée, arrivaient enfin, et il commençait à recueillir la récompense de son habileté comme agriculteur, lorsque la mort l'a frappé tout à coup au milieu de sa carrière.

Cependant, quoique occupé de travaux agricoles, il ne cessa point tout commerce avec les lettres : dans un hiver où sa santé avait ressenti quelque atteinte, il se mit à étudier l'espagnol, et, depuis lors, il revint souvent avec délices à la poésie si riche et si brillante de Calderon.

Il y a peu d'années, de 1831 à 1833, vous l'avez vu, Messieurs, faire dans cette même enceinte un cours de littérature comparée de l'Europe moderne. Il commença par établir ce principe si neuf pour nos contrées, si profond et si lumineux, que les plaisirs du goût tiennent bien plus à l'état dans lequel le beau et le sublime jettent l'âme qu'à la nature même des objets qui s'offrent à nous. Puis, après avoir rapidement indiqué la théorie des beaux-arts, il s'occupa de la littérature italienne. Afin de préparer en quelque sorte la scène, il jeta d'abord un coup d'œil sur l'Italie, son climat, ses habitants, leur caractère et leur civilisation, et s'appuyant sur cette base, il passa successivement en revue et apprécia les plus grands écrivains de cette belle contrée de l'Europe : Dante, Pétrarque, Boccace, l'Arioste, le Tasse. Il traça, en outre, une esquisse de la littérature italienne dans les XVIe, XVIIe et XVIIIe siècles. Ce travail sur l'Italie est à peu près complet ; mais il n'en est pas de même pour ce qu'il a dit de l'Angleterre, malgré quelques belles leçons dont le souvenir est encore présent à la pensée de plusieurs de vous. Ce cours, où chacun admira une connaissance approfondie des littératures de l'Europe, montra combien son goût était délicat et sûr, ses vues larges ; combien il avait le sentiment du beau dans tous les genres. Il l'aimait sous toutes les formes, dans la poésie aussi bien que dans les monuments de l'architecture ; il goûtait avec délices les chefs-d'œuvre de la peinture ; il recherchait les jouissances de la musique et jouait de plusieurs instruments ; il laissa enfin quelques morceaux de poésie fugitive, fruits des loisirs de sa jeunesse.

Arrivé à un âge où le positif de la vie envahit tout et où l'imagination se décolore, M. Vincent aimait toujours la poésie et il en goûtait les charmes. Mûr de bonne heure, ayant épuisé les livres, il croyait toujours au progrès, et il s'y dévouait avec persévérance. On trouvait dans son cabinet les ouvrages nouveaux, ceux où sont consignés les travaux les plus récents sur la chimie, la physique, la minéralogie : il n'y a pas longtemps qu'il s'occupait encore des mathématiques, et qu'il lisait un ouvrage sur le calcul différentiel et intégral. Toutes ces connaissances, cette facilité qu'avait M. Vincent de saisir la vérité partout où elle s'offre à nous, la richesse de son esprit et sa haute raison l'avaient fait remarquer au dehors. On l'appréciait au loin, et notre illustre compatriote, M. Guizot, qui l'honorait d'une estime toute particulière, l'appela auprès de lui lorsqu'il s'occupait, étant ministre, en 1835, des besoins de l'Église protestante sous le rapport de l'enseignement religieux dans les écoles, dans les collèges et les facultés de théologie,

Indépendamment des études auxquelles il se livrait, et qui auraient suffi pour remplir une vie active, Samuel Vincent avait une profession attachante, sacrée, à laquelle il donnait tout le temps qu'elle réclamait. Président du consistoire de l'une des Églises les plus populeuses du royaume, il en dirigeait et soignait les affaires ; pasteur, il montait en chaire presque tous les dimanches, et ne revenait jamais sur les discours qu'il avait déjà prononcés. Depuis un assez grand nombre d'années, il prêchait de méditation. Orateur plein de substance et de sève, il versait avec abondance la lumière et la chaleur vivifiante ; grave et profond, il touchait les ressorts les plus secrets de l'âme, maniait avec délicatesse les sentiments les plus tendres, tout en évitant une sensibilité purement extérieure que l'on confond beaucoup trop avec le véritable sentiment. Malgré une légère imperfection dans l'organe vocal, M. Vincent captivait son auditoire, et produisait souvent les plus beaux effets de l'éloquence chrétienne. Toujours prêt à seconder ses collègues, il recourait fort rarement à leur obligeance, et remplissait lui-même toutes ses fonctions. Nous l'avons vu, dans les derniers mois de sa vie, descendre des hauteurs de la pensée où il se plaisait à marcher avec l'élite de l'humanité, se rapprocher des enfants du peuple effrayés de sa réputation de science et craignant de ne pouvoir le comprendre ; nous l'avons vu leur parler avec la dernière simplicité, trouver les images les plus familières pour leur exposer les saints mystères de la foi et se plaire avec leur faiblesse, comme un père au milieu de sa famille, tant il y avait de ressources dans cette noble intelligence, tant il nous a charmés mille fois par l'alliance de mérites ce semble opposés !

On trouvait, en effet, chez M. Vincent des qualités bien rarement réunies dans le même homme. Robuste de corps et fortement constitué, il avait une grande finesse d'organes. Quoique l'expression se fît parfois un peu attendre, on l'écoutait avec intérêt. Esprit solide et judicieux à un très haut degré, il ne dédaignait pas de jouer quelquefois sur les mots dans la causerie et d'aiguiser sa phrase en épigramme ; habile dans la spéculation, il se distinguait aussi par le tact et l'entente des affaires ; plein de bonhomie et de laisser-aller, il avait une force de volonté très remarquable et une énergie puissante, sans secousses comme sans violence ; sérieux et occupé d'idées graves, il savait égayer la conversation, et son âme s'épanouissait alors dans un doux et gracieux sourire.

D'un commerce facile et sûr, n'ayant ni susceptibilité, ni petitesse, il aimait la société. Il y apportait beaucoup et en retirait beaucoup aussi, parce qu'il savait observer et utiliser, pour s'éclairer, les hommes avec lesquels il entrait en rapport. Il se mettait toujours à leur portée, et souvent je l'ai entendu, au milieu des gens de la campagne, imiter leur langage pittoresque et les surpasser dans leur manière figurée de s'exprimer. Il allait volontiers dans le monde ; il trouvait que les hommes doivent multiplier entre eux les points de contact et de frottement, afin d'échanger leurs lumières et de former leur caractère ; mais il savait préférer aux réunions nombreuses le cercle intime d'un petit nombre d'amis, au milieu desquels il passait avec plaisir la soirée dans des entretiens dont on ne se lassait jamais, parce qu'il en était l'aliment et la vie.

Mais c'est surtout dans le sein de sa famille qu'il fallait le suivre. Marié, depuis 1816, à une femme de son choix, digne de le comprendre et de s'associer à lui, il jouissait de la vie de famille avec un bonheur toujours nouveau. Ce commerce si doux qu'il trouvait dans son ménage l'a dédommagé de bien des mécomptes et de bien des peines. Privé de très bonne heure du seul fils que la Providence lui eût donné, il s'entourait avec joie de ses filles. Comme il savait se prêter aux idées de leur âge, s'intéresser à leurs jeux, les élever jusqu'à lui par la simplicité de ses entretiens ! Comme il était bon, complaisant, plein d'affection et de patience ! Il ne leur donna presque jamais de leçons régulières ; il laissa à d'autres l'enseignement proprement dit ; mais il formait leur esprit et leur cœur, tout en paraissant ne pas s'en occuper. En hiver, autour du foyer domestique ; en été, à la campagne, en prenant, le soir, le frais dans son aire ; à table, en parlant des hommes et des choses, il répandait dans leur âme des jugements charitables, des vues droites et fécondes ; il cultivait en elles l'amour de l'ordre, de la vertu et de l'humanité, les grandes vérités qui sont la force et la consolation de la vie.

Tel a été Samuel Vincent. Plus que tout autre, je l'ai vu longtemps ; plus que tout autre, je l'ai vu de près, dans tous les moments, dans la bonne et dans la mauvaise fortune ; plus que tout autre, je l'aimais et j'honorais ce caractère si élevé, si bon, cette intelligence si distinguée, et cependant, il grandit encore à mes yeux, dans cette terrible maladie qui l'a, en quelques heures, jeté dans la tombe. Je savais bien qu'il avait de l'empire sur lui-même, mais il m'a étonné par la force qu'il a montrée, par le calme inaltérable, par la rare patience qu'il a déployée au milieu des plus vives douleurs. Rangés autour de son lit, sa famille et moi, nous pleurions, nous auxquels il restait tant de consolations ; mais lui, qui perdait à la fois une épouse bien-aimée, des enfants chéris, des amis dévoués, une belle position sociale, lui qui était brusquement arraché à ses affaires, à son avenir, à ses travaux commencés, il restait maître de lui et il nous encourageait : « Ne pleure pas, disait-il à sa femme, ne t'attendris pas ainsi. » Il voulait qu'elle ne se laissât pas énerver en s'abandonnant à sa douleur ; il voulait qu'elle restât à la hauteur de ses devoirs de veuve et de mère chrétienne ; et comme sa parole a été noblement entendue ! — Je savais bien que son âme élevée s'était nourrie de l'esprit de l'Évangile, mais je ne m'attendais pas à en recevoir une aussi touchante preuve. Dans ses dernières heures, où la mort déjà victorieuse lui laissait à peine la force de prononcer quelques mots, il attacha sur ses filles un regard plein de tendresse, et leur dit d'une voix affaiblie : « Mes enfants, vous vous aimerez bien ! » et il n'ajouta pas autre chose ; mais ces mots, qui rappellent les derniers entretiens de Jésus-Christ avec ses disciples, résument ainsi, d'une manière bien profonde, tout ce qu'un pasteur, tout ce qu'un père peut recommander à ses enfants, et nous révèle le principe qui l'a soutenu pendant sa vie. — Je savais bien que son âme était profondément aimante, mieux que personne j'en avais la preuve ; mais je ne savais pas que l'affection pût aller jusqu'à s'oublier soi-même au bord de la tombe. Au milieu d'atroces douleurs, dans les angoisses de l'agonie, il n'a cessé de donner des marques de tendresse à ceux qu'il allait quitter, et nous l'avons vu nous faire encore des signes d'adieu et d'affection lorsque le voile de la mort s'était déjà épaissi sur ses yeux, et que sa langue glacée ne pouvait plus nous dire qu'il nous aimait.

Ô Vincent ! ô mon ami ! adieu ! adieu ! — Mais tout n'est pas fini entre nous ; nous nous reverrons là-haut, dans notre véritable patrie, où tu vas nous attendre ! Malheureux de t'avoir perdu, je me console par l'espoir de me retrouver un jour auprès de toi, et alors nous ne nous quitterons plus !

Mais que fais-je ? Est-ce pour parler de moi que je suis ici ? Non, Messieurs, il s'agit de celui que nous avons perdu et du vide qu'il laisse après lui.

Membre du conseil général du département, membre de l'Académie royale du Gard, du conseil académique, de la commission d'examen des instituteurs, de la commission de l'École normale et professeur dans ce même établissement, membre de la commission des prisons, de la Société d'agriculture, pasteur, président du consistoire, propriétaire, fermier, que de places il laisse vides ! Quelle perte pour le pays ! On nommera, je le sais, aux postes qu'il a remplis ; les rangs où il figurait seront complétés ; mais où trouvera-t-on une capacité aussi vaste et aussi universellement reconnue ? Longtemps on remarquera son absence dans la cité ; longtemps, dans les circonstances difficiles, on regrettera de ne l'avoir plus pour conseil ; souvent, au milieu des questions embarrassantes, on se rappellera qu'il apportait toujours avec lui les lumières qui montrent la voie, la modération qui concilie et l'énergie qui ne faiblit pas ; bien souvent ceux qu'il honorait de son affection trouveront dans leur âme un vide douloureux et donneront un soupir à sa mémoire. C'est ainsi, Messieurs, que les hommes vraiment distingués se conservent une place sur la terre, lors même qu'ils sont déjà passés dans l'éternité. Notre ville, le département, l'Église protestante, garderont le souvenir de Samuel Vincent ; c'est une triste et dernière consolation qui ne manquera point à sa famille et à ses amis.

Jacques-Louis-Samuel VINCENT est mort à Nîmes le 10 juillet 1837.

SES ÉCRITS

Dans le discours lu à l'Académie, j'avais dû raconter en peu de mots l'histoire de M. Vincent, rappeler son caractère, ses travaux si divers et si multipliés, les principaux événements de sa vie, et m'attacher de préférence à ce qui pouvait intéresser un public qui l'avait connu personnellement. Aujourd'hui, la première émotion calmée, et travaillant pour un public plus éloigné, je puis m'occuper en détail des écrits de M. Vincent, et le considérer lui-même comme théologien. Les idées qu'il a mises en circulation, les principes qu'il a posés, ce qui restera de son passage sur la terre, voilà ce que je veux recueillir pour élever un monument à sa mémoire. Dans ce dessein, et pour être plus fidèle, je me servirai souvent de ses propres expressions ; partout je m'appliquerai à présenter sa pensée telle que je l'ai connue en le lisant ou en l'écoutant parler. Si je ne puis échapper entièrement à quelques redites de ce qui se trouve déjà dans le discours à l'Académie, elles seront très légères, et le lecteur les excusera comme inévitables.

Le premier ouvrage qu'il ait imprimé est un discours sur l'*Unité de l'esprit*, prononcé dans les temples de Nîmes, en mai 1814, époque d'émotion et de vague inquiétude. Il y prouve que l'unité ne se trouve ni dans les intérêts matériels, ni dans les opinions politiques, ni dans les principes religieux, mais dans *le lien de la paix*, selon la parole d'un apôtre. Ce discours était une bonne œuvre à cette époque, et faisait pressentir la largeur des vues de celui qui l'avait publié.

En 1815, il ajouta de nombreuses notes à une nouvelle édition des *Devoirs des communiants*, par Osterwald ; et ce livre y gagna beaucoup ; car, en le complétant, M. Vincent lui donna plus de mordant et d'énergie, pour lier les âmes à Dieu.

En 1817, il fit imprimer un *Catéchisme* où se trouvent résumées, avec beaucoup de précision, les principales idées qui doivent entrer dans une instruction religieuse, et il l'accompagne d'un recueil de passages fait avec soin. Cet ouvrage, approuvé par le consistoire, est depuis vingt ans le manuel des catéchumènes de l'Église de Nîmes, et de plusieurs autres.

Dans la même année, il traduisit la *Philosophie morale* de William Paley. En donnant à la France cet ouvrage, qui prend l'intérêt éternel de l'individu pour motif de la morale, M. Vincent ne fit aucune, objection à un système auquel il n'en avait peut-être pas de meilleur à opposer, et qui pouvait encore faire un grand bien, à côté du sensualisme, seul alors préconisé parmi nous.

En 1819, il livra au public sa traduction des *Preuves et autorités de la révélation chrétienne*, par Chalmers, ouvrage solide, religieux, et que l'on vient de réimprimer afin de le répandre avec abondance, tant il était heureusement choisi pour nos besoins.

Il écrivit encore, cette année, une courte introduction à l'*Histoire des Camisards*, que l'on réimprimait.

Enfin il publia, en 1820, les *Sermons de Sintenis*, qu'il avait traduits comme exercice littéraire, en apprenant la langue allemande. Il les donna, non comme réalisant ses propres idées sur la prédication, mais comme pouvant édifier les âmes, malgré la bizarrerie de la forme.

Après ces diverses publications, prélude de ce qu'il devait faire un jour, il écrivit, en 1820, ses *Observations sur l'unité religieuse*. On n'a pas oublié, sans doute, le succès prodigieux qu'obtint le premier volume de l'*Essai sur l'indifférence en matière de religion*. L'abbé de Lamennais avait attaqué le protestantisme avec vigueur, séduit et fasciné beaucoup de monde par la magie d'un style où brillaient quelquefois les feux du génie. Tandis que le public applaudit ou se trouble, M. Vincent, encore inconnu, s'avance avec le ton modeste, mais convaincu et calme qui le caractérise ; il élève la voix pour la défense de son Église, s'exposant avec courage aux coups de son redoutable adversaire. L'abbé de Lamennais avait établi que l'unité absolue en matière de foi est indispensable ; Samuel Vincent le suit sur ce terrain, il n'a pas de peine à prouver que l'on ne peut conserver l'unité de croyance parmi les hommes, ni en faisant enseigner avec soin ce que l'on appelle la vérité, ni en tenant les peuples dans l'ignorance, ni même en persécutant ceux qui osent émettre des idées nouvelles. D'accord en cela avec le raisonnement, l'histoire enseigne que les tentatives pour enchaîner l'esprit humain se sont toujours trouvées vaines, et qu'une variété plus ou moins grande parvient, avec le temps, à se faire jour. Tous les efforts pour établir l'unité absolue nuisent à la religion, en ôtant aux croyances ce qu'elles ont d'individuel et de vivant. Se plaçant ensuite au-dessus du point de vue des confessions de foi, impuissantes comme tout le reste à maintenir une doctrine uniforme, M. Vincent pose des principes plus larges et plus sûrs ; il fait voir que la Bible, prise pour seule règle de foi, donne tout ce qu'il faut d'unité. Les points nécessaires à l'édification en commun, but unique de l'Église, ne peuvent être ni nombreux ni difficiles, car l'Église se compose d'une multitude de personnes qui sont loin d'être toutes éclairées. D'un autre côté, le Nouveau Testament attache le titre de chrétien à un si petit nombre d'articles, que, malgré la liberté d'interprétation, les masses, qui tendent toujours à la modération entre les extrêmes, doivent les rencontrer. Telle est la substance de ce livre, où l'on trouve un style simple, clair, fort de raisons, et des notes qui annoncent une profonde connaissance des Pères de l'Église.

Cette réponse à un écrivain justement célèbre fit un grand effet ; chacun sentit que nous avions là un solide appui, un avocat parfaitement capable de faire triompher notre cause, et, à l'abri des arguments qu'il avait développés, on attendit sans crainte la suite de l'ouvrage sur l'*Indifférence en matière de religion*.

Dans la préface du second volume de son *Essai*, M. de Lamennais dit quelques mots assez dédaigneux sur « le ministre et la bonne volonté qu'il avait montrée de répondre ; » puis il affirma que l'autorité de ceux qui enseignent, l'autorité de l'Église, est le seul moyen qui puisse maintenir l'uniformité de doctrine. — M. Vincent se hâta de répondre en publiant ses *Observations sur la voie d'autorité appliquée à la religion* ; et il établit très solidement que les opinions les plus répandues ne peuvent pas être données pour les plus vraies ; que la plus grande autorité n'est pas la plus sûre ; et qu'une autorité organisée l'est moins que toute autre, parce qu'elle est entre les mains d'un corps qui a ses préjugés aussi bien que ses intérêts. Sans doute, l'espèce humaine s'avance en masse à la conquête de la vérité, mais on ne peut dire que telle nation, tel siècle la possèdent tout entière, et que l'on doive s'arrêter désormais où ils se sont arrêtés.

Cette réponse demeura sans réplique ; l'abbé de Lamennais, attaqué de toutes parts à cause de sa théorie du sens commun, qu'il dévoilait enfin dans son second volume, ne s'occupa plus du pasteur de Nîmes, et celui-ci, de son côté, n'étant plus appelé par le devoir à défendre le protestantisme, garda le silence sur la question qui avait un moment ébranlé tous les esprits.

Cette lutte était encore engagée, lorsque M. Vincent entreprit de publier un journal mensuel consacré aux intérêts de la religion et de la théologie. La paix avait ramené les esprits vers la culture des lettres et des sciences ; le moment était favorable pour les appeler à réfléchir sur les objets religieux. Livré à ses propres forces, n'ayant pour ainsi dire ni public ni appui, il commença, à ses risques et périls, la publication des *Mélanges de religion, de morale et de critique sacrée,* pour encourager, disait-il dans son prospectus, les méditations religieuses et les études théologiques.

Il est impossible d'analyser ici tout ce que renferment d'important les dix volumes des *Mélanges,* et une partie de ce qu'on y trouve avait un intérêt trop momentané pour qu'il soit utile de s'y arrêter aujourd'hui. Nous nous bornerons à dire qu'on y voit de nombreuses annonces des ouvrages publiés en Allemagne, en Hollande, en Angleterre et en France ; des détails pleins d'impartialité sur l'histoire des Églises de France et de Suisse, de 1820 à 1825 ; quelques articles remarquables écrits par plusieurs de ses amis, et divers morceaux qu'il y a insérés lui-même sur le prosélytisme, les liturgies, l'histoire des sectes religieuses par Grégoire, la grâce, la prédestination et la foi. Ce recueil se distingue par un ton de franchise, par une absence complète de cet *odium theologicum,* de ces haines de parti auxquelles M. Vincent était tout à fait étranger par ses principes et par la bienveillance qui faisait la base de son caractère. Sans détour et sans hésitation, il touchait au point vital des questions et les précisait nettement ; il appréciait aussi les hommes et les 'choses avec beaucoup de justesse ; il disait son avis sans amertume comme sans faiblesse, et il l'avait formulé avant que tout le monde eût aperçu les faits dont il s'agissait. Ainsi, par exemple, il annonça de quels dangers les méthodistes menaçaient la paix de l'Église, et cela dès 1821, à une époque où les missionnaires anglais, accueillis pour leur zèle et leur piété, jouissaient en France d'une assez grande faveur auprès de beaucoup de personnes. Cette prévision et les conseils qu'elle lui inspira se trouvent exprimés dans plusieurs pages des *Mélanges,* et dans un discours prononcé, en décembre 1821, pour la consécration (le MM. Reclus et Lautal, discours qu'il fit imprimer d'abord, et dont il crut devoir ensuite arrêter la publication.

Les premiers volumes des *Mélanges* renferment de nombreux extraits d'Eichhorn sur le Pentateuque et l'Ancien Testament ; quelques chapitres de la dogmatique du docteur Bretschneider, que M. Vincent lisait alors et recommandait. Mais bientôt les traces d'un nouveau développement se firent remarquer. En 1822, M. Vincent annonce avec éloges le journal de Schleiermacher, Lücke et de Wette ; il donne des extraits de Kant et cite les écrits d'Ancillon. Dès ce moment, on voit en lui une disposition de plus en plus marquée à ramener l'homme au dedans de lui-même, à rechercher ses sentiments les plus intimes pour les exposer comme le véritable appui de la religion et de la morale. À dater de cette époque il y a, dans ses publications, plus de profondeur, quelque chose de plus senti, de plus vivant, une tendance plus prononcée à mettre le christianisme en rapport avec les faits de conscience et les besoins de notre âme. Sans cesser d'appeler la réflexion et la science au secours de la religion historique et de la théologie, il pénètre plus avant dans la nature humaine, il passe des idées au sentiment qui les a produites, et il tire du cœur une foi palpitante de vie et de fécondité. Telle est la seconde phase, le second moment de sa carrière théologique.

Remuant beaucoup d'idées, posant des questions pleines d'intérêt, précisément parce qu'elles troublaient la quiétude théologique où se complaisent bien des gens, M. Vincent fit sentir, dans son recueil, la nécessité de se remettre à l'étude, et il montra où l'on devait chercher les lumières dont notre époque a besoin ; il donna le premier une idée des immenses travaux que les théologiens allemands ont accompli depuis le milieu du dernier siècle jusqu'à nos jours.

Cette esquisse donne une bien faible idée de ce que l'on trouve dans les *Mélanges* ; nous nous arrêterons un peu plus à parler des *Vues sur le protestantisme*, publiées en 1829, parce que M. Vincent y aborde toutes les questions qui intéressent l'Église réformée de notre époque, et que les principes les plus nécessaires à sa prospérité s'y trouvent établis. J'en mettrai en saillie quelques-uns, qui méritent surtout notre attention dans les circonstances présentes. Plusieurs chapitres avaient été imprimés dans les *Mélanges* ; repris et retravaillés en partie, ils furent suivis d'un certain nombre d'autres qui complétaient le cercle d'idées auquel ils appartenaient.

On peut ranger sous trois chefs les nombreuses matières traitées dans les *Vues* : 1° du protestantisme en général, de ses principes et de son gouvernement, chap. 1 à 4 ; 2° du protestantisme français, de son origine, de ses rapports avec le gouvernement civil, de ses ressources et de ses moyens d'instruction, chap. 11 à 14 ; 3° de divers objets qui peuvent influer sur la prospérité du protestantisme, théologie, religion, philosophie, méthodisme, catholicisme, chap. 15 à 20. L'ouvrage est terminé par un chapitre sur l'avenir du protestantisme.

Commençant par s'expliquer sur la nature du protestantisme en général, M. Vincent dit qu'il doit son importance à la liberté d'examen et de pensée, que notre siècle demande et que le protestantisme pose en principe. De là résulte, sans doute, une certaine diversité d'idées ; mais tant que le christianisme est la base de l'enseignement religieux, il y a toujours assez de christianisme en circulation pour satisfaire aux besoins les plus essentiels des âmes. L'Évangile est une doctrine simple ; le peuple s'en fait aisément une idée, sans avoir besoin de passer par l'étude d'un système formulé à la manière de l'école. Il est d'ailleurs constaté par l'histoire que les confessions de foi n'empêchent pas l'esprit humain de travailler, les vérités de naître, l'erreur de se montrer ; quel que soit le nom du pouvoir qui s'applique à faire régner l'unité dans les croyances, qu'il s'appelle concile ou synode, il n'y réussit pas mieux. Une certaine diversité résulte nécessairement de la liberté individuelle ; il faut s'y résigner et s'en accommoder. En parlant de ce fait inévitable, il suffit, pour le maintien de la paix, d'arrêter quelques conventions qui servent de limite et de barrière à la variété. Elles doivent être : 1° très générales, afin de ne pas étouffer la liberté ; 2° négatives, c'est-à-dire se rapporter aux idées particulières que l'on est prié de ne pas exprimer dans l'intérêt de la paix ; 3° orales et jamais écrites, pour qu'elles se prêtent aux progrès de l'avenir*. Sur cette base, la vie en commun, dans une Église, peut aisément se développer ; car, avec la Bible, on est assuré que les vérités capitales de l'Évangile frapperont les esprits ; les points obscurs seront respectés, et l'on supportera la variété des opinions comme on supporte les défauts et la diversité des caractères.

S'occupant ensuite du gouvernement et de l'organisation ecclésiastique, M. Vincent préfère les Églises nationales, nécessairement plus tolérantes ; il improuve les Églises dissidentes qui exigent une grande unité de vues, ce qui fait qu'elles sont intolérantes par principe envers leurs membres. Le pouvoir ne doit pas être mis uniquement dans les mains du clergé, de peur de favoriser le règne d'un dogmatisme

---

* Nouvelle édition, p. 24.

exclusif et la création d'intérêts sacerdotaux qui deviennent à la longue un obstacle. Quant à la forme de l'autorité ecclésiastique, le gouvernement synodal vaut mieux que l'épiscopat de l'Église anglicane, et que le presbytérianisme des Indépendants.

Ces principes généraux une fois posés, M. Vincent traite du protestantisme français sous la loi du 18 germinal an X, et trouve que cette législation, incomplète à plusieurs égards, a de plus le défaut d'accorder au gouvernement une trop grande part dans nos affaires intérieures. Il faudrait que les synodes eussent le droit de se réunir sans avoir de permission à demander, et que les pasteurs dont la présence serait nuisible à l'Église pussent être révoqués, sans que nous fussions obligés de confier nos affaires de famille à un pouvoir étranger. Dans l'état actuel des choses, l'absence d'une autorité ecclésiastique intermédiaire entre le gouvernement et les consistoires est la principale source des maux dont nous souffrons*.

La liberté religieuse inscrite dans la charte assure, par voie de conséquence, à tous les cultes reconnus, le droit de s'étendre et de faire des prosélytes, de vivre, en un mot, sans être inquiétés. Les cultes nouveaux qui veulent s'établir ne doivent pas avoir d'obstacles à vaincre ni d'autorisation préalable à demander : si leur célébration occasionnait quelque désordre, la police, les tribunaux et les lois ordinaires seraient là pour les réprimer†. Voilà ce que M. Vincent écrivait en 1829, comme tout naturel, comme une conséquence évidente de l'article 5 de la charte : il ne se doutait pas que l'on remettrait cette vérité en question, dix ans après, malgré la révolution de juillet.

La position ainsi déterminée, M. Vincent se demande ce que doit faire le protestantisme ? Être conséquent avec lui-même, tolérer la variété dans les idées, laisser de côté les anciens règlements disciplinaires, qui descendaient trop dans la vie privée ; ne pas faire de nouvelles confessions de foi, quand on a laissé tomber en désuétude celle qui existait jadis ; établir partout des réunions où les pasteurs apprennent à se rapprocher, à s'estimer, et se forment, dans des entretiens fraternels, une opinion commune qui deviendra une véritable puissance. Si des prédicateurs qui passent dans une église demandent

---

* Nouvelle édition, p. 142.
† *Id.*, p. 149.

la chaire, on doit la leur accorder, pourvu qu'ils ne viennent pas inquiéter et troubler le pasteur ou l'église. S'ils prêchent dans des locaux particuliers sans demander l'agrément du pasteur et du consistoire, ils n'agissent plus comme membres de l'Église réformée, et l'Église n'a pas à s'occuper d'eux* — Pour ce qui regarde les consistoires, au lieu de les abandonner à l'inaction dans laquelle ils vivent pour la plupart, on doit leur faire connaître ce qui se passe et les questions qui s'agitent de nos jours, les assembler fréquemment pour qu'ils fassent les affaires et réclament auprès du gouvernement tout ce qui est nécessaire aux églises. Enfin, les synodes seraient incontestablement fort utiles, s'ils se bornaient à l'administration et à la discipline ; mais, s'ils devaient s'occuper à rédiger des déterminations dogmatiques et à condamner pour des opinions spéculatives, ils nous deviendraient funestes†.

Agitant ici la grande question de la séparation de l'Église et de l'État, M. Vincent reconnaît d'une manière générale qu'elle est désirable pour que l'Église ait plus de liberté dans ses mouvements, pour que le clergé apprenne à tirer sa force du peuple, en vivant beaucoup avec lui, en s'appliquant à lui faire du bien ; tandis que dans l'ordre actuel, il est plus disposé à s'appuyer sur le pouvoir civil, qui le salarie et l'institue. Mais, tout en admettant ce principe, M. Vincent ne pense pas que le moment soit encore venu pour rompre les liens qui nous attachent au pouvoir civil et pour rentrer dans l'état normal. Ce qu'il dit à ce sujet mérite ici d'être rapporté, afin que l'on ne se méprenne plus sur sa pensée : « Je suis fortement convaincu que la séparation finale de l'Église et de l'État doit se réaliser un jour ; mais je ne suis pas moins convaincu qu'elle ne peut point se réaliser encore. Je vais plus loin ; je dis qu'il n'est point à souhaiter de la voir se réaliser de longtemps‡. » On peut voir dans l'ouvrage même les raisons puissantes sur lesquelles il appuie cette conclusion.

Pour l'instruction de la jeunesse, il est d'assez graves inconvénients à nous isoler ; M. Vincent pense que, pour conserver la bonne harmonie entre les diverses classes de citoyens, et pour faciliter la

---

* Nouvelle édition, p.171, 172.
† Id., p. 187.
‡ Id., p. 253 et suivantes.

communication des idées, il ne faut pas éviter, mais rechercher les points de contact entre les populations. Les collèges mixtes et les écoles mixtes lui semblent donc préférables.

« Le sacerdoce a changé de position, dit M. Vincent, au grand étonnement de quelques-uns ; le ministre n'est plus prêtre ; la considération que son costume et son titre lui assuraient jadis est trop réduite pour qu'il n'ait pas à chercher une autre source d'autorité. Dans la société actuelle, il faut qu'il se relève par son mérite personnel, et qu'il impose par la profonde conviction empreinte dans ses paroles. »

Laissant ensuite les hommes et les institutions pour s'occuper des choses qui tiennent à la vie religieuse, l'auteur parle d'abord de la théologie. On n'a certainement pas oublié avec quelle justesse, avec quelle verve, il a peint l'état déplorable où elle se trouve parmi nous ; comme il caractérise et ceux qui, ne voyant rien au-dessus du passé, veulent nous ramener à l'ancien régime ; et ceux qui, satisfaits du repos que l'ordre établi leur assure, répondent à tout : « Que m'importe ? » et ceux qui cherchent à préparer un meilleur avenir par l'influence de l'Évangile et de la science. Nous n'entrerons pas dans ces détails ; nous ne nous arrêterons pas non plus à ceux qui se rapportent à la marche que doit prendre la théologie pour faire des progrès. Le puissant intérêt qui s'attache à ce vaste plan d'études ne peut frapper qu'un petit nombre de lecteurs au courant des sciences théologiques ; nous y renvoyons ceux que cela regarde, et nous passons à des objets plus à la portée de tout le monde.

La religion que l'on désire de nos jours est celle qui s'adresse à l'homme tout entier ; au lieu de prêcher un devoir après l'autre, de prendre en quelque sorte l'homme par un bouton de son habit, qu'on le saisisse à bras-le-corps, en lui mettant toujours sous les yeux sa destinée et faisant appel au sentiment intime[*]. La conscience est le point central de l'âme, là se touchent la plus haute moralité et la foi religieuse la plus complète. L'homme trouve là ses devoirs, son avenir et Dieu[†]. Or l'Évangile, qui se résume en un seul mot : *le Christ*, l'Évangile est l'expression la plus pure de la conscience, la manifestation en fait de ses promesses et le remède de ses faiblesses ; voilà le secret de

---

[*] Nouvelle édition, p. 379.
[†] *Id.*, p. 382.

sa puissance et de la foi qu'il inspire. La philosophie ou le rationalisme positif donne l'humanité, l'amour, la loi morale, la destinée éternelle de l'homme, et en lui le péché ; l'Évangile est le moyen de relever l'homme déchu ; c'est le complément de la philosophie*. Si, laissant là l'argumentation, « vous voulez vous borner à être l'interprète vivant et chaleureux de vos propres sentiments, de vos propres affections, des pensées secrètes et des besoins cachés de votre âme, tout le monde vous comprendra, vous croira, parce qu'il se retrouvera dans vos discours. »

Je dirai peu de choses sur le chapitre consacré à la philosophie. L'auteur se réjouit de la voir partir actuellement de la conscience, et s'accorder avec le christianisme pour le fond ; quant à la forme, pourquoi chercherait-elle ailleurs ? En peut-elle trouver une meilleure ? C'est dans ce chapitre qu'on trouve ce mot si profond et si caractéristique : « L'homme est homme par le cœur† »

Arrivé à parler du méthodisme, trop en évidence de nos jours pour être oublié, M. Vincent l'envisage de haut et dans sa généralité. Rappelant que trois antithèses se manifestent nécessairement à nous : la sainteté du devoir et l'imperfection morale de l'homme actuel ; la toute-puissance de Dieu et la faiblesse de l'homme ; la béatitude céleste et les misères de cette vie ; il montre le méthodisme tout préoccupé du côté absolu, et oublieux de tout le reste, comme si le reste n'était rien. Voilà certes une vue supérieure et qui éclaire jusqu'au fond des choses. L'auteur rend justice à ce que les méthodistes ont pu faire de bien, et il recommande de ne pas dédaigner les moyens qu'ils emploient, lorsqu'ils sont bons. « Vous avez à faire, dit-il à ceux que leur présence inquiète, une grande partie de ce qu'ils font ; ne disputez jamais en chaire, peu dans la société ; mais instruisez beaucoup, éclairez beaucoup, donnez beaucoup de sentiments et beaucoup d'idées ; et puis laissez faire au temps.‡ »

Le chapitre sur le catholicisme porte encore cette même empreinte de largeur dans les vues et d'impartialité ; on y voit un homme qui est bien au-dessus de l'esprit de parti, quoique fortement attaché à son

---

* *Id.*, p. 393, 394.
† Nouvelle édition. p. 439.
‡ *Id.*, p. 472.

Église. Après avoir considéré les divers moyens employés sous la restauration pour ramener le peuple à l'Église romaine, les prédications populaires, le cérémonialisme et jusqu'à un peu de superstition ; les travaux des de Maistre, de Bonald, d'Eckstein et de Lamennais, pour asseoir le catholicisme sur une base philosophique, et les efforts qui ont été faits pour le consolider avec l'appui du gouvernement, l'auteur dit qu'on a négligé la seule voie qui pût conduire au but : la religion. Malgré ses erreurs, le catholicisme est encore une religion, il possède les éléments du christianisme, qui portent toujours avec eux la force et la vie, et, s'il les eût présentés aux populations avides de croyances, il aurait repris une partie de l'influence qu'il était en possession d'exercer. Ce que l'Église romaine n'a pas fait, le protestantisme n'est pas en position de le faire ; l'Église réformée ne peut en ce moment remplacer le catholicisme, parce qu'il est une religion établie, réglée, partant gênée dans ses mouvements, et à plusieurs égards figée : parce que dans son propre sein travaillent encore d'anciens préjugés, règnent encore d'anciennes coutumes, se font encore sentir de vieilles prétentions, qui embarrasseraient singulièrement sa marche dans cette nouvelle et noble carrière, et qui dégoûteraient bientôt un grand nombre de ceux qui seraient entrés dans son sein avec l'espoir d'y trouver la simplicité des dogmes et la liberté des croyances sous l'Évangile ; parce que les circonstances n'ont pas été favorables à la diffusion des lumières, et même à la formation d'un clergé aussi fort, aussi éclairé qu'il aurait besoin de l'être* — Ces réflexions, que nous abrégeons un peu, sont frappantes d'harmonie avec ce que M. Guizot vient de publier, ce printemps, sur *le Catholicisme, le Protestantisme et la Philosophie* ; cet accord, à dix ans de distance, entre deux hommes supérieurs dont notre Église s'honore, est un fait trop remarquable pour que j'aie dû résister à la tentation de le signaler ici en passant.

L'ouvrage est terminé par quelques vues sur ce que le protestantisme deviendra. Son avenir est grand, parce qu'il a pour base la liberté de la pensée religieuse et l'Évangile : point de limites à nos espérances avec de telles forces. Dans la carrière immense qui s'ouvre devant nous, quelques dangers se présentent néanmoins : nous pouvons être reportés dans l'ornière du passé par les hommes qui le regrettent et ne

---

* Nouvelle édition, p. 502, 503.

croient de salut possible qu'en y revenant. Nous risquons aussi de voir éclater une lutte entre ceux qui veulent l'union de tous dans l'Église établie, et ceux qui, pour obtenir une plus grande unité dogmatique, tendent à nous subdiviser en petites Églises, en sectes distinctes. Mais les années s'avancent, et l'avenir s'éclaircira.

En finissant ici l'analyse des *Vues sur le protestantisme*, je m'arrête comme écrasé sous la masse des idées que renferme ce bel ouvrage. Certainement on pourrait désirer quelquefois plus d'ordre dans les détails et plus de soin pour l'expression, mais quand les choses sont aussi excellentes, qui a le courage de s'arrêter aux mots ? Avec un style simple jusqu'à la familiarité, on y trouve un fond excellent. Quelle profondeur dans la pensée ! quelle largeur dans les vues ! quelle indépendance de la position personnelle ! quelle connaissance du présent ! quelle sagacité à conjecturer sur l'avenir ! Certainement il n'avait rien paru, depuis longtemps, qui eût pour nos Églises une telle portée.

Pour répondre au vœu que beaucoup de personnes lui exprimaient de lire quelques-uns des discours qu'il prononçait dans les chaires de Nîmes, M. Vincent se décida à les écrire après les avoir prêchés, et à fournir ainsi une nourriture au besoin de religion éclairée, large et approfondie qui se faisait remarquer dans les églises. Telle fut l'origine des *Méditations* qui, publiées à des intervalles inégaux, furent ensuite réunies en un volume, en décembre 1829. Nous les réimprimons aujourd'hui pour répondre aux désirs qui ont été manifestés depuis que la première édition est épuisée. Cette seconde édition est faite d'après les vues de l'auteur ; nous avons retranché deux discours qui n'appartenaient ni à la même partie de sa vie ni au même mouvement d'idées, et nous les remplaçons par quelques autres publiés isolément ou dans les journaux religieux. Nous ne pouvons faire mieux connaître l'esprit et le but de ce recueil, qu'en extrayant quelques morceaux de la préface mise en tête de la première édition :

« Dans leur idée la plus simple, ces Méditations ne sont pas autre chose qu'un essai pour faire passer, dans la religion pratique et dans la direction de la vie, le spiritualisme dans sa plus grande pureté. Je dis aussi un essai : je n'ai pas la prétention d'avoir fait autre chose.

» Voici donc la série des principales idées :

» La matière n'explique pas l'esprit. Cette vérité n'a jamais dû paraître plus claire que dans les derniers efforts tentés pour la révoquer en doute.

» La sensation n'explique pas l'intelligence. L'intelligence humaine a des forces qui lui sont propres, par lesquelles elle modifie les sensations et en tire cette multitude de connaissances que les sensations seules seraient incapables de donner. La réaction des forces propres à l'âme sur les éléments qu'elle reçoit du dehors est un grand fait, aujourd'hui mis hors de doute, et d'où découle toute une philosophie.

» Ce fait tient de bien près à celui que je vais énoncer, et celui-ci renferme lui-même les bases de la morale et de la religion.

» Les besoins, les intérêts et les jouissances, en un mot, le plaisir ou la souffrance n'expliquent point les sentiments moraux. L'homme approuve ou blâme, chez lui-même et chez les autres, indépendamment de la douleur ou du plaisir qui est le résultat de l'action. Il approuve ou il blâme malgré lui, sans condition, d'une manière indépendante et absolue. On dirait une loi supérieure, éternelle, immuable, qui parle dans son propre sein et rend des arrêts incorruptibles, auxquels il lui est impossible de ne pas souscrire.

» J'ai mis ce fait en évidence. Je l'ai présenté sous plusieurs faces. J'en ai tiré les conséquences les plus importantes. Je n'ai pas tenté de l'expliquer.

» Est-ce la raison, cette lumière qui illumine tout homme venant au monde, et qui vient assurément de plus haut que l'humanité ; est-ce la raison, qui s'applique à un sentiment profond, inné dans tous les hommes, qui lui impose le cachet de l'absolu qui est le sien, et qui devient ainsi la conscience, où la raison et le sentiment sont si étroitement unis ?

» Je le répète : dans ces Méditations essentiellement religieuses, je n'ai point cherché l'origine du sentiment du devoir. J'en ai appelé simplement à la conscience de tout le monde, et la conscience m'a répondu.

» Dès que ce sentiment est une partie intégrante de l'âme humaine et ne vient point du dehors, il constitue un fait à part ; il ouvre une nouvelle série de phénomènes ; il est la porte d'un nouveau monde.

» Avec le sentiment du devoir naît celui de l'ordre moral. L'ordre moral emporte la rémunération ; la rémunération emporte Dieu. Le besoin de l'infini, inhérent à l'âme humaine, étend, généralise ces idées simples et les transforme en ces grandes idées, mêlées de clartés et de mystères, objet de la foi de tous les peuples et bases éternelles de toute religion et de toute moralité. Le monde moral est donné, et l'homme, plein de la conscience qu'il en fait partie, se sent infiniment supérieur à la terre qu'il habite.

» Le sentiment du devoir, l'ordre moral dont ce sentiment est une manifestation, la rémunération et le Dieu, qui en sont le complément nécessaire, la lutte de ce principe noble et désintéressé contre les besoins et les séductions de la sensualité, la supériorité que ce principe seul donne à l'homme sur tout le reste de la création, le pressentiment d'un monde invisible qui l'accompagne, voilà donc ce que j'ai tenté de développer dans ces Méditations. Il n'y a pas beaucoup de raisonnement ; c'est une simple exposition de ce qui se passe dans les parties les plus intimes de notre âme. La conscience est leur commentaire. Si elles sont bonnes à quelque chose, c'est à servir de guide à chacun, pour faire le tour de son propre cœur et pour se rendre compte de ce qu'il recèle dans ses mystérieux replis. Ce n'est pas la connaissance de l'homme social qu'on y trouvera, avec ses travers et son égoïsme ; c'est celle de l'homme tel que chacun en porte l'image incorruptible dans son propre sein.

» Après avoir parcouru ces idées, et les Méditations qu'elles introduisent, beaucoup peut-être seront tentés de dire : c'est du mysticisme. Oui, sans doute, c'est du mysticisme, si vous appelez de ce nom tout ce qui sort du visible pour atteindre à l'invisible, du fini pour aller à l'infini, et des sensations pour aller à la conscience. Mais la vraie morale et la religion peuvent-elles être autre chose ? Pour moi, je n'y vois point de milieu ; si vous m'ôtez le sentiment du devoir et les grandes idées qu'il attire infailliblement après lui, je ne vois plus de morale possible pour le genre humain ; encore moins de religion. Il faut nécessairement descendre au catéchisme de Volney, c'est-à-dire à un système dont l'unique résultat est d'étouffer dans l'homme la moralité elle-même. »

Ce que M. Vincent s'était proposé de faire, dans les premières Méditations, il l'a continué dans celles qui ont suivi, et il est facile de les rattacher toutes à un même plan. Nous les diviserons en deux séries, afin de les lier entre elles et d'indiquer l'ordre dans lequel elles devraient être lues, si l'on voulait, au lieu de l'ordre chronologique,

que nous avons suivi en les classant, prendre celui que la logique indiquerait.

La première série traite de la religion proprement dite, abstraction faite de toute forme particulière. Là, dans la Méditation qui a pour titre : *Mangeons et buvons*, M. Vincent attaque le matérialisme, incompatible avec quelque religion que ce soit, et en détache par l'horreur qu'il inspire lorsqu'on le voit tel qu'il est. Puis il s'applique à faire remarquer dans l'homme quelque chose qui est distinct du monde matériel : c'est la Méditation sur l'*âme* et le *monde*. La question de la vie future se présente ensuite, et se trouve traitée avec beaucoup de clarté et de profondeur : *Revivrons-nous ?* Pour affirmer la foi à cet avenir mystérieux, l'auteur insiste sur la nécessité d'admettre l'existence de choses que les sens ne nous montrent pas, et il prouve que l'on ne peut s'empêcher d'en reconnaître : *le visible et l'invisible*. Là se rattache la Méditation sur le *doute*, qui indique la voie par laquelle on arrive à la foi.

L'autre série a le christianisme pour objet. Le but du christianisme est le réveil de la vie religieuse, et le moyen d'y parvenir, le sentiment de notre misère morale : le *royaume de Dieu*. Pour caractériser encore mieux l'Évangile, l'auteur développe, dans *la Guerre intérieure*, une des idées de la précédente Méditation. Ensuite il donne la substance même du christianisme, l'*amour de Jésus*, qui consiste dans l'amour de la vérité, de la vertu, de l'espérance et du pardon en Jésus-Christ. On a souvent repoussé le christianisme par aversion pour les *mystères* ; M. Vincent apprend à les saisir par le cœur et à n'en être plus embarrassé. Bien des gens se méprennent sur la nature de la révélation, mettant l'essentiel dans l'accessoire ; la Méditation intitulée : *la Chair et l'esprit* jette une vive lumière sur cette question délicate. C'est ainsi que M. Vincent a touché à quelques-unes des grandes vérités religieuses : il se proposait d'entrer dans le détail des doctrines, après avoir posé les principaux jalons sur la route qu'il allait parcourir.

Au milieu des Méditations que nous venons d'indiquer, il en est trois qui sortent un peu du cadre dans lequel nous avons placé les autres. *Le Christianisme et la civilisation grecque* fut écrit en 1826, à l'occasion des Grecs qui se débattaient sous le fer des Turcs : l'auteur avait pour but d'exciter à les secourir. *La Femme et la religion* est un discours prononcé pour une réception de jeunes filles à la première communion, et dans lequel il signale avec beaucoup de sentiment et de pureté les harmonies qui unissent la femme à la religion. Le discours sur l'*Amour de la patrie* est une application d'un spiritualisme élevé et de la charité chrétienne à un des objets les plus dignes de nos affections sur la terre. On le conserve ici, à cause des vues généreuses de M. Vincent, qui le prononça au milieu des orages politiques, et comme très remarquable par une chaleur, une abondance et une verve qui le mettent peut-être au-dessus de toutes les autres Méditations.

Ce recueil est donc un cours de philosophie religieuse adressé aux personnes qui peuvent et qui veulent se faire à elles-mêmes leur croyance. Ces Méditations, pleines de vues profondes, d'aperçus ingénieux et féconds, traitant les plus hautes questions, restent accessibles à tous les esprits un peu cultivés, car elles partent du sentiment intime que chacun trouve au fond de son âme. Que l'on rentre en soi-même en les lisant ; que l'on se rappelle ce qu'on a éprouvé, senti mille fois ; que, la main sur la conscience, on se demande ce que l'on pense des idées présentées, dans ce discours, avec tant d'intérêt, et la conscience rendra témoignage à la vérité. Les Méditations sur la religion, en général, portent la lumière, la conviction et la paix avec elles ; les points du christianisme traités dans les autres, faisant tomber bien des préjugés injustes, vous attachent à la révélation par les liens les plus forts. Mieux que la métaphysique et les discussions théologiques, ces précieuses études de religion feront naître la foi et les sentiments qu'elle entraîne à sa suite. Largement pensées, profondément senties, écrites sans recherche aucune, et avec cette simplicité que l'on remarque dans tous les écrits de M. Vincent, les *Méditations* forment un livre auquel je n'en puis comparer aucun autre, qu'aucun autre ne peut remplacer, et qui restera comme le plus beau titre de son auteur au souvenir de nos Églises.

À peine avait-il publié ce volume, que les travaux de l'esprit, vivement poussés dans les dernières années de la Restauration, et la réalité du mouvement religieux de plus en plus sensible, quoique peu considérable encore, lui firent sentir la nécessité de fournir à la pensée de nouveaux aliments, et il résolut de donner une suite aux *Mélanges* et aux *Méditations*. Dans ce dessein, il commença *Religion et Christianisme*, journal mensuel, à la rédaction duquel il daigna m'associer. Ici, comme partout, il traça nettement sa route. « Le principe de la liberté de discussion étant reconnu, dit-il dans l'introduction, reste à l'employer avec prudence. Le but de ce journal est de faire prévaloir le spiritualisme sur le matérialisme ; l'esprit contre la lettre ; la religion contre le rationalisme et le dogmatisme. »

Cette publication était à peine commencée depuis quelques mois, que la révolution de 1830 éclata ; les plus graves préoccupations s'emparèrent de tous les esprits ; M. Vincent eut peu de loisir pour rédiger son journal ; sauf quelques Méditations que l'on retrouvera dans ce volume, il n'y travailla guère. Il est cependant, dans ce qu'il y a inséré, un trait qui fait connaître l'homme et honore son caractère de pasteur ; le voici : il défendit contre les journaux politiques la liberté des prêtres assez fermes dans leurs principes pour refuser les sacrements à ceux qui n'avaient pas rempli les conditions imposées par l'Église catholique à ceux qui les désirent. — Au bout de la seconde année, il renonça, faute de temps, à cette publication, et, sauf la Méditation sur le *doute*, dont il voulut bien enrichir l'*Évangéliste*, qu'il m'avait encouragé à entreprendre, il n'a plus rien fait imprimer.

Chargé de porter la parole dans la consécration d'un jeune candidat au saint ministère, il prononça, le 13 avril 1837, un discours très remarquable, résumant en quelque sorte ses idées sur le christianisme. Il l'écrivait, à ma demande, pour l'*Évangéliste*, lorsque la mort interrompit le cours de ses travaux sur la terre. Les lecteurs, amis de ses ouvrages, attacheront sans doute du prix aux dernières pages qu'il a écrites : je les insère parmi les *Méditations**. Voici, du reste, le plan de ce discours, tel qu'il a été esquissé par M. Vincent :

« Les choses visibles ne sont que pour un temps, mais les invisibles sont éternelles. (1 Cor., IV, 18)

» Ce qui embarrasse encore le mouvement religieux, c'est la confusion du passager et du permanent. Vous devez les distinguer soigneusement pour rester à la hauteur de votre mission.

» I. *Passager* :

1° formes du culte ;

2° manière d'enseigner ; argumentations, exemples, arguments *ad hominem*, points de départ ;

3° formules dogmatiques ;

4° systèmes.

---

* *Le Passager et le Permanent dans la religion.*

» Tout cela est transitoire, occasionnel, etc. Au-delà de toutes ces choses, il y a la vie. La vie est dans les idées, et les idées elles-mêmes ne sont la vie que quand elles sont en contact avec le sentiment.

»Votre mission est de faire ressortir les idées de ce matériel de la religion et de les mettre en contact avec le cœur. Voilà pourquoi il faut un ministère évangélique. S'il en était autrement, à quoi servirait-il ? C'est un ministère d'esprit et de vie.

» II. *Permanent* :

- Dieu ;
- L'avenir ;
- Le caractère moral de l'humanité ;
- Le péché ;
- La grâce ;
- Jésus-Christ. »

Voilà l'esquisse de cette belle prédication, où M. Vincent épancha les sentiments de son âme avec tant d'abandon, de force et d'éloquence !

Ce plan indique la manière dont M. Vincent se préparait avant de monter en chaire. Depuis un grand nombre d'années, il se bornait à recueillir ses idées et à jalonner la route qu'il voulait suivre. Voici le plan le plus soigné et le plus détaillé que l'on trouve dans ses notes. Préparé pour l'ouverture de l'oratoire de Nîmes, le 4 octobre 1836[*] c'est une espèce de déclaration de principes dans un moment qui avait de l'importance ; on le lira avec intérêt.

« I Cor., XII, 4 ; XIII, 7.

» I. *Devoir de s'édifier en commun.*

» 1° Parce que nous sommes un même corps, ayant tous les mêmes besoins, les mêmes faiblesses, le même Sauveur, la même destination, les mêmes espérances.

---

[*] À Nîmes on a désigné sous le nom d'*oratoire,* non un temple, mais un genre particulier de services religieux qui, célébrés le soir, ont un caractère plus intime, plus familier et plus didactique que le culte ordinaire du dimanche matin.

» 2° Ce qui nous différencie est un motif de plus, puisque nous pouvons recevoir les dons de chacun en nous les communiquant. Loin de nous en enorgueillir, nous devons nous estimer heureux d'en faire part aux autres. Dieu nous les a donnés pour cela.

» Nous avons donc vu avec joie le désir qui s'est manifesté dans beaucoup de fidèles, de s'édifier en commun par des réunions plus fréquentes et plus intimes.

» *II. Comment nous édifier en commun ?*

» 1° Par l'union avec le Sauveur, dont nous sommes tous le corps. Cette union inspire l'amour, — fait naître la confiance, — assure le pardon.

» 2° Par la lecture des saintes Écritures, qui sont le pain céleste de nos âmes et la base immuable de notre foi.

» 3° Par l'invocation du Saint-Esprit les uns pour les autres. Importance de ses dons. Prière.

» 4° Par notre attachement à l'Église, qui est le corps du Christ, c'est-à-dire le corps que le Christ anime de son esprit. C'est par là que nous sortons de l'individualisme pour entrer véritablement dans la vie chrétienne. — Ces réunions sont propres à fortifier le lien de l'Église, en permettant aux chrétiens de se mieux connaître entre eux, et en donnant à ce culte plus d'intimité.

» 5° Par la charité.

» Nous voulons donc :

» 1° L'instruction chrétienne fondée sur l'Évangile ; non la lettre qui tue, mais l'esprit qui vivifie ;

» 2° La foi en Jésus-Christ ;

» 3° La charité vivante pour Dieu et pour les hommes. »

Tels sont les ouvrages de M. Vincent et les principes qu'on y trouve. Quelque rapide que soit cette analyse, chacun a pu les comprendre et en saisir l'esprit. Ce qui y domine, c'est la réflexion appliquée aux idées religieuses pour les élargir et les consolider ; c'est le respect pour la liberté de la pensée et les opinions sincères, non parce qu'elles sont toutes vraies ou indifférentes, mais parce que l'on doit reconnaître à autrui le droit de penser librement dont on use soi-même ; c'est la nécessité de mettre le fond au-dessus de la forme, qui est toujours accessoire, qu'on l'appelle cérémonie ou formule théologique ; c'est l'amour de l'humanité et le dévouement à ses intérêts éternels ; c'est enfin un profond attachement pour le christianisme positif qui nous montre d'un côté le péché dans l'homme, et de l'autre la délivrance par la vie et la mort de Jésus-Christ. Vous les retrouverez partout, ces doctrines, depuis les *Principes de lecture** que M. Vincent publia, en 1823, pour les écoles protestantes, jusqu'à la dernière Méditation, qu'il n'a pu achever ; depuis les instructions qu'il donnait aux catéchumènes en 1812, jusqu'au cours de religion professé en 1837 à l'École normale. Il y a sans doute, dans la forme de l'exposition, des changements que le temps, l'âge, l'expérience du christianisme devaient naturellement apporter dans un esprit progressif ; mais le fond est le même, et M. Vincent, après avoir pendant vingt-cinq années attiré l'attention du public protestant, n'a eu rien à oublier, rien à désavouer de ce qu'il a écrit. L'homme supérieur s'est développé, il a marché en avant ; mais, esprit droit et sûr, il n'a pas eu d'erreur à abandonner sur sa route, parce qu'il ne s'était jamais égaré.

Cette constance dans la direction de ses travaux pourrait expliquer, au besoin, la trace profonde qu'il laisse après lui ; mais il est d'autres causes de ce fait dont tout le monde peut s'apercevoir. Ses principes étaient fondés sur la nature intime de l'homme, parfaitement d'accord avec l'Évangile bien compris et les bases sur lesquelles repose le protestantisme ; voilà ce qui a fait leur force et leur succès. En les présentant d'une main ferme et avec une clarté parfaite, il a répondu à un véritable besoin de l'époque ; on veut de la religion sans renoncer à la réflexion ; on demande une foi qui ne craigne pas la science et satisfasse également le simple fidèle et les hommes instruits. Eh bien, les conséquences devant lesquelles on avait trop longtemps reculé, M. Vincent les a acceptées, et, pénétrant au fond des choses, bien au-delà des idées vulgaires, il a saisi la vérité et l'a répandue à pleines mains. Aussi les amis d'une religion éclairée se sont tournés vers lui avec confiance et ont recherché ses livres. Tous rendaient justice à ses vastes connaissances et à la supériorité de sa raison ; auprès d'un grand nombre il faisait autorité, et malgré sa simplicité, sa modestie, on le respectait comme une puissance intellectuelle dans l'Église.

Ce qu'il a été de son vivant, ses livres le seront après sa mort.

---

* *Principes de lecture à l'usage des écoles protestantes, suivis des Premiers éléments de la religion chrétienne et de prières.* 1823, 72 p. in-18.

Malgré les progrès d'un siècle de transition où tout est mobile, on continuera à lire ses ouvrages, parce qu'ils sont en avant de la génération actuelle ; on les méditera, comme on exploite une mine où l'on découvre sans cesse de nouveaux filons. Le prédicateur pour l'art de la chaire, le théologien pour ses études, les membres des consistoires et des synodes pour l'organisation, l'humble fidèle pour l'édification de son âme, s'applaudiront longtemps de l'avoir pour guide, et le protestantisme français devra sa prospérité aux principes qu'il a le premier parmi nous hautement professés. Que Dieu nous donne encore des hommes comme lui ! Nous ne pouvons espérer qu'ils soient bien nombreux ; le passé nous les montre rares, espacés à d'assez grandes distances ; mais que la Providence nous en accorde de temps en temps pour montrer la route à nos Églises et leur ouvrir les voies où elles doivent entrer pour aller en avant !

Ferdinand Fontanès.
Nîmes, 1er décembre 1838.

LES MYSTÈRES

Au Dieu inconnu.

— (ACT., XVII, 23.)

Dans* le siècle qui vient de s'écouler, et dans le nôtre encore, rien n'a excité contre le christianisme une défaveur plus forte que les nombreux mystères qui s'y rencontrent. Ce n'est point la faiblesse de ses preuves, ce n'est point le caractère de son auteur, ce sont ses dogmes, où le raisonnement ne peut atteindre, qui ont offensé un âge où la raison était en quelque sorte déifiée. Il semble que l'on aurait consenti à le recevoir sans murmure, s'il avait consenti lui-même à n'enseigner que ce que chacun pouvait également apprendre sans lui.

Cette opinion, naguère si universelle, et si commune encore de nos jours, n'est pourtant qu'un préjugé. Elle part d'une vue superficielle de l'homme et de la nature. Une réflexion plus profonde à la fois et plus modeste en aurait eu bientôt fait justice.

L'homme est entouré de mystères ; il est un mystère lui-même. Il

---

* Cette Méditation est la substance de deux discours prononcés dans les temples réformés de Nîmes, en décembre 1827 et janvier 1828.

serait bien étonnant qu'il n'en trouvât point dans la religion, la plus mystérieuse assurément de toutes les choses mystérieuses.

Rien de plus juste, rien de plus sain même, pour l'homme, que de chercher à tout éclaircir, c'est-à-dire que de chercher à expliquer toutes les choses qui l'entourent et toutes celles qu'il sent, par leurs rapports à d'autres choses à lui connues, et par les lois qu'il est en état d'en abstraire. C'est ainsi qu'il étend la sphère dans laquelle il est limité. C'est ainsi qu'il agrandit son être, qu'il fortifie ses facultés morales, et qu'il se crée par son intelligence une puissance nouvelle pour agir sur la nature.

Mais l'homme aura beau faire, il ne pourra jamais tout éclaircir. Il aura beau étendre sa sphère, il ne la rendra jamais infinie ; et tout ce qui sera hors de cette sphère, tout ce qui dépassera ses moyens actuels de connaître, demeurera pour lui un Mystère.

De tout, il ne conçoit jamais qu'une partie ; le reste lui échappe. Il est borné dans ses forces physiques ; il l'est également dans ses facultés morales. Mais toutes les choses et lui-même, dans la continuité de leurs rapports, arrivent à se perdre dans l'infini. Il y aura donc toujours pour lui un point où il sera forcé de confesser son ignorance, et où commencera le mystère.

Et ce point, il ne pourra pas s'empêcher de le sentir ; ce mystère, il ne pourra pas venir à bout de se le dissimuler, parce qu'il y sera conduit infailliblement par la liaison des choses qui lui sont claires, et par les besoins irrésistibles de son intelligence.

L'infini, dont nous sommes entourés, qui nous presse de toutes parts, se manifeste à nous par quelques parties en rapport avec notre constitution actuelle, avec nos sens, avec notre intelligence, avec notre cœur. Nous nous emparons avec avidité de ces premières manifestations d'un monde dont la grandeur et la beauté nous étonnent. Nous saisissons avec joie ces premiers fils qui sont fournis à notre pensée pour l'exercer et la diriger. D'abord ils cèdent sous le doigt et se roulent sans peine. Mais à mesure que nous les attirons à nous pour nous les approprier, ils deviennent, ils se montrent et plus prolongés et plus lourds ; bientôt ce sont des câbles énormes, dont le poids nous écrase et dont la longueur incommensurable effraye notre imagination. Il faut les abandonner, sans savoir où ils se terminent.

Sans doute, il est dans l'univers une foule d'objets de toute nature qui ne sont en rapport avec nous par aucun côté. Tous les fils de ce monde immense ne viennent point aboutir à notre pauvre individu. Ces objets sont pour nous comme s'ils n'existaient pas. Dans notre état actuel, ils ne sont pas pour nous un mystère, puisque nous ne soupçonnons même pas leur existence. Le mystère n'a lieu que pour les choses dont une partie nous est manifestée, et dont l'autre nous est cachée. C'est une chaîne de montagnes, dont nous voyons le premier coteau, avec les villages et les cultures qui le couvrent, dont une croupe bleuâtre nous dérobe le reste, et laisse à notre imagination le soin d'y creuser des vallées, d'y faire couler des torrents et d'y mener paître de nombreux troupeaux.

Or, ce n'est pas le christianisme seul qui nous présente un côté clair et un côté obscur ; qui montre à notre esprit une portion d'une existence non équivoque, pour en laisser voiler une portion plus vaste encore ; qui nous manifeste des vérités sensibles, premiers anneaux d'une chaîne immense qui remonte de la terre au ciel, mais qui se rompt bientôt sous nos doigts, dès que nous essayons d'en dérouler toute la longueur : c'est la nature tout entière ; ce sont les sciences en apparence les plus sûres et les plus claires ; que dis-je ? ce sont les objets les plus familiers, les lois les plus vulgaires de la nature, et d'après lesquelles nous agissons tous les jours avec le plus de sécurité.

Vous voyez un fruit se détacher de l'arbre qui l'a nourri, et tomber à terre. Vous dites : Il tombe, parce qu'il est pesant ; et vous croyez avoir expliqué quelque chose. Le savant, qui ne se contente pas de cette explication, après des méditations qui honorent l'intelligence humaine, parvient à généraliser cette loi ; à prouver que tous les corps tombent les uns vers les autres, suivant des règles invariables ; à expliquer par là une partie de l'ordre qui règne dans les cieux. Et quand il a dit que les corps gravitent ou pèsent les uns vers les autres, en raison directe de leur masse et inverse du carré de leur distance, il croit aussi avoir expliqué quelque chose. Il a vu le phénomène plus en grand ; il en a tiré de plus belles conséquences ; mais il ne l'a pas mieux expliqué que vous. Pour lui comme pour vous, les corps tombent parce qu'ils tombent ; il n'en sait pas davantage ; et le mystère demeure là, dès le premier pas de la science, invincible jusqu'à ce jour, pour se reporter un peu plus loin, si l'homme parvient jamais à le vaincre dans la place qu'il occupe encore aujourd'hui.

Il est inutile de multiplier les exemples. Les mêmes remarques s'appliqueraient aux autres lois de la nature. On les connaît, et l'on en use. Mais, si l'on veut les comprendre et les expliquer, deux questions vous rejettent dans les ténèbres, vous forcent à agir sur des données que vous ne sauriez comprendre, et à vous contenter encore de la même explication : les corps tombent parce qu'ils tombent. Qu'est-ce que la chaleur ? Qu'est-ce que la lumière ? Quelle est la cause de cette préférence irrésistible que certains corps ont les uns pour les autres et des formes qu'ils affectent ? Quel est ce principe, qui anime les êtres vivants, et leur donne le pouvoir de revêtir et de reproduire des formes où se trahit tant d'intelligence ? Nous n'en savons rien : le mystère a jusqu'ici maintenu sa position ; mais nous nous gardons bien de méconnaître le prix de ce qui nous est révélé, et nous agissons avec confiance dans ce qui nous est connu, quoique le mystère nous enveloppe à quatre pas de son impénétrable obscurité.

Ce qui doit véritablement surprendre, c'est de voir ces mêmes hommes, qui ne peuvent se retourner dans la nature corporelle sans rencontrer le mystère, se révolter contre lui dès qu'il se présente dans le monde moral, et traiter avec un superbe dédain tout de qui tient à ce nouvel ordre de phénomènes. La philosophie, dont le monde moral est le domaine, a ses mystères, et ne peut pas ne pas en avoir. Elle étudie l'âme humaine, les moyens qu'elle a de connaître, les diverses facultés dont elle est douée, les lois de leur action, la destination de l'homme sur la terre et les règles qu'il doit suivre pour l'accomplir. Enfin, poussant plus loin ses méditations, elle tente de résoudre le grand problème de l'univers, qui lui est véritablement proposé par la conscience et par la nature ; elle cherche un lien commun aux deux mondes qui viennent se toucher dans l'intelligence humaine, et conduit ainsi l'homme aux plus hautes pensées où puisse atteindre un être en apparence aussi faible et aussi borné. Dans ces méditations, qui l'honorent et l'ennoblissent, l'homme rencontre à chaque pas le mystère ; l'inconnu vient à chaque instant border et limiter le connu. Je sens ma pensée, je sens ma volonté, je sens ma conscience morale, je sens mes affections, mes désirs et mes passions ; je sens que tout ensemble constitue un seul être que j'appelle *moi*, que j'appelle *âme* ; et ce nouvel ordre de phénomènes, qui sont aussi certains pour moi que la lumière, les couleurs, les formes et la pesanteur, me révèle un nouvel univers, qui a ses faits et ses lois, ses sommités et ses profondeurs, ses clartés et ses mystères, comme l'univers des corps. Qu'est-ce que l'âme ? Je n'en sais rien, sinon qu'elle n'est point corps. Mais vous, qui me faites cette question, et qui triomphez de ce que je ne puis y répondre, dites-moi donc ce que c'est qu'un corps ? — Quels sont les rapports qui existent entre l'âme et le corps qu'elle anime, entre le monde visible et cette pensée suprême dont les traces se rencontrent partout ? En un mot, comment l'esprit agit-il sur la matière et la matière sur l'esprit ? Autant de questions que l'homme n'a point encore pu résoudre, autant de mystère, qu'il n'a pu ni dissimuler ni vaincre, et qui pourtant n'affaiblissent en rien la certitude des faits moraux sur lesquels se fonde la véritable philosophie.

La religion n'est que la partie la plus élevée de cette philosophie. Elle commence à la conscience, continue par les idées d'ordre moral et de responsabilité que la conscience porte en elle-même, se nourrit en avançant par les marques d'intelligence et de bonté dont le monde extérieur fourmille, et s'élève enfin, par un instinct irrésistible, par une sorte de pressentiment, empreint malgré nous dans notre âme et fortifié par tout ce qui nous entoure, jusqu'aux idées à jamais chères à l'homme, de rétribution, d'immortalité, de Dieu. La conscience nous révèle l'ordre moral, et l'ordre moral nous révèle Dieu, comme les sens nous révèlent l'ordre physique, et l'ordre physique nous révèle Dieu encore, mais sous un nouvel aspect.

Et dans ces sommités de la pensée humaine, dans ces derniers et sublimes efforts de l'intelligence et du sentiment, vous seriez étonnés de rencontrer des obscurités et des mystères, vous qui ne pouvez m'expliquer la chute d'une feuille et la croissance d'un brin d'herbe ! Quel est cet avenir que la conscience révèle à l'homme ? Quel est ce Dieu qui doit en être l'arbitre ? Voilà certes de ces choses dont quelques éléments nous sont connus, mais dont une immense partie est encore, et pour toujours peut-être, cachée à nos faibles regards. Voilà de ces montagnes énormes, dont les premiers vallons sont à notre portée pour nous nourrir de leurs fruits et nous désaltérer de leurs eaux, mais dont les sommets inaccessibles se cachent sous la neige et se perdent dans les nuages.

Mais ces éléments, que borde le mystère, sont connus ; ces données qui nous y conduisent sont certaines : voilà ce qu'il faut bien comprendre ; voilà ce qui fait de la religion une réalité, et non un fantôme ; voilà ce qui explique pourquoi elle est un des besoins les plus impérieux de l'âme humaine, pourquoi elle se reproduit sous mille formes partout où l'homme est capable de sentir et de penser, pourquoi elle repousse, plus verdoyante et plus forte, à l'instant même où le matérialisme croit l'avoir coupée dans sa racine. Les faits de conscience, sur lesquels elle est basée, ne sont pas moins certains que les phénomènes du monde physique ; le problème dont elle fournit la solution n'offre pas moins de données que celui du mouvement des astres ; les besoins auxquels elle satisfait ne sont pas moins réels que ceux de la faim et de la soif. Et, par conséquent, celui qui agit en vue de ce nouvel ordre de choses, en vue de sa conscience, en vue de sa responsabilité morale, en vue d'un avenir, en vue de Dieu, n'est pas moins raisonnable que celui qui se dérobe à une pierre dont la chute va l'écraser, que celui qui travaille aujourd'hui pour avoir demain de quoi se nourrir ; en un mot, que celui qui s'accommode aux lois d'un monde corporel, dont presque tout est pour lui mystère, mais dont assez lui est révélé pour le diriger dans la conduite matérielle de sa vie. La religion doit avoir beaucoup de mystères, car elle gît tout entière au contact du fini et de l'infini ; mais, jusqu'à ce contact, tout est clair, tout est certain en dedans et en dehors de l'âme humaine, tout est senti. Et si les grandes idées, qui peuvent seules lier et expliquer l'ensemble des phénomènes, offrent encore des obscurités et des mystères, si le Dieu qu'il faut croire est encore en grande partie Un Dieu Inconnu ; ces idées, dans leur étendue intelligible, n'en sont pas moins entourées d'une certitude complète ; ce Dieu inconnu n'est pas moins fortement senti que le monde matériel où sa lumière brille, où son souffle répand la vie, et dont lui seul peut rendre compte. Les efforts pour chasser l'intelligence du monde seront toujours impuissants. L'esprit est mieux prouvé que le corps ; Dieu est aussi certain que la vie, et la vie, qui fourmille partout, n'est pas mieux expliquée que lui.

Si l'on a bien compris les remarques qui précèdent, l'on sera bien guéri sans doute du préjugé qui nous fait croire qu'à mesure que nos connaissances s'étendent, le nombre des mystères doit diminuer pour nous. C'est le contraire qui est vrai. Plus le cercle de nos connaissances est borné, moindre est le nombre des objets avec lesquels nous sommes en contact, c'est-à-dire, des objets dont une partie nous est connue et dont l'autre nous est cachée. À mesure que nous pousserons en avant, quelques-uns de ces objets s'éclairciront peut-être et se livreront à nous tout entiers, mais nous découvrirons les premiers linéaments d'une multitude d'autres, dont la forme complète sera pour nous perdue dans l'obscurité. Celui qui vit seulement de la vie sensitive et animale soupçonne à peine quelques mystères. Tout est clair pour lui, parce qu'il ne sait rien. Celui qui médite sur le monde physique en sent bientôt un grand nombre. S'il parvient à les traverser, il en rencontre à l'instant derrière eux un nombre beaucoup plus grand ; mais il ne soupçonne point encore ceux que présente le monde moral. S'il pousse de ce côté ses méditations, avec quelques vérités claires, il rencontre des mystères nouveaux ; et s'il parvient à les percer, c'est aussi pour en trouver au-delà de plus nombreux et de plus profonds encore. Telle est la condition de l'âme humaine. Tel est le résultat de ses efforts. Plus elle s'élève, et plus elle aperçoit au-dessus d'elle de sublimes hauteurs d'où la perspective doit être plus vaste et plus ravissante, mais qui sont à chaque fois plus difficiles à gravir. Plus la vue s'étend, plus devient immense le nombre des objets dont elle nous découvre une partie et dont le reste nous est caché.

La révélation, c'est-à-dire un enseignement émané d'un être supérieur à l'humanité, ne peut donc pas avoir fait disparaître de la religion tous les mystères, précisément parce qu'elle est un enseignement supérieur, précisément parce qu'elle nous a fait traverser plusieurs mystères contre lesquels notre raison luttait vainement depuis des siècles ; précisément parce qu'elle a considérablement étendu le cercle de nos connaissances et nous a mis en rapport avec des existences naguère inconnues. Elle doit avoir manifesté des idées et des faits qu'elle n'a pu nous livrer dans toute leur étendue, parce que nous étions hors d'état de les comprendre ; elle doit avoir créé pour nous de nouveaux mystères et en recéler un grand nombre qui lui sont propres. L'acte de la révélation est lui-même un mystère, combien plus son contenu ! La révélation n'est pas une instruction philosophique ; elle est une direction. Rien n'a été fait au-delà du but, et ce but était de poser en fait l'existence d'un monde moral, et de fournir à l'homme les moyens de se préparer à bien remplir la place qu'il doit y occuper. Tout ce qu'il fallait pour atteindre ce but a été accompli ; tous les faits, toutes les idées que l'homme avait besoin de posséder pour se préparer à sa destinée, lui ont été livrés, et rien de plus. Il marche dans sa route nouvelle, précédé d'un flambeau dont la lumière le conduira sûrement au terme ; mais à droite et à gauche les mystères l'environnent, et le flambeau qui l'éclairé lui en découvre à chaque pas dont il n'avait pas soupçonné l'existence et qu'il est incapable d'expliquer.

La religion, même après une révélation venue d'en haut, aura donc ses impénétrables mystères ; elle en aura même beaucoup, car elle se compose de tout ce qui touche de plus près à l'infini et de l'infini lui-même. Mais elle n'est pas la seule, parmi tous les objets des méditations humaines, à qui l'on puisse adresser ce reproche, si c'en est un. Elle le partage avec tous ; et le pâtre dans sa cabane est entouré de mystères, comme le prêtre dans son temple.

Mais est-ce bien un reproche ? et outre que le mystère est inévitable à notre nature bornée, est-il bien vraiment un malheur ? Cette disposition, qui reparaît dans toutes les parties du vaste champ de l'intelligence humaine, n'entrerait-elle pas dans les desseins de la Providence à l'égard de l'homme, et ne serait-elle pas en ses mains un moyen puissant de le conduire vers le but sublime auquel il est destiné ? Quand on le considère par rapport aux fins de son existence, la grande question pour l'homme n'est pas de savoir ce qu'il fait, mais ce qu'il est : c'est dans le développement et l'exercice harmonique de ses facultés, c'est dans l'extension toujours croissante de ses capacités intellectuelles et morales bien ordonnées, que se trouve sa véritable valeur. S'il s'arrête à se perfectionner, comme il vit toujours, il faut qu'il se dégrade, car la vie est mouvement. Il faut donc un stimulant toujours nouveau pour le tenir en haleine dans cette marche violente, qui doit se renouveler tous les jours, sans jamais conduire au terme. Il faut que l'homme ne puisse jamais dire : J'ai fini. Quand cette parole erre sur ses lèvres, pour ranimer son énergie, il faut qu'un nouveau champ s'ouvre devant lui, plus fertile, plus attrayant et plus vaste que celui qu'il vient de parcourir et de cultiver. Voilà l'effet que produisent les mystères. Ces manifestations incomplètes de la vérité ; ces puissances de la nature qui nous présentent un côté clair et un côté obscur ; ces mondes immenses dont nous n'apercevons qu'un faible reflet ; ces existences d'un autre genre que notre cœur nous révèle sans les décrire et que le christianisme a rapprochées de nous sans les expliquer, toutes ces indications mystérieuses sont autant de stimulants pour notre intelligence qui l'empêchent de se complaire dans un repos corrupteur. Ce sont des sirènes enchanteresses dont les voix inconnues l'excitent à s'enfoncer dans de nouveaux abîmes, au fond desquels elle trouve non la mort, mais la vie plus complète et plus forte. Avec quelle ardeur le jeune homme se livre à dérouler les premiers fils de la science, qui lui sont présentés par l'expérience ou par l'amitié ! Les premiers mystères qu'il débrouille, les premiers phénomènes qu'il explique, tandis que longtemps il les avait vus sans les comprendre, lui paraissent un agrandissement de son être et une conquête sur la nature. Sa curiosité redouble, son ardeur devient irrésistible. Il attaque avec enthousiasme les nouveaux mystères à vaincre, les nouvelles vérités à conquérir. Il va traverser d'une haleine le champ montagneux et difficile de l'intelligence humaine. Il va tout apprendre, tout découvrir, tout expliquer… Laissez-le faire : il avancera d'un pas rapide ; il fera peut-être des découvertes immenses ; son esprit prendra une force, son intelligence une étendue qui sembleront au-dessus de l'humanité ; il augmentera les richesses de la pensée, qui sont à la fois l'honneur et la force de l'espèce humaine ; il sera peut-être un Socrate, un Platon, un Newton, un Kant, un Laplace ; peut-être un Sophocle, un Shakespeare, un Racine, un Goethe ; peut-être un Démosthènes, un Chrysostome, un Bossuet, un Fox ; mais il n'épuisera pas tout, il n'arrivera pas au bout. Il y aura du terrain pour les autres. Il percera quelques mystères, mais il en soulèvera de nouveaux. Il descendra plein de courage dans des profondeurs effrayantes, mais pour entrevoir sous ses pieds de plus grandes profondeurs que les ténèbres couvrent encore. Plus il aura appris, mieux il aura vu qu'il lui reste encore à apprendre. Et le dernier résultat de sa science, si vous en retranchez le perfectionnement de son âme et le bien qu'il aura fait à son espèce, sera que ce qu'il sait n'est rien, absolument rien, en comparaison de ce qu'il ignore.

Les mystères qui nous entourent sont donc l'aliment inépuisable, le stimulant nécessaire de cette activité, de cette curiosité, qui conduisent l'intelligence humaine à tous les développements dont elle est capable. Tout ce qui est su, tout ce qui est possédé, est bientôt laissé en arrière, et s'il ne se présente plus rien à apprendre, plus de mystères à franchir, l'activité se relâche et l'intelligence s'endort.

Les mystères de la religion ont le même attrait que les autres et remplissent le même but ; ils fournissent aux méditations religieuses un aliment toujours nouveau ; ils attirent puissamment tous les efforts de la plus haute intelligence et lui présentent à parcourir et à cultiver un terrain semé d'objets magnifiques et sublimes, mais dont les limites se dérobent à tous les regards.

Nulle étude n'est plus inépuisable à la fois et plus attrayante que celle de la religion, parce que, seule entre toutes les autres, elle intéresse le cœur en même temps que l'intelligence, elle parle d'amour en même temps que de savoir. Les mystères qu'elle tend à débrouiller sont ceux de notre propre nature ; ils sont recélés dans les profondeurs de notre âme. L'avenir dont ils laissent apercevoir un reflet est le nôtre. Faut-il s'étonner que, pour les hommes qui ont touché à cette étude, elle devienne la plus attrayante de toutes, qu'elle excite en eux une curiosité, une ardeur qui tiennent de la passion, et que les pensées d'un tout autre ordre leur paraissent froides et sans intérêt ? C'est un gouffre immense, d'une profondeur insondable, où notre âme fixe longtemps des regards attentifs et mélancoliques. Elle éprouve, à voir le cristal de ces eaux dont le fond lui est inconnu, un charme irrésistible. Bientôt la soif de s'y plonger la dévore et elle s'y précipite pour ne plus en ressortir : elle y a vu son image ou plutôt sa réalité tout entière.

Mais ce n'est pas tout : la religion ne doit pas seulement attirer l'intelligence, par un puissant intérêt, vers les plus hautes méditations, elle doit s'emparer de la vie, lui imprimer une direction forte, purifier l'âme, étouffer les passions qui s'opposent à ses progrès, la rendre invincible en lui proposant un but qu'elle sente digne d'elle-même, la remplir de ces affections pures et fortes après lesquelles elle soupire ; en un mot, posséder et dominer l'homme tout entier.

Mais l'homme est fait de telle sorte que ce qu'il possède ne saurait jamais le posséder. L'infini se trouve dans l'âme humaine comme dans la nature physique, comme dans l'espace, comme dans la durée, comme en Dieu. Elle est faite pour l'infini. Tout ce qui est limité ne saurait la satisfaire. Elle l'embrasse ; elle le saisit de tous les côtés, elle le pénètre. Dès lors elle le sent fini, c'est-à-dire au-dessous d'elle. Elle le dédaigne, comme l'enfant dédaigne le hochet qu'il vient de démolir pour en percer le mystère. Tant qu'il y a obstacle, lutte, incertitude, mystère, elle travaille avec ardeur et sa vie est pleine de sève et de force ; mais, dès que les obstacles sont vaincus, dès que l'objet est conquis, dès que le mystère est dissipé par la possession, l'homme sent qu'il vaut mieux encore, et se détourne de sa conquête dont il vient de faire le tour, pour en chercher une nouvelle. César, assis sur le trône du monde, dont l'accès lui coûta toute une vie de batailles, s'écriait avec tristesse : *Est-ce là tout ?* Ce monde n'était rien pour lui depuis qu'il le possédait, il lui en fallait un autre à conquérir. Il en serait de même de la totalité des destinées humaines, si quelqu'un était capable de les embrasser d'un regard. Si donc la religion doit diriger l'homme et le posséder tout entier, depuis sa naissance jusqu'à sa mort, et dans toute la suite des générations humaines, et peut-être dans toutes les profondeurs de l'éternité, il faut qu'il ne puisse jamais en faire le tour, il faut qu'il ne puisse jamais la posséder tout entière, il faut qu'il ne puisse jamais dire comme César : *Est-ce là tout ?* Car, si jamais il pouvait le dire, la religion ne le posséderait plus, le dédain succéderait à l'enthousiasme, le dégoût à l'espérance, et la vie de l'âme, la vie du sentiment et de la pensée, de l'amour et de la vertu, la vie seule digne de ce nom, aurait enfin trouvé son terme. Ôtez les mystères de la religion, et la religion n'est plus faite pour l'âme humaine. Elle ne parle plus à l'imagination ; elle n'excite plus ses espérances infinies, seules capables de vaincre ce qui est fini ; elle n'inspire plus cet amour immense, seul propre à satisfaire une âme où est empreint le sentiment de l'infini ; elle est incapable de diriger la vie au milieu de ses vicissitudes. L'homme en fait le tour, et passe outre. Il la possède, il n'en est plus possédé.

Je suis donc bien loin de dire que tout dans la religion doit être clair ; ou que du moins elle n'est bonne que dans ce qu'elle a de clair. Je suis persuadé, au contraire, que nulle part elle n'est plus agissante, plus propre à remuer l'âme, à lui donner de l'élévation et de la noblesse, du dévouement et de la vertu, en un mot, à rendre l'homme sublime et complet, que dans ce qu'elle a de mystérieux.

Mais, entendons-nous bien. Pour que les mystères de la religion soient salutaires à l'homme, pour que les sentiments qu'ils inspirent le dirigent et ne l'égarent pas, il faut qu'ils soient donnés, et non pas imaginés ou inventés. Les mystères véritables, ceux dont le pressentiment peut faire du bien à l'âme et la préparer à de plus grandes choses, sont ceux dont les premiers linéaments sont fournis par la conscience, par la nature ou par la révélation. Ceux-là étant une manifestation, incomplète sans doute, mais certaine dans son étendue, d'êtres réels, ils sont un guide sûr pour l'âme, et le chemin où ils la conduisent est celui de la vérité. Les mystères faux, et par conséquent dangereux, sont ceux que l'imagination ou l'argutie humaines ont créés de leur propre fonds, sans aucune donnée de la conscience, de la nature ou de la révélation. Ceux-là sont un guide trompeur. Ils introduisent dans une route pleine d'erreurs et de contradictions, qui n'aboutit qu'au néant. L'esprit qui les invente se dévore lui-même, enlacé dans l'inextricable réseau de ses propres raisonnements et de ses interminables subtilités. Ainsi de vaines et presque toujours d'absurdes pensées prennent la place de la vérité pure et modeste, qui nourrit l'âme en lui donnant la force et la vie. Nulle entreprise plus fatale pour la religion, plus directement opposée au succès du christianisme, au libre développement des plus nobles facultés de l'âme, au perfectionnement du genre humain dans la carrière qu'il doit parcourir sur la terre et aux progrès de l'homme vers sa destination finale, que celle d'accroître le nombre des mystères ou de surcharger ceux qui existent par les efforts de l'imagination ou du raisonnement. C'est jeter la confusion partout et lancer les chimères au milieu des réalités. Les mystères donnés sont les signes par lesquels le monde inconnu vient se manifester à nous. À chacun de ces signes répond une existence cachée. Les mystères enfantés par l'imagination, ajoutés par l'esprit d'argutie, ne sont le signe de rien, et rien ne leur répond dans le monde inconnu. À quoi peuvent-ils servir, qu'à troubler l'ordre et l'harmonie de l'âme humaine, lui faire méconnaître ses rapports avec le nouvel ordre qui l'attend, et préparer d'avance son imperfection et son malheur ? Ces instruments mélodieux, dont les sons relèvent la majesté du culte et portent avec eux une impression mélancolique et religieuse, se composent de parties visibles et de parties cachées, dont les unes, quoique minces et sans résistance, répondent, par un mécanisme secret, aux sons puissants qu'elles doivent réveiller dans les autres. L'artiste qui créa l'ouvrage connaît les rapports qu'il a établis entre ces touches légères, manifestes à tous les yeux, et ces immenses tuyaux qui dorment inconnus dans l'ombre. Aussi longtemps que le musicien pour lequel il a travaillé voudra s'en tenir à ces signes certains qui lui sont donnés, à ces mystères auxquels répondent des réalités, il tirera de l'instrument des sons pleins de douceur, de force et de mélodie, qui bientôt réagiront sur lui-même, exciteront son génie et raviront son auditoire dans une extase d'admiration et de plaisir. Mais si, non content des richesses fournies par les touches qui lui sont données, il veut en créer de nouvelles ; s'il introduit sur son clavier des touches auxquelles rien ne répondra dans l'intérieur, parce qu'il est incapable d'en comprendre et d'en imiter le mécanisme, alors ces richesses prétendues se changeront en une véritable pauvreté ; ces touches inutiles rompront la liaison des touches harmonieuses ; son chant sera brisé, sans plan et sans harmonie ; lui-même sera incapable d'avoir aucune idée grande, et ses auditeurs se retireront pleins d'étonnement et de dégoût. Voilà la religion. D'un côté, elle nous est donnée par quelques vérités simples que notre esprit et notre cœur peuvent saisir ; de l'autre, elle s'élève dans les cieux enveloppée de mystères. Ces vérités simples sont les touches dont le jeu bien entendu produit une harmonie céleste, la seule dont notre âme ne puisse jamais se lasser, la seule qu'elle aime à entendre dans toutes les situations de la vie. Gardons-nous d'ajouter à ce noble instrument, dont nous ignorons l'étendue, des touches inutiles auxquelles rien ne viendrait répondre et qui en troubleraient toute l'harmonie.

Si ces observations sont fondées, elles conduiront facilement à comprendre la manière dont il faut aborder les mystères de la religion et du christianisme. Je dirai ma pensée en deux mots. Il faut y appliquer le sentiment et non le raisonnement. Ces mystères se trouvent aux dernières limites de la pensée humaine. Ils constituent un monde qui ne nous est révélé que par la conscience, et si, éclairés par elle, nous en apercevons un reflet dans le monde visible qui nous environne, il est bien certain que, sans elle, nous n'y apercevrions rien du tout, et que le monde moral serait pour nous comme s'il n'existait pas. Dès qu'elle s'est isolée du grand tronc du sentiment et de la conscience, la raison humaine n'a plus été capable de savoir si le monde matériel est l'ouvrage du hasard, ou celui de l'intelligence et de la bonté ; et elle dispute encore, tandis que l'homme dirigé par sa conscience est pleinement persuadé, sent, admire et aime. À plus juste titre, le raisonnement est-il impuissant pour atteindre à ce qui se passe uniquement dans le monde moral et invisible, que la conscience et le sentiment nous révèlent seuls ; à plus juste titre encore pour atteindre au contenu des révélations du christianisme, qui vont au-delà de celles du cœur, mais que le cœur seul peut comprendre. Saisis par le cœur pour lequel ils sont faits, les mystères de la religion ont quelque chose de simple, d'attrayant et de doux qui élève et qui restaure. Le cœur en trouve en lui-même le pressentiment et le besoin. Ils sont le complément nécessaire de son existence et de ses rapports avec le monde. Or le cœur n'est pas une partie moins essentielle de notre constitution morale que le raisonnement. Et ici elle est bien plus importante, car il fournit les bases ; il présente des données irrécusables, tandis que le raisonnement n'est qu'un jeu de la pensée, qui n'a de légitimité que suivant les bases sur lesquelles il porte et les limites où il s'arrête. On prouve tout, mais on ne sent pas tout. Et combien de fois le raisonnement n'a-t-il pas prétendu pulvériser la conscience elle-même, qui s'est toujours relevée et plus sensible et plus forte ? Dès qu'il choisit mal ses bases ou qu'il franchit ses limites, le raisonnement n'est plus qu'un amusement frivole, s'il n'est pas le plus déplorable de tous les abus. Or, s'il est une chose claire, c'est que les mystères de la religion sont au-delà de ces limites, tandis qu'ils sont en plein dans le domaine du sentiment et de la conscience. Et combien n'est-il pas de choses infiniment graves, même dans la vie terrestre, dans les affaires de tous les jours, où un sentiment mystérieux nous conduit d'une manière à la fois élevée, noble et sûre, tandis que le raisonnement nous laisserait dans un dédale d'indécisions, ou nous précipiterait dans l'égoïsme et dans la bassesse ?

J'en prends à témoin l'affection la plus profonde, la plus vive et la plus constante que notre cœur puisse éprouver pour un objet terrestre, celle d'un père pour son enfant. Dominé par ce sentiment, qu'il ne s'est point donné, mais que son cœur a produit par une disposition jusqu'alors dormante et cachée, le père non seulement aime comme il n'a jamais aimé, éprouve des tressaillements que jamais il n'a connus ; mais sa vie tout entière change de direction ; lui-même n'en est plus le centre, c'est son enfant. Vivre pour lui, travailler pour lui, se priver pour lui, se donner tout entier pour lui, ce n'est point un sacrifice, c'est une chose toute simple, qui coule de source ; et l'on ne comprend pas qu'il en puisse être autrement. Le père dirigé par le sentiment trouve son bonheur dans la vie d'un autre, et le plan de la Providence est accompli. Mais si le père abandonnait ce guide pour prendre le raisonnement, quel désordre ! quelle dégradation ! et que deviendrait le plan de Dieu pour le genre humain ! Établir l'obligation des pères envers leurs enfants est une chose impossible par le raisonnement, si l'on ne prend point le sentiment pour base. Et puis, de quel droit dois-je consacrer ma vie à un autre ? Et que m'en reviendra-t-il, dès que j'aurai perdu mes plus belles années pour l'élever et pour l'enrichir ? Cet enfant va songer à lui, se former une famille et m'abandonner dans ma vieillesse. Presque à coup sûr il sera ingrat, peut-être méchant. Mieux vaut cent fois vivre pour moi, et faire moi-même mon sort. — En attendant, le père s'avilit, et l'enfant est abandonné. — Les mystères les plus consolants et les plus doux de la religion chrétienne et de toute religion, ceux que le cœur sent avec le plus de délices, où il puise une force divine pour le conduire ou pour le maintenir dans le bien, pour le consoler dans ses peines ou pour le rendre invulnérable dans ses tentations, éprouveraient le même sort, si l'homme voulait y venir par le raisonnement, et non par le sentiment. Ils se dissiperaient en fumée, et l'homme serait laissé, sans guide et sans appui, au milieu des ténèbres et des douleurs de la vie. J'en veux prendre pour exemple une des vérités les plus importantes et les plus douces que nous ait révélées le christianisme. C'est celle-ci : *Dieu a tellement aimé le monde, qu'il a donné son Fils unique au monde, afin que quiconque croirait en lui ne pérît point, mais qu'il eût la vie éternelle.* Guidé par le sentiment, le chrétien ne trouve rien que de simple et de consolant dans ces paroles : *Dieu a tellement aimé le monde* ; ce n'est pas cela qui l'arrête. Il sent, il vit dans cet amour ; il le respire par tous les pores ; et Dieu n'existerait pas pour lui, s'il n'était amour. *Qu'il a donné son Fils unique au monde :* Dieu a un Fils, sa vivante image, en qui il a mis toutes ses affections : l'Évangile me l'a révélé ; je le crois. Et d'ailleurs j'ai senti dans ce fils la céleste beauté tout entière. Je sais ce qu'est un fils pour son père ; et un tel fils ! Et ce fils a été donné pour le monde et pour moi ! est-il assez d'amour pour payer un tel amour ? *Afin que quiconque croirait en lui ne pérît point, mais qu'il eût la vie éternelle.* Voilà donc le but de ce don immense : la vie éternelle ! cette vie dont tout me parle et dont la perspective me ravit et me console. Mais j'avais besoin d'un guide, j'avais besoin d'un modèle, j'avais besoin d'un appui qui me sauvât de ma propre faiblesse ; le voilà, il m'est donné. Je le sens, je crois en lui, je l'embrasse, je me nourris de sa force et je me laisse enlever par lui dans le ciel. Voilà le commentaire du sentiment et de la conscience. Écoutons celui du raisonnement. *Dieu a tellement aimé le monde.* Hélas ! le premier mot l'arrête, et ce Dieu, que le cœur sent avec tant de vigueur et de délices, est pour lui encore un dédale d'obscurité et de contradictions. *Dieu a tellement aimé le monde :* Dieu peut-il aimer ? aimer est une passion ; une passion et Dieu sont contradictoires. — En effet, à force de subtilités et d'arguties, le raisonnement est parvenu à faire de Dieu je ne sais quel fantôme impassible, immobile, qui repousse toute affection, et que le cœur ne peut pas aimer davantage qu'il n'aime la loi de la pesanteur. Ce n'est pas là le Dieu ni du cœur, ni de l'Évangile. — *Qu'il a donné son Fils unique au monde.* Voici bien une autre affaire. Dieu a donc un fils ? Mais peut-il avoir un fils ? l'a-t-il engendré ? Ce fils est donc égal à son père ; il y a donc deux Dieux. Mais la chose est impossible, et voilà une absurdité. *Afin que quiconque croirait en lui ne pérît point, mais qu'il eût la vie éternelle.* Et quel mérite y a-t-il donc à croire en Jésus-Christ, pour attirer une si haute récompense ? C'est un pur effet du hasard, et un tel jugement n'est que caprice. — Ainsi se dissipe, sous le scalpel destructeur du raisonnement, cette sève de force et de vie que le cœur avait trouvée dans ces sublimes paroles. Il en serait de même des autres vérités de la religion et du christianisme, qui toutes confinent au mystère. Vouloir ne pas les sentir, mais les expliquer ; les attaquer non par le cœur, mais par le raisonnement, c'est en méconnaître l'essence, c'est en détruire tous les effets salutaires, c'est les priver de toute leur influence sur les puissances actives de l'âme, c'est les convertir en une source intarissable de doutes et d'incertitudes, c'est en faire à la fois le fléau des bons esprits et des consciences délicates. La nature vous présente une liqueur bienfaisante qui vous restaure, une fleur dont le doux parfum vous ranime. Vous n'êtes pas content de ses dons ; vous voulez en approfondir le mystère, en doubler l'intensité. Vous introduisez le vin délicat, la fleur embaumée dans un alambic ; vous les soumettez à l'épreuve du feu, et vous n'avez plus qu'un résidu sans saveur qui vous dégoûte, et un esprit ardent qui vous brûle. Tels sont les mystères de la religion. Ils sont révélés aux simples ; ils sont lettre morte pour les raisonneurs et pour les savants.

Dire tout le mal que le christianisme a souffert de cet abus, auquel nulle classe n'a pris une part plus active que ses propres ministres, c'est raconter toute l'histoire des disputes qu'il a excitées, des haines qu'il a fomentées, des persécutions épouvantables que l'on a exercées en son nom, des systèmes absurdes que l'on a bâtis et que l'on a imposés avec violence comme étant ses enseignements authentiques ; c'est expliquer les causes du mépris où il est tombé chez un grand nombre d'âmes élevées et pures, et des préjugés presque invincibles qui règnent encore contre lui dans de grandes masses de la société. Il faut l'avoir vu, pour croire jusqu'à quel point les subtilités et les arguties peuvent s'entasser les unes sur les autres ; quelle persévérance et quelle fureur brutale on peut mettre à vouloir faire comprendre à autrui ce que l'on ne comprend pas soi-même. Et pourtant, l'histoire de l'Église n'est pas autre chose.

C'est donc une erreur bien funeste à la fois et bien contraire au véritable esprit du christianisme, que de prétendre imposer aux autres l'idée qu'on se fait des mystères, ou, ce qui revient au même, de les accuser d'impiété, de les repousser, peut-être de les haïr, parce qu'ils ne les entendent pas comme nous. Le mystère est mystère ; c'est-à-dire, il est vague et presque entièrement inconnu. Le sentiment seul peut y atteindre et le raisonnement s'y perd. Et c'est sur une affaire de sentiment que vous voulez disputer ? C'est sur une multitude de raisonnements et de conséquences, entassés dans un objet où le raisonnement n'a que faire, que vous voulez consumer toutes les forces de votre âme ; exciter l'orgueil de l'esprit en laissant oblitérer les précieux sentiments du cœur ; vous dévorer les uns les autres ; échanger peut-être des outrages non mérités, et donner au monde le spectacle d'une colère et d'un fiel que le christianisme repousse encore plus que les préjugés et les erreurs ! L'expérience de ces funestes résultats n'était-elle pas assez complète, et devait-il être donné à notre siècle de la voir se renouveler ? Le support le plus absolu, la charité la plus inaltérable envers toutes les manières de concevoir et de sentir les mystères, voilà le seul moyen d'avoir la paix, de rendre le christianisme respectable, de ramener les hommes des vaines disputes à la simple et pure piété, à la vraie et céleste religion de l'amour. Rendez les formes simples, ne définissez point les mystères, ne les défigurez point par des déterminations subtiles, arrachées par voie de raisonnement et de conséquence ; livrez-les au sentiment, qui seul peut s'en nourrir et les rendre salutaires pour l'âme, et vous aurez la paix et la charité, non seulement entre les diverses Églises (c'est un point convenu de nos jours que les Églises doivent se supporter les unes les autres) ; mais dans le sein d'une même Église. Vous aurez le support sans indifférence, la chaleur et la vie sans vaines disputes, la piété sans persécution, et la véritable lumière, les véritables progrès, fruits de la douceur et de la liberté, sans le mépris et le dégoût qui finissent toujours par réagir sur les animosités religieuses, et sur les absurdes subtilités qu'elles inventent pour se nourrir et se défendre.

L'AMOUR DE JÉSUS

Simon, fils de Jonas, m'aimes-tu ? — Seigneur, tu sais toutes choses, tu sais que je t'aime.

— (JEAN, XXI, 17.)

Les paroles que j'ai transcrites en tête de cette méditation, et toute la conversation dont elles font partie, sont assurément au nombre des passages les plus touchants, et, si je puis ainsi le dire, les plus profondément humains que contiennent nos saints livres. Jésus avait accompli sa tâche à travers mille douleurs ; il allait pour toujours quitter la terre et se séparer des amis auxquels il s'était confié, dans le sein desquels il avait versé, et les lumières de son intelligence toute divine, et les affections de son cœur empreint de l'amour infini. Il les voit, pour la dernière fois peut-être, rassemblés autour de lui. Il s'attendrit ; ses entrailles s'émeuvent ; ses regards humides réfléchissent tous les sentiments de son cœur ; sa voix entrecoupée fait vibrer les cordes les plus sensibles de l'âme ; et l'humanité, avec ce qu'elle a de grand et de doux, se révèle tout entière dans les paroles qui échappent de sa bouche. Prêt à quitter ses amis, pour ce qu'il nous plaît d'appeler toujours, son dernier besoin, c'est d'emporter leur amour. Il veut lire dans leur âme. Il veut savoir s'il laissera dans leurs affections de profondes, d'ineffables traces ; dans leur mémoire, un long et cher souvenir. Il tourne des yeux empreints d'une tendresse inexprimable vers celui d'entre eux qui lui témoigna toujours l'attachement le plus profond, et qui fut souvent l'organe des autres pour lui soumettre les pensées de leur esprit et les sentiments de leur cœur ; et il lui dit d'une voix émue : « Simon, fils de Jonas, m'aimes-tu ? » Voilà l'homme ; voilà toute l'humanité ; voilà ce qui fait que les paroles de Jésus résonnent si délicieusement à notre oreille. Jusque dans leurs traits les plus fugitifs, elles sont empreintes d'amour et d'humanité ; elles portent des marques non équivoques de cette union mystérieuse du divin et de l'humain qui s'est opérée en Jésus. Ce sont les pensées d'un Dieu ; ce sont les sentiments et les affections d'un homme. Sur le point de quitter la vie, entourés des objets chers à notre cœur, voilà ce que nous éprouverions nous-mêmes ; voilà les émotions qui se presseraient dans notre âme ; voilà ce que nos yeux baignés de larmes, notre voix attendrie et nos débiles mains diraient aux êtres les plus chers que nous laisserions après nous. « M'aimes-tu ? » Voilà le dernier cri du sentiment et de l'amour ; voilà la dernière pensée d'un cœur pour lequel la terre entière n'est déjà plus rien. Et si si l'objet aimé répond, comme saint Pierre : « Tu sais que je t'aime, » la mort a perdu son amertume ; une inexprimable douceur se répand sur les derniers instants d'une vie qui s'épure en approchant de son terme ; l'affection et l'espérance jettent un voile paré des couleurs célestes sur les ténèbres du tombeau.

Et cependant, quelque naturelles que je trouve ces dernières paroles de Jésus, quelque brûlantes d'humanité qu'elles m'apparaissent, quand je songe à la circonstance où elles furent prononcées, quand je me représente Jésus venant de terminer sa mission en la scellant de sa vie, et livrant à ses disciples l'accomplissement d'une œuvre immense dont le but n'était rien moins que le bonheur présent et futur de l'humanité, je ne puis m'empêcher de croire que, dans cette question dernière, Jésus avait encore un autre but que celui de satisfaire aux émotions de son cœur. Il voyait autour de lui ses disciples, et derrière eux le genre humain, qu'il allait laisser à lui-même, après avoir déposé dans son sein les semences de la lumière et du bonheur. Son œuvre était-elle accomplie ? ces semences porteraient-elles leurs fruits ? le genre humain serait-il éclairé et régénéré ? Voilà les questions qui devaient se presser dans son esprit et dans son cœur, au moment où ses pieds touchaient à peine la terre. Mais pour éclairer son âme sur ces intérêts immenses auxquels il a sacrifié plus qu'une vie ; pour savoir si ses disciples portent déjà dans leur cœur ce feu sacré qu'ils doivent communiquer à tant d'autres, Jésus n'a pas besoin de leur adresser une question nouvelle, après celle que l'affection vient de lui dicter. Celle-là les renferme toutes ; et quand saint Pierre a répondu : « Seigneur, tu sais toutes choses ; tu sais que je t'aime ; » tout est dit ; l'œuvre est accomplie ; le but du sacrifice est atteint ; le salut du genre humain est assuré ; le triomphe de l'Évangile est certain, et la religion qu'il nous porta des cieux est à jamais établie sur sa véritable base. L'homme et l'envoyé divin sont satisfaits à la fois, et le Sauveur de l'humanité peut abandonner la terre. C'est qu'il y a une liaison si intime entre l'amour de Jésus et les dispositions plus élevées encore qui constituent le chrétien, que l'un ne peut point aller sans les autres. Partout où règne l'amour de Jésus, là règne le christianisme ; là le cœur est déjà plein de sentiments tout célestes ; là l'esprit possède les véritables lumières ; là l'homme tout entier est ennobli et purifié ; là l'œuvre du christianisme est accomplie et l'Évangile a exercé sa puissance toute divine.

S'il en est ainsi, l'amour de Jésus est plus qu'un sentiment, plus qu'une simple affection ; il exerce sur l'être moral, sur la vie tout entière et sur l'avenir lui-même de celui qui l'éprouve, une influence irrésistible. Il contribue puissamment à opérer dans l'homme cette nouvelle naissance, indispensable condition de sa destination éternelle. Il est le complément de tout le système évangélique ; disons mieux, il est l'étincelle céleste qui donne la vie à ce corps divin déposé dans l'intelligence, et qui seule le rend capable de se dresser, de se mouvoir et de régner en maître sur l'âme.

Qu'il me sera facile de faire sentir à mes lecteurs l'étroite liaison qui existe entre l'amour de Jésus et les dispositions sublimes qui préparent l'homme pour les cieux !

Aimer Jésus-Christ, c'est aimer la vérité. Et je n'entends point par là cette multitude de vérités éparses que l'observation nous fait apercevoir dans le monde. J'entends la vérité capitale et absolue, qui embrasse et unit toutes les autres ; cette vérité, qui lie l'univers en un seul tout, montre clairement la place éminente qu'y occupe l'homme ; fait planer au-dessus de l'homme et de la nature un esprit immense, roi de la matière et de l'esprit ; et, mettant l'homme avec sa conscience en présence de Dieu et de sa sainteté, en tire pour l'être, en apparence si fragile, des gages certains d'immortalité ; en un mot, cette vérité, qui nous explique d'un seul coup, et la dignité de notre nature, et la grandeur de nos espérances, et la beauté de notre destination finale. Dieu, l'univers, l'homme, voilà les trois branches de cette éternelle et unique vérité : Dieu, la source de toute existence et de tout bonheur ; l'univers, le moyen qu'employa sa puissance pour accomplir ses desseins ; l'homme, avec les esprits qui lui ressemblent, le but de cet immense ouvrage, qui n'est que son siège et son point d'appui. Elle ne forme qu'un grand tout, elle ne peut pas s'éparpiller sans se détruire. Et l'homme ne peut en méconnaître une partie, sans que les ténèbres ne se répandent sur tout le reste, et sans que son intelligence elle-même ne soit déplorablement obscurcie. L'homme avec sa destination éternelle ; l'univers avec les plans admirables qui le régissent ; Dieu avec l'ordre qui est son essence et le monde moral dont il est le chef, voilà le grand ensemble où tout se tient et hors duquel notre esprit n'a ni contentement ni repos. Voilà la vérité qui renferme toutes les autres. Voilà la vérité qui seule résout complètement le grand problème, que son existence dans le monde, sa nature si petite et si grande à la fois, proposent éternellement à l'homme, et qu'il a toujours soif de vider. Voilà la vérité dont la possession fait l'homme, le met à sa véritable place dans la création et lui prête toute sa dignité. Cette vérité, dernier terme des efforts de la plus haute philosophie, puisqu'elle fait du monde physique et moral un seul univers dont elle indique le chef et le but, n'est pas autre que la religion, sans doute. Mais elle n'en est pas moins la grande, l'unique vérité. Nous valons à nos propres yeux, suivant que nous possédons cette vérité fondamentale ; suivant qu'elle règne sur notre esprit et notre cœur ; suivant qu'elle élève notre âme au-dessus des mouvements grossiers de la sensualité. Sans elle, rien ne se lie dans notre esprit ; le monde et notre conscience nous paraissent également inexplicables ; nous descendons dans notre propre estime ; nous sentons que notre existence se rapetisse, comme la place que nous nous donnons dans un monde auquel nous ne reconnaissons ni plan ni direction finale. Sans grandeur véritable, comme sans destination suprême, nous nous méprisons nous-mêmes, et nous mettons bientôt notre vie en accord avec cette opinion que nous avons de notre nature. Êtres d'un jour, nous vivons pour le jour même ; et nous ne sommes au-dessus de la brute que par un plus grand raffinement de jouissances. Intrinsèquement notre vie ne vaut pas mieux que la sienne ; elle n'est pas animée d'un autre esprit, parce que nous-mêmes ne la croyons pas d'une autre nature. Je le répète donc sans crainte, nous ne valons qu'autant que nous possédons cette vérité, centre commun, base inébranlable de toutes les autres.

Sans doute cette vérité, gloire et bonheur de l'homme, est gravée dans sa conscience. Son cœur la lui révèle quand il veut l'entendre. Et cet univers qui nous entoure en renferme de nombreuses indications. Précisément parce que cette vérité est faite pour l'homme et lui pour elle, il doit la trouver autour de lui et en lui-même. Et il l'y trouve en effet. La conscience parle d'ordre et de vie, d'esprit et d'immortalité, comme le cœur et la nature parlent de puissance et d'amour.

Mais, en nous, cette vérité se trouve profondément cachée dans les derniers replis de notre nature morale ; autour de nous, elle est obscurcie par une multitude de phénomènes que nous ne savons pas toujours réconcilier avec elle. Il faut des efforts, il faut de la persévérance, il faut ce retour sur soi-même, qui presque toujours est insupportable à l'homme, pour découvrir les éléments épars de cette immense vérité, pour les lier en un tout qui ne renferme plus qu'elle. Elle est gravée dans la conscience : il faut y descendre pour la chercher, et se recueillir longtemps avant de pouvoir la lire. Elle s'est manifestée dans la nature : il faut l'interpréter et la comprendre, en réunissant mille traits épars. Ce travail est impossible pour un grand nombre, il est difficile pour tous.

Ah ! si cette vérité, fondement de toute la valeur et de tout le bonheur de l'homme, pouvait être aussi clairement comprise et aussi fortement saisie que cette multitude de vérités qui nous frappent tous les jours, et sur lesquelles nous basons sans hésiter tous les détails de notre vie, combien l'accès nous en deviendrait plus facile ! combien la race humaine tout entière serait plus tôt en possession de ce trésor d'intelligence loin duquel elle ne fait que végéter sans noblesse et se dégrader tous les jours.

Et voilà précisément le service que nous a rendu Jésus-Christ. Il a fait passer cette éternelle vérité, fondement unique de toute valeur morale, du domaine de la spéculation dans celui de l'expérience. Il l'a rendue positive, claire et palpable pour tous. Non seulement il l'a enseignée dans le langage le plus populaire et le plus instructif, durant sa carrière terrestre, non seulement il a mis en évidence la vie et l'immortalité par son Évangile, il a développé la véritable nature de l'homme, le prix infini de son âme que le monde entier ne saurait payer, l'immortalité qui l'attend en dépit de la dissolution de son enveloppe charnelle, l'amour et les soins de Dieu pour cette créature sublime, et les plans de bonheur qu'il conçut pour elle. Il a fait plus encore ; il a incorporé ces vérités dans le grand drame de sa vie ; il a représenté dans sa personne, et fait passer sous nos yeux, toutes les destinées humaines. La vie terrestre, avec la direction qui peut l'ennoblir en la rattachant d'avance à la vie céleste qui se prépare, la mort qui la termine et qui n'a rien de définitif, la glorification d'un corps nouveau pour entrer dans une vie supérieure, le commencement de cette vie même, Dieu planant sur toutes ces phases de l'existence humaine ; voilà ce qu'a manifesté la vie de Jésus-Christ ; voilà les sublimes enseignements qu'il a matérialisés en quelque sorte dans son existence visible, et qu'il a incarnés avec lui pour les rendre évidents à tous les yeux. Il s'est fait homme, pour nous montrer l'homme dans toute sa grandeur et dans toute sa beauté ; pour le mettre une fois à sa véritable place, dans cette magnifique création dont il est le roi ; pour nous faire saisir et comprendre ce qu'il peut être dans son existence passagère et ce qu'il sera dans son existence éternelle ; pour réunir devant nous, dans sa courte carrière, les deux termes de la durée totale de l'âme humaine, que l'abîme insondable de la mort nous empêche de contempler dans leur mystérieuse unité. Jésus est ainsi devenu le type de l'humanité. Il l'a relevée à ses propres yeux en la touchant en quelque sorte de sa divinité. Il l'a rapprochée de Dieu et l'a mise en contact avec l'immortalité. La grande, l'unique vérité dont l'homme a besoin pour être homme, celle de sa destination, de son avenir, de son Dieu, il la voit, il la contemple, il la saisit, il la possède tout entière en Jésus.

Mais, pour la posséder ainsi, il faut posséder Jésus lui-même. Autrement, elle rentre dans les spéculations abstruses de la philosophie, ou dans les discussions épineuses des témoignages. Ce n'est ni par l'un ni par l'autre moyen que cette vérité peut parvenir à régner sur les âmes d'une manière utile et puissante. C'est le langage de Jésus qui lui prêté toute sa force et qui la fait pénétrer dans les intelligences les moins éclairées par le chemin de la persuasion et du cœur. « Jamais homme n'a parlé comme cet homme. » Voilà ce que diront, jusqu'à la fin des siècles, ceux qui entendront ce langage, où l'humanité, avec ce qu'elle a de plus sublime, vient se confondre dans la Divinité, avec tout ce qu'elle a de bon. Qui peut entendre ces paroles et n'être pas gagné à la vérité qu'elles renferment ? qui peut recevoir ces enseignements et ne pas sentir que, seuls, ils expliquent et la conscience, et l'univers, et Dieu même ? Ah ! quand j'entends ces paroles de vie, mon âme s'émeut ; elle saisit, elle reconnaît, par un instinct irrésistible, l'éternelle vérité qui dormait cachée dans son sein ; elle se connaît elle-même, et avec elle tout ce qui l'entoure. Je n'ai pas besoin d'un système compliqué de philosophie ; je n'ai pas besoin de témoignages difficiles à rassembler et à peser ; la vérité m'est apparue, pure, complète, céleste ; et mon âme l'a saisie, comme la pâture qui peut seule la nourrir en lui donnant force et santé.

Mais si j'ai été plus loin encore ; si, en m'occupant de Jésus, en méditant ses enseignements et sa vie, j'ai eu le bonheur de l'aimer, de me laisser gagner par cet adorable assemblage de grandeur, de force, de lumière, de bonté, de dévouement et d'amour, qui constitue la plus belle vie terrestre qui fut jamais, ou plutôt, qui constitue la vie céleste elle-même ; si j'aime Jésus comme il doit être aimé, c'est-à-dire de toutes les forces de mon âme, avec tendresse, avec dévouement, avec confiance ; si je l'aime tel qu'il fut, c'est-à-dire le type et la lumière du genre humain ; oh ! alors, cette vérité, qu'il a personnifiée en lui-même, et que sa vie, si chère à mon cœur, me présente tout entière, cette vérité participe à tout l'amour que je porte à celui qui me l'a révélée. Je l'aime, non seulement parce qu'elle est belle, non seulement parce qu'elle m'explique moi-même, et l'univers qui m'entoure ; mais je l'aime surtout parce qu'elle me vient de Jésus ; parce qu'elle est sortie toute brûlante de son cœur ; parce qu'elle fut identifiée avec lui et composa toute sa vie ; parce qu'il quitta le ciel pour me l'enseigner, vécut sur la terre pour m'en offrir le symbole, et mourut sur la croix pour y apposer l'irréfragable sceau de la Divinité. Plus de doutes, plus d'hésitations, plus d'incertitudes, plus de ces combats affreux que mon âme se livrait à elle-même, ballottée entre mille apparences contradictoires. Je sais en qui j'ai cru. Jésus et l'erreur ! Jésus et la fourberie ! point d'alliance entre ces idées, qui se repoussent comme le feu et l'eau. Je sais en qui j'ai cru ; mon âme est ferme et tranquille. L'amour de Jésus m'a rendu maître de la vérité. Il l'a établie dans les profondeurs les plus intimes de mon âme. C'est ma vie. Je ne dis pas : Je crois en elle ; je dis : Je vis en elle. L'enfant que la voix de sa mère fait tressaillir d'amour et de plaisir, qui repose sur son sein avec tant de calme et de confiance, ne reçoit pas avec une foi plus pleine les paroles qu'elle prononce, que l'ami de Jésus ne reçoit les enseignements de son maître.

Ainsi passe dans la vie de l'âme cette vérité qui ne saurait y demeurer étrangère, sans perdre toute sa valeur. Ainsi se prépare l'action puissante qu'elle doit exercer sur la volonté, pour la dresser vers le bien et la disposer aux cieux. Aimer Jésus-Christ, c'est non seulement aimer la vérité, c'est encore aimer la vertu.

Sans doute l'homme porte gravé dans son cœur le sentiment de la vertu. Comment l'aurait-il inventée ? Il est une voix sainte, une voix qui vient du ciel, et qui parle au fond de sa conscience, d'amour, d'ordre et de pureté. C'est là le plus glorieux privilège de l'homme, et le gage le plus certain de sa destination pour une plus noble existence. C'est là la figure de l'ange, qui perce à travers le voile grossier de la créature terrestre. Mais ce voile devient parfois si épais, qu'il masque, qu'il étouffe entièrement la créature céleste. Les besoins du corps, et les désirs qu'ils excitent, et les travaux qu'ils causent ; les peines et les plaisirs de la terre, tout soulève en nous des passions, des ardeurs dévorantes, des répugnances invincibles, des amitiés et des haines, qui sont également opposées à cette vertu, expression simple de la volonté divine, qui se fait entendre dans le sanctuaire de la conscience. Les désirs immenses d'une âme faite pour une existence et pour un bonheur sans bornes, la rendent insatiable, quand elle se méprend assez sur sa véritable nature pour chercher à se satisfaire par des jouissances corporelles et passagères. De là ces passions, où toutes les forces d'une âme céleste viennent se soulever et se briser contre les obstacles invincibles d'un ordre qu'elle ne peut changer, mais au-dessus duquel elle devrait planer sans cesse par le sentiment de sa grandeur et de sa dignité. Les passions une fois en mouvement sont presque toujours irrésistibles, parce que seules elles réunissent fortement et poussent vers un même but toutes les puissances de l'âme, et l'intelligence qui conçoit, et l'imagination qui embellit, et le sentiment qui aime, et la volonté qui exécute. Ah ! si nous pouvions aimer la vertu sainte qui murmure au fond de nos cœurs, et qui seule peut réaliser pour nous cette immense destinée pour laquelle nous sommes faits, avec cette force de passion qui témoigne de la grandeur de notre nature, alors même que nous la laissons s'épuiser sur des objets indignes d'elle, combien la tâche nous deviendrait plus facile ! combien le chemin de la perfection et du bonheur s'offrirait devant nous et plus droit et plus uni ! Quelle force contre les tentations vivantes qui nous entourent et nous pressent de toutes parts, peut-il rester à une vertu qui n'est que dans la théorie, et demeure sans influence sur l'imagination, le sentiment et la volonté ? C'est une frêle plante, riche en germes des plus doux fruits, solitaire monument d'un autre ordre et d'une autre culture, mais que des plantes verdoyantes et parasites, pleines de vigueur dans leur triste inutilité, étouffent et dévorent en la privant de la lumière du ciel. Que le ciel se découvre pour elle une fois ; qu'une main tutélaire cultive et arrose son pied ; elle va s'élancer pleine d'une force nouvelle, embaumer l'air du parfum de ses fleurs, et joncher la terre de ses fruits délicieux. La vertu n'est point vertu, si elle ne met en jeu toutes les forces de l'âme, que la passion corrompt et dénature sans elle ; si, dans son action calme parce qu'elle est forte, elle ne réunit les conceptions de l'intelligence, les tableaux de l'imagination, les affections du cœur et les résolutions inébranlables de la volonté. Il faut qu'elle soit une passion, une passion dominante et irrésistible, mais élevée, agrandie, épurée par la beauté toute céleste de son objet, qui est l'ordre éternel émané de la volonté divine, et le désir de s'y conformer. Et voilà pourquoi la vertu, dans toute son excellence, ne peut se trouver qu'avec la religion ; parce que la religion seule peut lui imprimer tous les caractères d'une forte mais généreuse passion.

Oh ! si la vertu pouvait prendre une forme qui la tirât des replis de la conscience et du vague du sentiment pour la présenter vivante à la pensée, à l'imagination, à l'amour, au désir, à la passion, comme il serait heureux pour les mortels de pouvoir la saisir et s'en emparer, sur le chemin de l'éternité ! Comme ils seraient garantis de l'atteinte de toutes les passions corruptrices par une passion non moins forte mais plus sainte, qui se serait établie en reine au foyer de leurs affections, quand, après avoir fortement saisi par l'intelligence ce que doit être un homme dans les desseins de son Dieu, ils brûleraient de le devenir ; et quand un amour immense viendrait implanter le besoin de la vertu et la haine du vice jusqu'au centre de leurs plus secrètes pensées ! C'est la vie de Jésus, qui produit cet enchantement ; c'est son amour qui élève l'homme jusqu'à la vertu la plus sublime et la plus pure, et la lui fait aimer avec une véritable passion. Jésus est l'idéal de l'humanité, non seulement dans les phases de l'existence que les plans de Dieu lui réservent, mais dans les qualités que l'homme doit déployer pour y remplir dignement sa place. Toutes les vertus de l'homme parfait, toutes celles que le cœur peut pressentir, que la conscience peut imposer, que l'imagination peut rêver, que la plus forte volonté peut résoudre, il les a réunies dans son âme toute céleste, il les a manifestées dans sa vie toute sainte et toute pure. Abandon de sa volonté aux plans éternels de son père et de notre père ; consécration de toutes ses facultés et de toutes ses forces à seconder les desseins d'ordre, de justice et de bonté, conçus par le Créateur pour le bonheur de ses créatures ; amour sans bornes pour cette source insondable de tout amour, amour brûlant pour l'humanité, dévouement et sacrifice pour lui assurer le bonheur, charité pleine de patience et de tendresse, inaltérable pureté, céleste innocence à côté d'une science sans fond ; en un mot, toute la grandeur, toute l'élévation, toute la vertu que l'on peut attendre d'un être qui connaissait déjà l'homme et sa destinée, le présent et l'avenir, la terre et le ciel, la liaison de toutes choses et Dieu même ; tout se trouve incorporé et manifesté dans la vie de Jésus-Christ. C'est l'homme du temps et de l'éternité qui s'est révélé pour un instant au milieu de l'humanité dégradée ; c'est l'homme dans toute sa beauté, tel que Dieu l'a voulu faire, sans défaut et sans tache, tout grand, tout bon, tout pur, tout actif pour le bien, tout aimable, tout saint. C'est l'homme tel que les cieux aspirent à le recevoir ; et pourtant c'est encore un homme. Tout est divin dans cette vie ; mais tout est humain aussi. Jamais homme ne parla, n'agit, ne sentit comme cet homme ; et pourtant il parle, il sent, il agit en homme. Pas une de ses paroles qui n'aillent à notre cœur trouver un sentiment qui lui réponde ; pas une de ses affections à laquelle l'humanité ne puisse atteindre, et qui ne soit propre à l'ennoblir ; pas une de ses vertus qui ne touche le cœur, qui ne le rende plus aimable et dont notre conscience ne nous dise qu'elle est aussi faite pour nous ; pas un trait de sa vie, jusqu'à l'acte sublime de dévouement qui la couronna, que nous puissions regarder comme étranger ou supérieur au devoir, au pouvoir de l'humanité. Et non seulement c'est l'homme ; non seulement l'humanité respire dans toutes les vertus de Jésus, mais elle s'y manifeste dans la plus touchante simplicité. Point de prétention, point d'emphase, rien de théâtral, rien d'apprêté ; c'est la vertu, toute pure et toute céleste sans doute, mais tellement sainte et si profondément humaine en même temps, que les plus simples peuvent la sentir, la trouvent à leur portée, et ne sauraient méconnaître l'obligation de l'imiter. C'est dans cette réunion, jusqu'alors et depuis lors inconnue, du plus parfait idéal avec la plus évidente réalité, que je trouve un des caractères les plus irrésistibles pour moi de la nature toute céleste et toute divine du Sauveur. Voilà Jésus, tel qu'il vit encore dans les pages vénérées de son Évangile ; le voilà tel qu'il se présente à l'intelligence, à l'imagination et au cœur de tout homme qui voudra le connaître sans prévention et sans méfiance. La vertu la plus haute, et en même temps la plus attrayante et la plus douce, ne saurait se séparer de ce magnifique tableau. Elle fait corps avec Jésus, parce qu'elle respirait jusque dans ses moindres paroles. Aimer Jésus, c'est donc l'aimer avec toute sa vertu, avec sa pureté, sa sainteté, son amour, son inépuisable bonté, sa douceur céleste. Ou plutôt, c'est l'aimer à cause de sa vertu ; c'est l'aimer parce qu'il réunit en lui tout ce que l'humanité peut avoir de plus aimable : la vertu sous des formes humaines ; c'est confondre dans un même amour, et l'être souverainement vertueux, et la vertu qui le rend souverainement aimable. Qui peut séparer ces deux choses ? Et surtout qui peut les séparer en Jésus ? Et comment dire la force, la vivacité, la profondeur du sentiment que leur réunion est capable d'inspirer ? Vous pouvez, vous devez aimer Jésus avec passion, si vous avez été capable de le sentir. Mais, si vous l'aimez ainsi, qu'est-il besoin de vous demander si vous aimez la vertu ? La vertu et Jésus-Christ sont pour vous une seule et même chose. Vous vivez en lui et pour lui. Vous aimez le bien parce qu'il l'a aimé. Vous aimez les hommes parce qu'il s'est donné pour eux en les appelant ses amis. Vous purifiez votre âme pour la rendre moins indigne de lui. Vous avez horreur du vice parce que sa fin serait de vous séparer de lui ; et parce que guérir les maux qu'il cause fut une des nécessités (la plus grande peut-être) qui amenèrent les souffrances et la mort de Jésus. De combien d'horreur s'environne pour vous le péché, quand vous songez à cette part douloureuse qu'il eut à réclamer dans les souffrances de Celui que vous aimez plus que vous-même ? Cet amour vous suit partout ; il veille avec vous dans le silence de la nuit ; il vous accompagne dans le tumulte des affaires et des plaisirs ; il se dresse plein de force et de vie dans le moment de l'épreuve, et, s'il est ce qu'il doit être, c'est-à-dire plus puissant que tout autre passion, que tout autre sentiment, que tout autre amour, il triomphe de tout et vous rend invulnérable aux tentations qui conspirent pour vous dégrader. La femme qui aime son mari jusqu'à l'idolâtrie n'est pas mieux préservée par cet amour, qui règne en maître sur son âme, de toute pensée impure et de toute tentation, que l'ami de Jésus ne l'est du péché par son amour pour son Sauveur.

Aimer Jésus-Christ, enfin, c'est rouvrir son cœur à l'espérance.

Cette ardente passion pour l'ordre et pour la vertu, qu'allumera l'amour de Jésus dans l'âme capable de le sentir, ne peut s'y développer sans exciter en même temps un mouvement de tristesse et de crainte. Pleine du sentiment de cette beauté morale parfaite, dont la vie du Sauveur, qu'elle aime, lui présente le ravissant tableau ; convaincue que cette beauté devrait lui appartenir à elle-même, car c'est bien la beauté morale de l'homme, telle que Dieu l'a conçue dans son intelligence, dans sa sainteté et dans son amour, elle fait un secret retour sur elle-même ; elle mesure avec terreur l'énorme distance qui la sépare de ce modèle vénéré, auquel elle voudrait ressembler. Pour la première fois peut-être, le péché lui apparaît avec toute son horreur. Et non seulement le péché en général, mais le sien. Et voilà pourquoi ce réveil des consciences, que n'avaient pu opérer le raisonnement, les exhortations, et la voix plus puissante encore des mécomptes et des malheurs, l'amour de Jésus-Christ l'opère, parce qu'il est amour, parce qu'il porte jusqu'au fond de l'âme le sentiment de la perfection humaine et l'ardente soif de la posséder. Celui qui, par son amour pour Jésus, connaît, sent, aime, veut toute la grandeur morale, toute la beauté céleste pour laquelle est destiné l'homme, est aussi le plus profondément pénétré de sa propre imperfection et de sa propre misère. Il la sent, il en gémit, il en tremble ; et il tomberait dans le désespoir, si le même amour qui l'a révélée n'était là pour le consoler. Jésus vient remettre l'harmonie, le calme et la paix dans ce repli douloureux de notre cœur. À ces craintes mortelles, à ce mépris pour soi-même et à l'abattement qu'il cause, il vient substituer la confiance et l'espoir.

Il n'entre point dans le plan de cette méditation d'approfondir ce mystère. Jésus a donné sa mort, et ses apôtres l'ont reçue, comme un gage de pardon ; cela suffit à l'amour, et l'amour change, modifie, renouvelle l'homme tout entier. La promesse est solennelle ; le dévouement qui l'a scellée est immense. L'âme la tient pour certaine ; elle s'en nourrit, elle vit en elle. Déjà son amour pour le Sauveur l'avait remplie d'amour pour la vertu, d'horreur pour le vice, confondus en un seul sentiment, le besoin de ressembler à l'objet aimé. La dispensation mystérieuse de la croix fait plus encore : elle relève le courage ; elle donne confiance en l'avenir malgré le passé ; elle atteste que tous les efforts seront bien reçus ; que le mal n'étouffera pas le bien, et que l'amour le plus tendre, tenant par la main le plus modeste et le plus douloureux repentir, ne sera point repoussé. L'âme se relève ; l'espérance la ranime, et le souvenir même de ses imperfections et de ses péchés redouble son amour sans éteindre sa confiance, sans paralyser sa vertu nouvelle. Le vice lui est encore plus odieux ; le péché la soulève plus que jamais ; car elle sait ce qu'il en coûte pour qu'ils puissent être pardonnés ; mais elle sent que le vice n'est plus son maître, car elle n'en porte plus le sceau déshonorant. Celui que les lois civiles ont flétri ne peut plus se relever de sa chute, car il sent l'inutilité de ses efforts pour revenir à l'honneur. La conscience de sa flétrissure l'a vendu au vice, dans les lacs duquel il ne fait plus que se débattre. L'âme n'est complètement régénérée que lorsqu'elle arrive en même temps à la conscience profonde et douloureuse du péché, et à l'espérance vive et ferme que ses efforts pour le réparer et pour le vaincre auront pour résultat le pardon. Jésus expirant sur la croix a rempli la sublime tâche d'ouvrir à l'âme dégradée l'accès de ce double sentiment. Mais qui en profite ? Pour qui cette régénération devient-elle vraiment réelle ? Pour qui pénètre-t-elle si profondément dans l'âme, qu'elle en change la nature et en fasse un être nouveau ? Pour celui qui aime et pour celui-là seul. Pour tout autre, elle est nulle et sans fruit. L'âme n'est point intéressée, passionnée, gagnée ; comment serait-elle régénérée ? Elle n'espère point, car elle n'aime point. Et sans espérance, où prendra-t-elle de la force contre le péché ? Mais pour celui qui aime, tout est changé. L'âme est remuée jusque dans ses replis les plus secrets, par cette dispensation terrible et miséricordieuse à la fois. L'amour pour la douloureuse victime ranime et rend insurmontable l'horreur pour le péché, devant lequel le ciel s'obscurcit, et Jésus sue du sang ; mais cette horreur n'est pas désespoir ; elle est confiance, elle est espérance, elle est force, elle est vertu. On sent qu'on est pardonné parce qu'on aime, et parce qu'on aime celui qui peut et veut pardonner. Et quand on sent qu'on est pardonné, on aime mille fois davantage. Le cœur ne vit plus sur la terre ; il est déjà dans les cieux avec Jésus, son ami, sa joie, son trésor. On a mis en question s'il fallait lire, dans une des plus belles scènes de la vie de Jésus : « Il lui sera beaucoup pardonné, parce qu'elle a beaucoup aimé, » ou bien : « Il lui est beaucoup pardonné, c'est pourquoi elle a beaucoup aimé. » Ce ne sont pas les commentateurs seuls qui hésitent. Le cœur éprouve le même embarras. Beaucoup et beaucoup d'amour peut seul lui donner l'assurance du pardon et lui rendre l'espérance ; mais ce pardon, cette espérance, fortement sentis, redoublent, enflamment l'amour, l'implantent pour jamais dans l'âme, et font qu'avec Jésus-Christ et contre le péché, c'est irrévocablement à la vie et à la mort.

Ainsi s'explique, par les faits les plus constants de notre nature morale, l'importance qui est donnée à la confiance en les promesses de Jésus, à la foi, dans l'ordre et dans l'économie de nos destinées futures.

J'en suis donc persuadé : La question du Sauveur à saint Pierre avait une portée beaucoup plus grande que celle qui se découvre au premier coup d'œil. Elle embrassait dans toutes ses branches la vie céleste que Jésus voulait réaliser sur la terre. Aimer Jésus-Christ, c'est aimer la vérité par excellence, c'est aimer la vertu, c'est ouvrir son cœur à l'espérance ; et tout cela, point à la superficie, point légèrement, point faiblement, point passagèrement, mais avec toutes les forces de l'âme, avec toute l'intelligence, toute l'imagination, tout le sentiment, tout l'amour, toute la volonté ; en un mot, avec toute la passion qu'un homme est capable de sentir ; mais avec la passion la plus sainte et la plus bienfaisante qui fût jamais.

Faire de la vérité un objet d'expérience, de la vertu une passion, de l'espérance un souvenir ; tels sont les effets de l'amour de Jésus-Christ.

Oh ! combien donc est heureux celui qui aime Jésus ! Quelle puissance pour le bien agit constamment sur son âme ! comme tout lui devient facile ! La religion tout entière est en quelque sorte personnifiée pour lui en Jésus. Et ce Jésus est son ami. Il l'aime, il vit pour lui, il espère en lui, il recueille ses paroles comme l'expression de la sagesse divine, il s'unit à lui par la confiance, il se nourrit de l'espoir de le rejoindre, il s'efforce de l'imiter. Il le sent, s'il ne peut le comprendre, et par cela seul il est déjà régénéré.

En un mot, le christianisme n'est et ne peut être une religion que pour ceux qui aiment Jésus. Pour tous les autres, il est moins que rien, et l'art ne parvient jamais à cacher le dégoût qu'ils en éprouvent.

Heureusement pour tous ceux qui viendront à l'Évangile avec calme et simplicité, rien n'est plus facile que d'aimer Jésus, ou plutôt rien n'est si difficile que de ne pas l'aimer. Connaître Jésus sans l'aimer ! cela se peut-il ? Ceux qui ont cru le connaître et ne l'ont pas aimé, se sont trompés. Ils ne l'ont pas connu ; ils ne se sont pas connus eux-mêmes. Soyez homme ; portez dans votre poitrine un cœur et non une pierre ; lisez l'Évangile, et je ne suis point en peine de vous. Jésus gagnera votre cœur ; Jésus vous saisira par cette beauté divine qui s'allie en lui seul avec notre humanité ; Jésus deviendra votre ami, votre maître ; et votre âme se livrera bientôt tout entière à ces doux enseignements. Ne vous arrêtez point aux détails qui pourront vous choquer, aux difficultés qui vous paraîtront embarrassantes. Ne cherchez point des explications pour les résoudre. Ne voyez que Jésus. Ouvrez vos oreilles à ses paroles, votre cœur à l'amour céleste que tout son être respire, et bientôt vous verrez en lui plus qu'un homme, vous verrez en lui plus qu'un ange, vous verrez en lui et vous sentirez plus que n'ont exprimé ses apôtres eux-mêmes, plus que vos yeux ne lisent dans leurs récits et dans leurs lettres. Vous ne songerez plus aux difficultés qui vous avaient embarrassé dès l'entrée. Vous connaîtrez Jésus ; qu'importe tout le reste ! Vous l'admirerez, vous l'adorerez ; vous ferez plus, vous l'aimerez ; vous l'aimerez autant que cœur humain puisse aimer ; vous vivrez en lui ; vous serez heureux de l'aimer et de sentir que vous lui ressemblez davantage. Vous serez plus complètement homme ; vous serez chrétien.

L'ÂME HUMAINE ET LE MONDE

Que servirait-il à un homme de gagner le monde, s'il faisait la perte de son âme ?

— (MATTH. XVI, 26.)

« Gagner le monde et perdre son âme ! à quoi cela peut-il servir ? » Il y a, dans ces paroles, une vérité triviale ou un étrange paradoxe. C'est par son âme qu'un homme voit et sent le monde ; c'est par son âme qu'il en jouit ; c'est par son âme qu'il le possède. S'il perd son âme, il perd tout, et le monde même qu'il aurait acquis par ce sacrifice. Gagner le monde et perdre son âme, c'est donc une contradiction. C'est donner ses deux yeux pour acquérir le droit de voir un feu d'artifice.

Mais un autre sens se présente, aussi paradoxal que le premier est simple et commun. Jésus établit une comparaison entre l'univers et l'âme humaine ; il les estime à leur valeur ; il prononce son jugement ; et, chose étrange, c'est à l'âme qu'il donne la préférence. L'univers et l'âme d'un homme ! peut-on comparer ces deux choses ? Quand il se considère comme faisant partie de cet univers, l'homme y est perdu, anéanti. C'est un grain de poussière sur les Alpes ; c'est une goutte d'eau dans les gouffres de l'Océan. La masse de ce monde l'écrase ; sa propre faiblesse l'attriste et le confond. Forcément soumis à des lois qu'il ne peut changer ; jouet de mille accidents qu'il ne peut ni prévenir ni prévoir ; changeant tous les jours, de mal en pis, tandis que cet univers conserve sa majestueuse uniformité ; toujours sur le point d'en être balayé, sans y laisser d'autre trace qu'un vain écho de son nom, plus passager encore que lui, l'homme est attristé de sa misère, étonné de sa petitesse, humilié de sa fragilité. Son intelligence même le convainc encore mieux de son néant ; et la dernière de ses pensées doit être sans doute de se comparer avec cet univers, dont les lois le dominent, dont la grandeur le resserre et le borne de toutes parts, et dont la masse va l'engloutir.

Qu'il se considère comme faisant partie du monde, l'homme n'est rien et le monde est tout.

Et pourtant le jugement du Sauveur contient la vérité. Mis en regard l'un de l'autre et jugés sur leur valeur intrinsèque, l'âme humaine vaut mieux que le monde. Telle est la sentence de la nature ; telle est celle de la conscience ; telle est aussi celle de Dieu. Pour la nature, l'âme vaut mieux qu'elle ; car elle ne sent pas l'âme, et l'âme la sent ; pour la conscience, l'âme vaut mieux que le monde ; car l'âme est morale et le monde est brute ; pour Dieu, l'âme vaut mieux que l'univers ; car l'âme est le but et l'univers est le moyen.

Pour sentir ces admirables et consolantes vérités, il faut que l'âme se considère non comme étant du monde, mais hors du monde ; non comme étant au service d'un corps que les éléments du monde vont bientôt absorber encore, mais comme étant servie par lui pour connaître, pour goûter et pour changer le monde. Il faut qu'elle se transporte dans un monde invisible et moral, où se développe une autre nature, qui est la sienne ; où s'exercent d'autres lois, qui sont celles de sa conscience ; où se trouvent la raison, le but et la fin de ce monde visible même, dont la grâce et la beauté proclament une intelligence et une bonté suprêmes. Or, tout, dans l'âme, annonce qu'elle est un élément, non de ce monde matériel, avec lequel nos sens nous mettent en rapport, mais d'un monde spirituel, d'un monde moral, dans lequel se trouvent le but et la fin de l'autre.

L'âme a la conscience d'elle-même. Elle sent le monde qui l'entoure, et elle-même qui en jouit. Elle est capable de voir, de sentir, de connaître. Elle se rend compte de ce qu'elle sent, de ce qu'elle éprouve.

En ce sens, elle possède le monde ; elle est heureuse, elle apprécie, elle goûte son bonheur.

Le monde est incapable d'avoir la conscience de l'âme. Il n'a pas la conscience de lui-même. Il ne sent rien, il ne voit rien, il ne goûte rien. Dépouillé de l'âme qui en vivifie quelques portions, et du grand esprit dont la force créatrice l'anime, il n'est plus qu'une masse inerte, sans conscience, sans sentiment et sans vie. Plus vous le supposez grand, plus vous êtes attristé par la contemplation de sa masse et de son inutilité. Un être qui ne possède point la conscience de lui-même, quelque grand qu'il puisse apparaître, est un être privé de valeur, jusqu'à ce qu'un être sensible soit là pour l'apercevoir et pour en jouir.

L'âme humaine est intelligente. Elle compare, elle analyse, elle juge. Elle réunit les phénomènes épars de l'univers ; elle les classe ; elle en découvre les principes et les lois ; elle en déduit les conséquences. Avec ce qu'elle connaît, elle s'enfonce dans les profondeurs qu'elle ne connaît point encore, et parvient à y porter la lumière. Elle descend dans les mystères de sa propre nature et de sa propre puissance. Elle trouve au fond d'elle-même de nouveaux principes et de nouvelles lois qu'elle applique à l'univers, et par le moyen desquels elle parvient à lui trouver un auteur, un maître et une destination. L'âme découvre les lois de la nature ; ou plutôt c'est elle-même qui donne ses lois à la nature ; c'est elle-même qui l'unit en un grand tout et qui la centralise dans sa pensée. La nature n'est ce qu'elle est qu'autant qu'elle est sentie, aperçue et jugée par l'intelligence. C'est dans les profonds replis de son intelligence que l'homme trouve de toutes parts l'infini, dont le monde ne saurait lui fournir l'idée, car en lui tout est borné, tout est limité, tout est isolé. Et ce sentiment, ce besoin de l'infini au milieu d'un monde où tout est limité témoignent d'une grandeur à laquelle le monde entier ne saurait atteindre.

Le monde est dépouillé d'intelligence. Il est incapable de rien analyser et de rien comprendre. C'est une agrégation de parties dont chacune est sans valeur pour les autres, car elles ne la conçoivent point, et sans valeur pour elle-même, car elle n'est point en état de juger celles qui l'entourent. S'il porte les marques de l'intelligence, cette intelligence n'est point à lui. S'il obéit à des lois, ces lois ne sont point les siennes ; elles lui sont données par l'intelligence. Et l'intelligence vaut mieux que lui.

L'âme humaine est morale. Elle a le sentiment du bien et la conscience du devoir qui l'oblige à le préférer. En elle, ce qui est sensible, ce que nous appelons le cœur, parle d'amour ; il fournit ainsi le fond de la vie morale, qui est amour ; et l'intelligence incorruptible dont l'âme est douée, venant appliquer à ce sentiment qui l'anime le cachet de la généralité, de l'absolu, qui est pour elle un besoin, en fait le devoir, cette voix sainte et sacrée, qui parle à tous les hommes un langage plein de force et d'autorité. L'âme humaine sent avec un entraînement irrésistible l'obligation sacrée, qui sanctionne tous les ordres du devoir ou de la conscience. Elle sent que cette obligation est au-dessus de toutes les circonstances extérieures, de toutes les nécessités de la nature, de tous les biens et de tous les maux qui peuvent en être la conséquence. Et par là même, elle se sent libre au milieu de la nature ; car elle trouve en elle-même des lois sur lesquelles la nature ne peut rien. Elle se sent supérieure à la nature. Par un instinct qu'elle ne s'est point donné, elle sent qu'elle est hors de la nature, hors de ses nécessités et de sa fatalité. Par le seul fait de sa conscience et de sa liberté, elle sent qu'il existe un monde autre que le monde visible, et qu'elle en fait partie. Et dans ce monde invisible, dont elle est un élément, elle ne peut s'empêcher de voir le but et la fin du monde matériel et visible, quelque grand qu'il puisse paraître aux yeux de l'humanité.

Le monde matériel, au contraire, n'est qu'un instrument passif, sans moralité, sans énergie propre, sans liberté. La nécessité, la fatalité s'y montre partout. Il n'est donc et ne saurait être qu'un instrument. Des lois admirables s'y exécutent ; mais elles s'y exécutent par nécessité, non par choix. Ce que nous appelons les désordres dans la nature n'est pas moins réglé, moins inévitable que l'ordre ; et les mouvements de la plume que le vent fait voltiger dans l'air sont rigoureusement déterminés par les mêmes lois qui maintiennent les astres dans leurs orbites, et gouvernent sans résistance d'immenses et d'innombrables soleils. Comparés sous ce point de vue, les deux objets diffèrent de la nuit au jour ; et l'âme se relève avec toute la supériorité de l'esprit sur la matière, et de la vertu sur la fatalité.

Aussi, quelque faible qu'il soit encore, l'esprit de l'homme agit-il sur la matière, pour la modeler à son gré. Il exerce sur la nature obéissante une puissance infiniment moindre sans doute, mais du même genre que celle dont un acte créa l'univers. L'esprit est essentiellement vivant et actif. L'inertie caractérise la matière, et l'on ne sait où trouver la source du mouvement qui l'anime ailleurs que dans l'esprit lui-même. Pourquoi le monde est-il plein de mouvement ? pourquoi la matière qui le compose n'est-elle pas depuis longtemps conglomérée en une masse sans vie ? pourquoi notre corps n'est-il pas lui-même une masse inerte, confondue dans la matière terrestre ? Une seule réponse est possible. C'est que l'esprit est là pour prêter et pour conserver la force, le mouvement et la vie.

Dans le monde, qu'est-ce qui nous plaît ? qu'est-ce qui nous touche, nous élève, nous ravit ? Est-ce le monde lui-même ? Non, sans doute. C'est l'esprit ; c'est la grande âme qui l'anime. C'est parce qu'il est un reflet de l'intelligence et de la sagesse, qu'il nous paraît grand et beau. C'est parce qu'il est une manifestation de l'éternelle bonté que notre cœur s'y attache et le contemple tous les jours avec une émotion nouvelle. C'est parce qu'il en dit plus qu'il n'est gros, de la sagesse et de l'amour de celui qui le créa, que nous sentons un invincible attrait à nous enfoncer dans les profondeurs de ses lois, à remplir notre imagination de ses immenses grandeurs. Hors de là, le monde n'est rien, si ce n'est une masse informe et sans valeur, que son énormité même rend encore plus triste et plus repoussante. Il n'est grand que parce que notre corps est petit. C'est un chaos inutile. Mais qu'un rayon d'intelligence et de bonté vienne éclairer cette masse ; qu'un ordre s'y établisse ; que les parties qui la composent se modèlent et se coordonnent entre elles ; qu'un but s'y découvre ; que la vie s'y montre : que des êtres sensibles, intelligents et moraux y trouvent une habitation digne d'eux ; alors tout change de face, tout s'embellit, tout s'agrandit, tout s'ennoblit. Il vient de l'intelligence et de la bonté ; il est fait pour l'intelligence et pour la bonté ; le monde acquiert une valeur immense ; il est un langage divin parlé à des créatures divines ; il est une des chaînes mystérieuses qui unissent les âmes créées à l'Esprit qui est incréé ; il les élève, les attendrit, les enchante, parce qu'il laisse entrevoir, comme à travers un voile immense, l'esprit qui l'anime et s'y réfléchit. Ainsi le roc nu nous attriste par l'uniforme spectacle de sa désorganisation et de son inutilité ; mais que l'intelligence le pénètre ; qu'elle y imprime son essence ; qu'il se dresse en palais, en ponts, en manufactures, en théâtres, en temples ; qu'il se modèle en ces formes où l'homme met toute sa pensée, dans la reproduction de son image embellie ; alors il acquiert une valeur sans bornes pour l'homme. L'esprit a vivifié la matière, et, sous sa puissante influence, la matière a pris une portion de la valeur qui n'appartient qu'à l'esprit.

Ainsi, même dans son imperfection terrestre, l'âme revendique sa supériorité sur la matière et se montre, par cette émanation de la puissance créatrice, l'image de Celui qui put dire : « Que la lumière soit ; » et la lumière fut.

Oui, quelque orgueilleuse que puisse paraître cette prétention, l'homme porte dans son âme l'image de son créateur. Tout ce que le monde et notre conscience nous révèlent de lui, notre âme le possède. Elle le possède dans un degré infiniment moindre et avec mille imperfections ; mais enfin elle le possède. Pourquoi l'essence sublime, de qui tout émane, n'aurait-elle pas donné l'existence à des êtres semblables à elle, et pourquoi l'âme humaine ne serait-elle pas un de ces êtres ? — La nature proclame l'intelligence de son auteur ; l'âme humaine est intelligente. Elle comprend, elle juge, elle compare, elle dispose ; en un mot, elle accomplit tous ces actes de la pensée, dont la nature porte à chaque pas les traces les moins équivoques. — La nature proclame la puissance irrésistible de l'esprit immense qui sut lui donner des lois, et c'est à cet esprit seul que peuvent se rapporter les mouvements puissants dont elle est animée, et les forces mystérieuses qui s'y déploient. La nature obéit à la puissance de l'âme humaine. Elle se laisse modifier et gouverner par cette puissance de l'esprit, envers laquelle elle est accoutumée à se montrer obéissante. Et, pour descendre à une moindre échelle, l'âme anime le corps qui lui fut donné, comme le grand esprit anime la nature entière. — La nature proclame la bonté de son auteur. L'âme humaine est essentiellement bonne. Elle est aimante ; elle est capable de dévouement et de sacrifice. Elle sent le bien général et le besoin de s'y conformer. Si la bonté disparaissait de l'âme humaine, non seulement la vertu disparaîtrait avec elle, mais encore l'idée de la vertu. — La conscience et la nature proclament un Dieu parfaitement saint, ennemi du vice et du péché, ami de l'ordre et de la pureté. L'âme humaine recèle dans ses derniers replis les mêmes dispositions, dont son union avec la matière et les passions qu'elle excite ne parviennent jamais à la dépouiller entièrement. Le mal est contraire à sa nature. Elle l'a en horreur, alors même que les passions du corps l'entraînent à s'y livrer. — Enfin, la conscience nous révèle un Dieu juste, chef suprême du monde moral, rémunérateur impartial des vices et des vertus, incorruptible gardien de l'ordre, sans lequel la bonté ni la sainteté ne sauraient être satisfaites. L'âme humaine est essentiellement juste ; elle a un sentiment vif, profond, spontané, de la justice et de l'équité ; l'injustice la soulève et la révolte. Quand il la découvre dans ses amis et dans ses maîtres, l'enfant est étonné, confondu, outré. Le bouleversement des lois les plus claires de la nature lui causerait moins de surprise et de douleur. Quand il grandit, la surprise passe, mais la douleur reste. La plus longue expérience ne parvient jamais à le réconcilier avec l'injustice, alors même qu'il en est l'auteur. — Voilà Dieu, tel qu'il se présente à notre faiblesse. — Voilà les perfections qu'il manifeste autour de nous et en nous-mêmes. Nous n'en connaissons pas davantage. Et de toutes ces perfections nous portons l'image vivante dans notre sein. Nous avons ces perfections mêmes, quoiqu'à un degré beaucoup plus borné. Ce n'est point un résultat, une opération, une empreinte de ces perfections, comme l'univers en contient des milliers. Ce sont ces perfections elles-mêmes, dans leur propre essence. Nous ressemblons à Dieu comme un jeune enfant ressemble à son père. Le monde lui ressemble comme un palais ressemble à l'architecte qui l'a conçu.

Tel est le résultat de la comparaison, dans l'état actuel de l'âme et du monde. Mais ni l'un ni l'autre de ces deux objets ne demeure stationnaire. Ils sont toujours en mouvement, toujours en progrès, l'un pour dépérir, l'autre pour se perfectionner et s'étendre. Tout s'affaiblit et s'éteint dans la nature physique. À la fleur qui éblouit succède le fruit, plus modeste et plus substantiel ; au fruit, la corruption et la pourriture. À la jeunesse, avec ses rêves de bonheur, succède l'âge mûr, avec ses étroites réalités ; à l'âge mûr, la vieillesse, les infirmités, la décrépitude et la mort. L'arbre de la forêt commence par un mince scion ; il grandit vers les cieux, couvre un vaste terrain de son ombre, est déraciné par le vent, coupé par la hache, réduit en cendre et emporté par le zéphyr. La mer a couvert les sommités des montagnes, a battu de ses flots courroucés les rochers qui les couronnent, et s'est retirée dans les abîmes qui la contiennent aujourd'hui. De nombreuses générations d'animaux énormes ont habité jadis dans des régions, enfouies aujourd'hui sous cent pieds de terre. La chaleur qui brûlait notre globe s'affaiblit et meurt. Les animaux qui jadis peuplaient le pôle vivent à peine sous l'équateur. Tout indique que le soleil perd de sa force. D'autres soleils, que d'autres générations ont vu briller dans les cieux sous la forme d'étoiles radieuses, ont disparu dès longtemps. Ceux que nous voyons briller sur nos têtes auront un jour le même sort. Les cieux et la terre seront changés. Malgré leurs masses énormes, ils passeront comme la fleur que la vierge cueille le matin, pour orner sa chevelure, et qu'elle rejette le soir avec dédain pour ne plus s'en souvenir. Ils seront renouvelés et remplacés par d'autres soleils et par d'autres cieux, que la source inépuisable du mouvement et de la vie pourra jeter dans l'espace. L'âme humaine contemplera toutes ces révolutions sans en souffrir. Débarrassée de la matière et du temps, elle pourra s'étendre et se développer sans cesse, par la contemplation immédiate d'un nouvel ordre, d'un nouvel univers. Les siècles, qui dessèchent les mers, qui fondent les rochers, qui glacent les continents, qui éteignent les soleils, qui bouleversent les mondes, viendront ajouter à sa grandeur et à sa gloire. Ils lui montreront la vérité plus belle, Dieu plus grand et plus digne d'amour, elle-même plus parfaite, plus semblable à son père, plus capable d'être heureuse par lui. Nous voyons ce que le monde devient ; qui peut dire ce que deviendra l'âme ? L'un s'affaiblit et décroît tous les jours ; l'autre est faite pour se développer et pour s'accroître sans cesse, pour aller de vérité en vérité, de vertu en vertu et de gloire en gloire. Le temps pendant lequel doit durer cette double marche en sens opposé, c'est l'éternité. L'imagination s'effraye d'une telle perspective. Elle recule devant un tel enchaînement de décadence et de progrès. Elle se tait et admire. Elle cesse de s'étonner que celui qui connaissait l'âme et le monde, comme ayant assisté à la création de l'un et de l'autre, ait donné la préférence à l'âme. Elle cesse de s'étonner que, quand il s'est agi de la sauver, les cieux et la terre se soient émus, et que ce qu'ils recélaient de plus grand et de plus beau n'ait point été trouvé trop cher pour racheter de l'abîme un pareil trésor.

L'âme n'est donc pas du monde qui se voit et qui se touche. Elle est hors du monde. Elle appartient à un autre ordre, à une autre nature, à un autre univers. Cet ordre est celui de la liberté et de la vertu ; cette nature est celle de Dieu ; cet univers, c'est Dieu même régnant, par l'amour et par la sainteté, sur des esprits faits à son image. C'est l'inaltérable réunion de ces existences spirituelles, saintes, bonnes et morales, dont notre âme fait partie, et dont un reflet suffit pour embellir le monde matériel, qui fut fait pour elles.

Une âme d'un côté et l'univers matériel de l'autre, c'est à l'âme que Dieu et la conscience accordent donc une préférence décidée ; et la nature accepte cet arrêt, en obéissant à l'âme comme à sa maîtresse légale.

Et c'est quand tout parle de la suprématie de l'âme, non seulement sur le corps qu'elle anime, mais sur le monde entier, que l'on cherche à ressusciter ces doctrines désolantes qui résolvent l'âme dans les organes, font de la pensée une sécrétion, de la conscience une sympathie, et du monde moral un fantôme ! Je ne demanderai point aux nouveaux apôtres du matérialisme ce qu'ils ont trouvé sous leur scalpel, d'où ils aient pu croire qu'ils étaient sur la trace de l'âme. Je ne leur demanderai point s'ils la placent sur la glande pinéale ou sur le pont de Varole, ni de m'expliquer, dans leur système, les mots de sympathie et d'irritabilité qu'ils ont toujours à la bouche. Ils auraient trop d'abîmes à franchir dès les premiers degrés d'une théorie qu'ils nous présentent comme si simple et si claire. Mais je leur dirai : Je sens ma pensée, mon intelligence, ma volonté libre, ma conscience incorruptible, toutes ces choses que vous n'avez jamais vues ni touchées, je les sens aussi vivement, aussi distinctement que vous voyez ces lambeaux infects où vous croyez tenir tout l'homme. Je sens le devoir, je sens la liberté, je sens la responsabilité, je sens le monde moral, auquel ces facultés me lient, comme vous sentez le monde physique qui vous entoure et les animaux terrestres auxquels vous aimez tant à vous comparer. Et quand je vous entends parler de nerfs et d'irritabilité, de sécrétions et de sympathie, de fonctions cérébrales et de vitalité, si je me sens ébranlé dans les croyances qui font ma vie, je n'ai qu'à rentrer en moi-même, qu'à écouter ma conscience, et tous mes doutes disparaissent, et tous vos raisonnements s'évanouissent en fumée. Après vous avoir entendus, peut-être sans pouvoir vous répondre, je m'écrierai encore, par un mouvement irrésistible : Et pourtant j'ai une âme, et cette âme est d'un prix infini !

Oui, elle est d'un prix infini ! Voilà ce qu'il faut bien se dire ; voilà ce qu'il faut bien sentir ; voilà ce qu'il faut bien croire ; voilà la pensée qui, toujours présente, peut et doit élever l'homme au niveau de sa destination. Quel trésor immense chaque homme possède dans son propre sein ! Il posséderait beaucoup moins, quand il posséderait le monde. Et pourtant chaque jour il l'expose, il le compromet, il le dégrade, il le sacrifie, pour une vile portion de ce monde, dont la totalité vaut infiniment moins que lui. Quels soins mieux employés, quels efforts plus fructueux que ceux que l'homme consacre à orner son âme, à la purger de sa faiblesse et de ses vices ; à l'enrichir de facultés plus fortes, de sentiments plus généreux, de plus solides vertus ! Quand on jette les yeux sur la terre ; quand on contemple les merveilleuses beautés qui y brillent de toutes parts, et les richesses inépuisables qu'elle prodigue à ses enfants, quoi de plus doux que de se dire, en se repliant sur soi-même : Mon âme vaut mieux encore que cette brillante nature ! Quand on songe à l'immensité des mers et au volume énorme de cette terre, sur laquelle notre corps n'est qu'un grain de sable, qu'il est doux de pouvoir se dire : Mon âme vaut mieux encore ! Quand on lève les yeux vers ce ciel étoilé, champ sans limites où s'exercent la puissance et la sagesse du Créateur ; quand on y voit briller à la fois des millions de soleils, dont les yeux sont éblouis ; quand on les entoure par des milliers de mondes semblables au nôtre, qu'il est grand, qu'il est doux, qu'il est noble, qu'il est réjouissant de pouvoir se dire : Mon âme vaut mieux encore ! Et quand on se le dit, quand on le sent, tout est changé dans la vie ; tout prend une autre face, le bonheur et l'adversité, le plaisir et la peine, le calme et la tentation, l'innocence et la souillure, la mort et la vie. Une âme à sauver ! une âme faite à l'image de Dieu ! une âme pleine d'immortalité ! une âme qui vaut mieux que les cieux et que la terre ! Quand on sent bien ces choses, on est un homme nouveau.

LA FEMME ET LA RELIGION

Prends courage, ma fille ; ta foi t'a sauvée.

— (MATTH. IX, 22.)

En lisant l'histoire évangélique, on ne peut s'empêcher de remarquer avec intérêt la part qu'y prennent les femmes*. Outre cet être mystérieux et touchant, que le choix du ciel semble avoir signalé au genre humain pour en faire l'idéal de son sexe, et que la vénération des âges a rendu l'objet d'une idolâtrie, qui serait excusable si quelque chose pouvait l'excuser, nous trouvons autour du Sauveur un groupe de femmes saintes, où le caractère religieux de la femme se présente sous toutes les formes qu'il se plaît à revêtir. Et toutes ces formes sont attrayantes et douces. Depuis la piété contemplative de Marie, qui aime et qui admire en silence, jusqu'à l'activité de Marthe, qui aime et qui veut servir ; depuis la céleste pureté de la Vierge jusqu'au repentir plein de chaleur et de force de Magdeleine pleurant aux pieds de Jésus ; depuis le mécompte résigné des sœurs de Lazare jusqu'à la foi inébranlable de cette femme obscure, qui, perdue dans la

---

* Discours prononcé dans le grand temple, à Nîmes, pour une réception de catéchumènes jeunes filles, le 5 juin 1828.

foule, disait encore : « Si je puis toucher le bout de son manteau, je suis sauvée ; » toutes les nuances que la religion peut prendre dans un cœur aimant et dévoué, dans une âme pleine de chaleur et de vie, nous les retrouvons dans ces femmes qui, pendant son apparition sur la terre, semblent presque avoir été seules à connaître, à aimer, à sentir tout le Sauveur. L'orage n'étonne point leur amour, n'ébranle point leur constance. Elles viennent pleurer sous sa croix, en présence de ses bourreaux. Elles recueillent son corps meurtri pour lui rendre les derniers honneurs. Elles veillent sur la tombe sacrée qui doit conserver sa dépouille, pendant que ses disciples sont dispersés par la tempête et glacés de crainte à la voix d'une servante. Et elles reçoivent bientôt, pour récompense de tant de dévouement et de tant d'amour, le bonheur inexprimable d'être les premières à voir, à reconnaître, à entendre leur ami ressuscité. Si la religion devait s'offrir à l'imagination des hommes sous une forme matérielle et visible, il semble que c'est celle de la femme qu'elle devrait revêtir.

C'est qu'il y a dans le caractère de la femme quelque chose d'éminemment religieux, qui fait pour elle de la religion une seconde ou plutôt une première nature. Toutes les dispositions, toutes les affections, tous les sentiments que la religion demande de nous, se trouvent déjà déposés par la nature dans le cœur de la femme, quoique souvent appliqués à d'autres objets. Pour la rendre vraiment et profondément religieuse, il n'est pas besoin de changer son être moral, il ne faut que l'éclairer et que l'ennoblir.

Jeunes encore et sans expérience, vous savez néanmoins assez de la religion et de votre propre cœur pour pressentir l'harmonie qui se trouve entre l'une et l'autre. Vous comprendrez sans peine qu'il faudrait faire violence aux dispositions les plus intimes et les plus généreuses de votre âme, qu'il faudrait vous dégrader, pour vous dépouiller de la religion que vous venez de recevoir dès vos jeunes ans avec tant d'enthousiasme.

En effet, si vous l'avez un peu comprise, vous aurez vu que cette religion, dont l'homme éprouve le besoin, et que le Christ est venu lui donner des cieux, est une affaire de sentiment et d'amour. Son siège est dans le cœur ; et quand elle règne là, sa tâche est remplie et l'Évangile a triomphé. De toutes les erreurs, la plus grave, sans doute, est de faire de la religion une affaire d'intelligence, qui doit être décidée à force de subtilités. Elle est le lien qui unit les créatures ensemble et avec leur Créateur ; mais ce lien ne saurait être que l'amour, et s'il est besoin de connaître et de comprendre, ce n'est que pour mieux aimer. L'Évangile est l'amour éternel et infini, manifesté sous sa forme la plus touchante, pour gagner à jamais tout le nôtre. Son secret se trouve tout entier dans cette parole si simple : « Dieu est amour, » et dans cette autre : « Il lui sera beaucoup pardonné, parce qu'il a beaucoup aimé. » Le cœur est l'homme tout entier : et l'on pourrait presque dire que l'intelligence est là, comme le corps, pour l'éclairer et pour le servir.

Que la femme ne se plaigne donc point du sort qui lui fut réservé par la sagesse créatrice. Cette faculté si excellente, que Dieu recherche avant tout dans ses enfants, elle la possède au plus haut degré. La femme est essentiellement aimante. Elle vit de sentiment et d'affection. La faiblesse même qui distingue sa nature physique tourne au profit du développement de son cœur, et devient pour elle, dans toutes les circonstances de sa vie, une source ou plutôt une occasion de sentiment et de tendresse. On a besoin d'appui quand on est faible. Mais un appui ne rend heureux que lorsqu'on l'aime, lorsqu'on confond avec lui sa vie ; autrement il décourage et flétrit. Cette tendresse si profonde et si pure de l'enfant pour sa mère, qui embellit ses premiers ans, et dont il conserve dans le tumulte de la vie un souvenir si délicieux, c'est presque la vie entière de la femme. Fille, épouse, mère, c'est toujours d'affection que son cœur se nourrit. C'est en aimant qu'elle remplit sa noble tâche sur la terre et qu'elle conserve sa dignité, même en cessant de vivre pour elle-même. Et ce cœur, ouvert à tant d'amour, resterait-il étranger à l'amour le plus grand, le plus profond, le plus durable, le plus doux ? Ce cœur, qui est heureux en se donnant, se refuserait-il à Celui qui est seul digne de le posséder à jamais ? Et les mécomptes mêmes que la fille, que l'épouse, que la mère éprouvent si souvent dans leurs affections les plus douces et les plus sacrées, ne les ramène-raient-elles pas vers le Dieu qui ne trompe jamais, qui aime toujours d'un amour immense, et qui seul peut remplir à jamais un cœur aimant et généreux ? Aussi ne sommes-nous point étonnés que la religion de Jésus, cette religion qui est tout amour, ait été dans tous les temps reçue par les femmes avec un véritable enthousiasme. Pour la comprendre, il faut aimer. Pour bien juger de son esprit et de ses préceptes, pour n'être point choqué de ses enseignements et de ses mystères, il faut être accoutumé à faire de l'amour le principe et la clef de sa vie ; il faut comprendre le dévouement et sentir le prix du sacrifice.

C'est en effet là ce qu'emporte le sentiment, dès qu'il doit se manifester au dehors dans la vie active et réelle. Il faut qu'il devienne renoncement et sacrifice. Considérée sous ce point de vue, la religion est le triomphe du sentiment sur la sensualité ; du genre humain sur l'individu ; de Dieu et de sa volonté sur les penchants et sur les affections terrestres ; du ciel, de l'ordre infini, de l'amour immense converti en pureté et en vertu, sur l'égoïsme, sous quelque forme qu'il se cache, soit celle de l'orgueil qui blesse, ou de la bassesse qui révolte, ou du vice qui dégrade, ou celle plus séduisante des affections qui embellissent parfois la vertu. C'est dans cette lutte toujours renaissante que s'écoule la vie humaine. C'est par là qu'elle est une épreuve, une carrière, dont l'homme ne peut sortir que par le tombeau, un combat à outrance, où la victoire n'est jamais complète ni définitive, parce que le véritable ennemi c'est le vainqueur lui-même, avec toutes les conditions sous lesquelles il a reçu la vie. Soumettre ses penchants, ses désirs, ses jouissances, ses affections même et ses plaisirs les plus doux à la volonté d'autrui ; savoir triompher de soi-même, pour faire régner l'ordre suprême que l'on a choisi, que l'on a senti, auquel on a consacré son existence ; voilà la religion, quand elle sort de la contemplation pour passer dans la vie active. C'est le renoncement et le sacrifice dans leur étendue la plus complète et dans tout leur abandon. Mais dans ces traits, dont vous avez reconnu la justesse, ne semble-t-il pas que je viens de peindre la vie entière de la femme ? Renoncement et sacrifice ; dévouement et abandon ; soumission de sa volonté à la volonté d'autrui ; existence tout entière consacrée non pas à elle-même, mais à la famille ; bonheur cherché et trouvé non dans sa satisfaction personnelle, mais dans la satisfaction des objets auxquels son choix ou la nature l'ont liée à jamais par les nœuds les plus étroits ; voilà la vie de la femme, voilà sa destination sur la terre, voilà sa gloire et son bonheur : le père, l'époux, les enfants, voilà tout pour elle ; il semble qu'elle-même n'y soit pour rien. Ajoutez à ces objets un objet de plus, encore plus doux, plus aimable que tous les autres ensemble ; ajoutez à ces volontés auxquelles elle soumet si complètement la sienne parce qu'elle aime, à cet ordre domestique auquel elle fait, sans le sentir, tant de sacrifices, une volonté plus puissante, mais plus aimante et plus éclairée, un ordre plus vaste, mais où règne toujours la bienveillance, jamais le caprice ni l'égoïsme, et vous aurez toute la religion. Un attachement de plus, un renoncement de plus, une obéissance de plus, un sacrifice de plus, et la femme est religieuse. Elle n'a pas besoin de changer la direction et les habitudes de sa vie. La nature, par une éducation puissante, mais douce, l'a conduite à la porte de la religion, le christianisme la lui ouvre. Comment n'entrerait-elle pas dans le sanctuaire, quand la religion se présente à elle pour contenter le premier besoin de son cœur, et ne lui demande en échange que ce qu'elle fait tous les jours ?

Et cette vie calme, intérieure, retirée et si souvent solitaire, à laquelle la femme est presque toujours appelée, n'est-elle pas éminemment propre à favoriser le développement et les progrès de la religion dans le cœur ? C'est dans son âme que l'homme trouve surtout la religion. C'est en se repliant sur lui-même, c'est en vivant beaucoup avec sa conscience, c'est en se recueillant souvent dans ce sanctuaire de l'amour et du devoir, qu'il devient éminemment religieux et que sa foi se montre inattaquable au matérialisme de la nature et au scepticisme de la logique. Converser beaucoup avec son propre cœur, sortir souvent du monde matériel pour chercher dans son âme la première révélation et le premier gage du monde spirituel et moral, tel est le chemin de la religion. Quoi de plus propre à y conduire que cette vie intérieure et domestique, ces longues heures passées dans le recueillement et la retraite, sans distraction du dehors, sans autre compagnie, sans autre spectacle que celui de son âme ? Et telle est la vie de la femme. Le foyer domestique, la vie de famille, telle est sa place ; tel est l'élément où tout est sain pour elle. Tandis que la vie de l'homme se répand sans cesse au dehors par l'action qu'il doit exercer sur les choses et sur la nature, celle de la femme est appelée sans cesse à se replier sur elle-même, à se nourrir de ses propres pensées et de ses propres affections. Quelle place pour ces méditations religieuses, où le cœur est bien plus indispensable que l'esprit, où sentir est bien plus important que comprendre, où aimer est déjà une sorte de révélation du ciel ! Et ces méditations silencieuses, ces pensées dont l'âme se nourrit dans la retraite, ce commerce d'affection et de confiance que les affaires du monde troublent si souvent, constituent ce qu'il y a de plus réel et de plus doux dans la vie religieuse. La religion, quoi qu'on dise, quand elle pénètre un peu avant dans l'âme humaine, a toujours quelque chose de rêveur, de contemplatif et de mélancolique, qui s'accorde parfaitement avec le caractère de la femme ; et par un privilège qui n'appartient qu'à elle, ses affections, même terrestres, quand elles sont élevées et pures, n'étouffent point et développent parfois avec énergie cette exaltation religieuse, cet enthousiasme de la piété, qui enlève les âmes au ciel.

Prise dans son ensemble, saisie dans ses vrais caractères et dans ses rapports immuables, qui sont l'expression de la volonté créatrice, la vie de la femme est donc sur la terre une sorte de religion, qui ne demande qu'à être purifiée et élevée pour devenir la religion elle-même, pour devenir le christianisme. Admirable disposition de la Providence, qui a donné le plus grand penchant pour la religion à cette partie du genre humain, pour qui la religion devrait être le plus bienfaisante et le plus indispensable !

La vie de la femme est une fleur délicate que le moindre vent peut flétrir et qui est exposée à mille tempêtes. Son plus indispensable mérite, son plus irrésistible charme, son plus assuré bonheur sur la terre consistent dans cette pureté, dans cette innocence, sans laquelle nul n'est content d'elle, pas même elle-même. Avec ce charme indéfinissable que la pudeur répand autour d'elle et qui respire jusque dans ses plus légers mouvements, la femme est toujours un objet d'attachement et de respect. Quels que soient les avantages extérieurs dont la nature l'ait douée, chacun sent en elle, et elle se sent elle-même un mérite plein de calme et d'attraits qui embellit tous les autres. Toutes les qualités de son âme, tous les agréments de son esprit, tous les avantages de sa position dans le monde, tous les charmes de la jeunesse et de la beauté n'ont de valeur aux yeux des hommes que lorsqu'ils sont, pour ainsi dire, embaumés par le parfum délicieux de la pureté et de l'innocence. Et quand ce parfum s'est dissipé, quand le vent de la corruption l'a fait exhaler, quand le feu des passions intérieures l'a dévoré, alors la femme n'est plus qu'une vaine ombre d'elle-même. Plus d'attraits, plus d'égards, plus de respect, plus d'estime, plus d'amour. Tous les sentiments affectueux qui s'attachaient à ses pas se sont changés en dégoût et en mépris. Elle a perdu son rang dans la société. Fille dédaignée, épouse flétrie, mère condamnée par ses propres enfants, elle ne goûte rien de ce qui embellit la vie, et elle n'est pas digne d'en rien goûter. Ses qualités mêmes se tournent pour elle en un sujet nouveau de reproche : elles font sentir avec un plus profond regret l'absence de celle qui pouvait seule leur donner du prix. Elles deviennent sans cesse l'occasion d'une comparaison douloureuse entre ce que la Providence avait voulu faire d'elle et ce qu'elle est en réalité. Et, ne vous y trompez pas, pour éprouver la plus grande partie de ces maux, pour dénaturer et flétrir sa vie tout entière, il n'est pas toujours besoin qu'elle succombe ; il suffit qu'elle soit tentée ; il suffit qu'elle soit imprudente ; que dis-je ? il suffit que les apparences tournent contre elle. Pour la femme, il n'est presque pas de faute, il n'est que des crimes ; et le soupçon, si aisément soulevé, est déjà une flétrissure. C'est donc pour la femme surtout que la vie est un véritable combat. Il faut qu'elle lutte sans cesse et contre elle-même et contre tout ce qui l'entoure. Il faut qu'elle se préserve, avec une égale vigilance, et du mal réel et de tout ce qui porte avec lui la plus légère ressemblance. Dans ce combat de tous les instants, la moindre chute c'est la mort. Ah ! s'il est une situation dans la vie où l'appui de la religion soit vraiment indispensable, la femme s'y trouve placée, par la nature et par la société, depuis sa première jeunesse jusqu'à son dernier soupir. C'est ce feu sacré d'une âme éminemment religieuse ; c'est cette conscience profonde et inaltérable d'un Dieu toujours saint, toujours fort et toujours présent ; c'est cette espérance, la plus vive et la plus chère de toutes, d'un avenir plein de charmes, où l'innocence seule peut avoir place ; c'est cet amour immense et tout-puissant d'un Dieu plein d'amour et d'un Sauveur, sa ravissante image ; ce sont toutes ces idées, tous ces sentiments, toutes ces affections, régnant fortement sur l'âme et la possédant tout entière, qui peuvent seules la rendre invulnérable dans ce combat à outrance du monde et du vice contre l'innocence et la vertu. Les anciens, dans leur génie poétique, avaient peint un combat, où l'un des deux athlètes, près d'être vaincu, reprenait toute sa force en touchant la terre, notre nourrice commune, et ne put être étouffé qu'en étant soulevé vers le ciel. Le combat du chrétien est d'une tout autre nature. C'est en s'attachant à la terre qu'il succombe ; c'est en s'élançant vers les cieux qu'il triomphe. Et la femme, pour qui ce combat se renouvelle sans cesse, pour qui la défaite est déjà l'enfer sur la terre, ne peut, au moment du péril, trouver cette force calme, qui impose le respect, qu'en élevant vers les cieux ces regards d'amour et de confiance, où la religion se peint tout entière.

C'est dans ces contemplations religieuses, dans la conscience du Dieu qui l'entoure et qui l'aime, du Sauveur qui est mort pour elle et qui l'attend dans les cieux, de l'avenir qui lui est acquis, qu'elle puisera et qu'elle conservera dans toute sa plénitude le sentiment de sa dignité, dont sa position sur la terre tend souvent à la dépouiller. Appelée par ses devoirs à une vie monotone et retirée, privée, par sa faiblesse naturelle et par les lois de la société, de toute action puissante sur les circonstances extérieures, obligée à vivre pour autrui, et souvent peut-être regardée par ceux de qui son sort dépend, comme un moyen et non comme un but, combien ne serait-il pas naturel qu'elle tombât dans le découragement, et qu'avec le sentiment de son indépendance elle perdît aussi celui de sa dignité ? Déplorable situation, dans laquelle l'humanité se montre dépouillée de tout ce qui fait son prix, et finit bientôt par perdre des forces qu'elle ne peut plus employer ! Avec le sentiment de sa dignité, on perd tout, et l'être moral est détruit. Mais la religion de Jésus apparaît là, bienfaisante et conservatrice, pour relever la femme à ses propres yeux, et lui rendre, au sein même de sa dépendance, le sentiment de la dignité humaine dans toute son intensité. C'est justement dans sa retraite que la femme sent le mieux l'esprit divin qui l'anime à l'égal de l'autre moitié du genre humain. C'est en conversant avec elle-même, c'est en écoutant en silence les révélations de son cœur, qu'elle connaît mieux le prix infini de cette âme qui porte en elle l'image divine aussi vivement empreinte, que dans ceux qui maîtrisent son sort. Il y a le Dieu qui commande à la nature ; il y a le Dieu qui se manifeste sur la terre pour servir et pour se donner. Et dès lors la condition de la femme, toute modeste qu'elle est, s'embellit à ses propres yeux. Les devoirs que lui imposa la nature, sous l'ombre du toit domestique, lui apparaissent plus respectables et plus doux. Elle fait partie de l'humanité ; toute la dignité de l'homme lui appartient. Et dans sa demeure modeste, ce sont des hommes, des êtres immortels comme elle, qu'elle doit élever, former, corriger, rendre plus parfaits, plus dignes de leur immense avenir ; ce sont des hommes dont elle doit assurer le bonheur, auxquels elle doit consacrer sa vie. Oh ! comme sa tâche s'embellit, comme elle grandit dans son estime, quand elle considère l'influence énorme que les devoirs d'épouse et de mère, fidèlement accomplis, peuvent exercer sur le sort de la race humaine ! et l'influence plus bornée, mais plus immédiate, que sa propre existence individuelle et l'accomplissement fidèle de ses devoirs exercent sur le sort de ces objets chéris, dont le bonheur lui est plus cher que le sien propre, sur le développement et sur la valeur réelle de ces âmes innocentes mais faibles devant lesquelles est tant d'avenir, et sur cet avenir lui-même, vers lequel s'élancent tous ses vœux ! Par le christianisme, quand elle le reçoit dans son cœur, la femme s'élève à la dignité d'homme. Elle le sent elle-même, et tout autour d'elle est forcé de le sentir. Sa tâche devient sublime. La soumission même devient une action volontaire et de choix, qui ne lui fait rien perdre à ses propres yeux, et le toit domestique un sanctuaire vénérable, un véritable univers, où peuvent s'exercer dans toute leur plénitude et produire tous leurs fruits les plus grandes, les plus utiles, les plus généreuses vertus.

Inférieure à l'homme pour agir, la femme lui devient infiniment supérieure pour souffrir. Elle est vulnérable sur tous les points, et chaque blessure attaque la vie. Un corps plus fragile et plus faible l'expose à des souffrances fréquentes, à des incommodités sans nombre, qui troublent et qui flétrissent son modeste bonheur. Son cœur, qui ne vit que d'affections, est ouvert sans défense à toutes les douleurs dont les affections sur la terre sont l'inévitable source. Elle vit avec sa peine ; elle s'en nourrit dans les longues heures de la retraite ; et tandis que l'homme se distrait et s'étourdit dans l'activité de la vie, la femme, sans action contre le mal, demeure avec elle-même pour en savourer toute l'amertume. Les facultés qui la distinguent, cette imagination souvent brillante, toujours vive et prompte, qui du présent s'élance dans l'avenir ; cette sensibilité délicate, qui saisit toutes les nuances et voit le cœur dans une parole, dans un regard, deviennent pour elle comme un nouveau poison qui envenime toutes ses douleurs. Oh ! qui pourrait dire tout ce que la femme est capable de sentir et de souffrir dans les situations diverses où la Providence l'appelle à vivre ? Qui pourrait dire, sans les avoir éprouvées, les insupportables douleurs dont est mille fois navrée l'âme de la fille, de l'épouse et de la mère ? Qui pourrait raconter les douloureuses étreintes de l'innocence calomniée, de la tendresse méconnue, du dévouement et du sacrifice payés par la froideur et l'ingratitude, et les étreintes plus douloureuses encore de l'amour condamné à se repaître des malheurs et des souffrances de ceux auxquels il s'est donné pour jamais ? Et pour terminer cette triste nomenclature, qui pourrait décrire l'amertume de ces sacrifices sans retour, mille fois plus douloureux pour la femme, parce qu'elle a aimé mille fois davantage, et qu'il faut pourtant accomplir ? C'est contre de telles douleurs que la vie terrestre est aride et le monde sans consolation. Pour des maux qui percent l'âme jusqu'à la moelle, il faut des consolations et des espérances qui la saisissent tout entière et qui l'enlèvent jusqu'au ciel. Il faut la plénitude du sentiment d'une autre existence, d'une autre destination, d'un autre ordre, d'un autre bonheur et d'un autre amour, pour soutenir et pour consoler la femme dans toutes les contrariétés et dans toutes les douleurs dont l'ordre actuel se hérisse à chaque instant pour elle. Il faut qu'elle vive déjà dans le ciel, afin de pouvoir supporter la terre. La religion, l'immortalité, un Dieu, un Sauveur, peuvent seuls fournir la tige élancée et vigoureuse sur laquelle viendra s'appuyer et s'étendre cette plante débile, battue, effeuillée et tordue par le vent de l'adversité. La femme n'est qu'une fleur qui se fane et que tout dédaigne, jusqu'à elle-même, si elle n'est embaumée et conservée par le parfum de la religion.

Je trouble à regret, par une sombre perspective, les riantes images dont on se repaît à votre âge. Je sais quelle en est la douceur ; mais je sais aussi combien vite elles se dissipent et quelles sont les réalités par lesquelles elles sont remplacées. Quels que soient nos vœux pour votre bonheur, votre sort sur la terre sera celui de l'humanité, c'est-à-dire quelques plaisirs et beaucoup de peines, quelques espérances et beaucoup de mécomptes, quelques affections et beaucoup de déchirements, en un mot, une existence qui n'aura de valeur qu'autant qu'elle sera consolée, une vie qui n'aura de prix qu'autant qu'elle viendra se rattacher à une autre plus durable et plus belle. Fleur d'un jour qui demain sera flétrie ; créatures fragiles qui ne connaissez encore que le monde enchanté, dont la tendresse paternelle a pris soin de vous entourer ; âmes tendres, bercées jusqu'à ce jour dans les plus douces illusions ; c'est maintenant que va commencer la vie réelle avec ses mécomptes et ses amertumes. Je vous aurais trompées, si je n'en avais pas déployé devant vous le sombre mais trop fidèle tableau ! Et les pleurs qui coulent de vos yeux, les habits de deuil que j'aperçois çà et là parmi vos vêtements de fête, ne me racontent-ils pas que, pour quelques-unes, ce tableau qui vous effraye s'est déjà converti en une déplorable réalité ?

C'est donc la religion de Jésus, la religion du sentiment et du cœur, la religion de la miséricorde et de l'amour, la religion de la consolation et de l'espérance, que votre âme appelle de tous ses vœux, comme l'amie dont elle a besoin dès l'entrée d'une vie inconnue. C'est la religion de Jésus qui seule peut fournir le complément nécessaire de tous les plans de la Providence dans la création de la femme. C'est elle seule qui peut vous embellir de cette beauté céleste, reflet d'une âme sainte et pure, à l'abri des ravages du temps ; vous entourer de ce charme indéfinissable d'un bon cœur, bien plus précieux et bien plus doux que celui de la beauté corporelle ; faire de vous la fille obéissante, l'épouse tendre et toujours pure, la mère dévouée, se dépouillant elle-même et ne vivant plus que dans ses enfants ; l'être bienfaisant, image terrestre de l'amour céleste, dont la présence porte le calme et le bien-être, dont les soins constants et doux embellissent jusqu'aux moindres détails de la vie, dont la voix touchante réjouit et console encore au sein des plus amères douleurs ; en un mot, la femme telle que Dieu a voulu la former pour en faire la mère et la première bienfaitrice du genre humain, la femme heureuse elle-même de ses affections et de ses sacrifices comme de la noblesse de sa tâche, et répandant autour d'elle, comme une émanation de son cœur aimant et tendre, la paix, la joie et le bonheur.

Et ne vous y trompez pas, ce ne sont pas les charmes fragiles d'un corps si promptement déformé par l'âge, par les fatigues et par le malheur, qui peuvent vous conduire à l'accomplissement d'une si haute destinée. Rien n'est plus fatal pour la femme que cette erreur à laquelle elle se laisse si aisément entraîner. Trompée par de vains hommages et peut-être par les suggestions d'un cœur plein de vanité, elle place sa vie entière dans ce qui n'en est que l'enveloppe, et pour la vaine forme d'un corps, qui demain sera flétri et après-demain réduit en poussière, elle oublie l'âme et son éternelle beauté, l'avenir et son immense durée, le ciel et le Dieu qui l'y appelle. Que dis-je ? Après avoir oublié l'âme pour le corps, on dirait qu'elle oublie le corps lui-même pour l'enveloppe qui le couvre. Et la vie d'un être si noble et si beau, devant qui s'ouvre tant d'avenir, de qui dépend tant de bonheur, à qui sont imposés de si graves et de si saints devoirs, se consume à méditer sur une coiffure et à contourner un ruban ! Non, ce n'est point pour cela que vous avez été faites. Ce n'est point pour cela que la Providence vous a prodigué de si beaux dons. Ce n'est point pour cela qu'elle a créé pour vous une tâche si grande et si noble, et ce n'est pas de tels soins qu'elle doit un jour vous demander compte. Le corps est toujours assez beau quand l'âme est belle ; il est toujours assez orné quand il s'enveloppe de modestie et d'innocence et quand il reflète une âme qui se respecte elle-même, et l'organe que Dieu lui donna pour connaître, pour sentir et pour agir, au milieu de sa création. C'est par votre âme que vous serez tout ce que vous pouvez être sur la terre ; que vous serez véritablement aimables et véritablement aimées ; que vous répandrez autour de vous le contentement et la paix, au lieu du trouble et de l'inquiétude ; que vous serez pour votre famille tout entière une bénédiction de tous les jours et de tous les moments ; que vous pourrez braver la vieillesse et les coups du sort, et, sur le soir de votre vie, vous voir entourées encore de respect et de tendresse, en même temps que vous trouverez dans le fond de votre conscience l'amour céleste, la consolation et l'espérance. C'est par votre âme que vous entrerez dans les cieux.

Mais votre âme elle-même, par quoi peut-elle être embellie ? C'est par son union de choix avec un ordre de choses plus grand et plus beau que celui qu'elle voit se réaliser sur la terre ; c'est par un amour sans bornes pour un Dieu qui est tout amour et pour des créatures qu'il a faites à son image ; c'est par une tendresse profonde pour ce Jésus, qui vint nous sauver en faisant apparaître devant la faible humanité la Divinité tout entière, avec toute sa sagesse, toute sa grandeur et tout son amour ; c'est par la foi dans l'avenir, par la vie du ciel déjà commencée dès ce monde ; en un mot, par le christianisme, vous inondant de sa lumière, dominant toutes vos affections et vivifiant toutes vos espérances ! Sans le christianisme, qui purifie votre cœur, qui spiritualise votre vie, vous retombez dans la vie grossière et sensuelle ; vous n'avez pour défense contre vous-mêmes que l'opinion d'un monde trompeur, pour appui dans une vie de sacrifices que des résultats toujours incertains, et pour consolation dans des souffrances inévitables que le doute qui dévore ou l'indifférence qui tue.

Que la religion de Jésus, dont vous venez de recevoir les enseignements avec tant d'enthousiasme, et qui vous a déjà donné de si doux moments soit donc votre compagne fidèle pendant tout le cours de votre vie ! Qu'elle embellisse pour vous le présent et l'avenir ! Qu'elle soit l'objet constant de vos méditations et la base de vos espérances ! Que votre cœur s'en nourrisse pour trouver en elle la véritable santé ! Qu'elle respire autour de vous, et qu'on l'y sente toujours à ses bienfaisantes émanations, l'ordre, l'amour du travail, la modestie, la pureté, la sainteté, la résignation, la douceur, la patience, le dévouement et l'amour ! Qu'elle vous rende mille fois plus aimables par le reflet céleste qu'elle répandra sur votre caractère et sur votre vie, et qu'elle devienne plus aimable elle-même en se présentant aux hommes sous l'attrayante enveloppe de votre innocence, de votre amour et de vos vertus ! C'est à vous à lui faire des amis, dans un monde qui la dédaigne, en montrant dans votre propre vie, sans éclat et sans prétention, tout le bien qu'elle fait à l'âme, et en lui gagnant, par cette influence secrète, mais irrésistible, les cœurs de vos frères, de vos amis et de vos époux !

Pour atteindre à un tel but, pour réaliser de telles espérances, ne craignez pas de remplir des devoirs qui deviendront bientôt pour vous un besoin et une jouissance. Ne reculez point devant des sacrifices, d'abord rigoureux peut-être, mais dont bientôt vous ne sentirez plus le poids. La vanité, les plaisirs du monde vous séduisent : sachez vous dire que votre âme vaut encore mieux qu'eux, et sachez trouver dans ce sanctuaire le contentement, bien préférable aux plaisirs et à la vanité. Le monde qui vous entoure est corrompu : faites-vous dans votre cœur, où vous aurez appris à rentrer avec délices, faites-vous autour de vous, par le bon emploi de votre vie, un monde petit mais vertueux, heureux et sûr. Votre cœur lui-même conspire avec les tentations du dehors : réfugiez-vous dans le sein de Dieu ; venez lui parler et l'entendre dans son temple, l'implorer au pied de son autel, lui emprunter toute sa force en lui rendant tout son amour, et vous faire invulnérables en vous entourant de ces devoirs chers et sacrés qui furent imposés à la femme à la fois comme sa plus noble tâche et le plus doux de ses plaisirs. Pour résister à tout, soyez plus complètement filles, épouses et mères ; soyez religieuses et chrétiennes, et tournez vers l'avenir des regards agités par les tentations de la terre ou humectés par les larmes de la douleur.

Ah ! si nous pouvions être assurés que vous vous appuierez

toujours sur la religion, sur votre Sauveur et sur vos devoirs, dans la carrière épineuse où nous allons vous lancer, combien notre joie dans ce moment serait plus parfaite et plus pure ! Que de craintes seraient calmées ! Que de tristes pressentiments seraient dissipés ! Viendrait l'adversité, viendrait la prospérité, viendrait le plaisir, viendrait la douleur, viendraient le bon et le mauvais exemple, viendraient la séduction du dehors et la tentation du dedans, viendraient le monde entier conspirant contre vous, et le mal se déguisant sous toutes les formes, pour vous entamer et pour vous perdre, nous serions rassurés sur votre avenir. Votre foi, fondée sur le rocher des siècles, pourrait braver toutes ces tempêtes, et, pourvu qu'elle-même ne fût point ébranlée, elle porterait votre vie vers le ciel et la tiendrait à l'abri des orages qui frappent à chaque instant et flétrissent à jamais une vie qui rampe dans les jouissances et les attachements terrestres. Mais cette confiance, est-ce en vous seules que nous pouvons la placer, vous, si jeunes, si ignorantes encore, si faibles dans la foi et si fragiles dans la chair ? Et si nous n'avions pas une autre espérance, oserions-nous vous admettre à la communion de nos saints mystères, exiger de vous des serments, que nous saurions, hélas ! devoir être sitôt violés ? Ô Esprit immense, qui pénètres tout de ta force toute-puissante, toi dont l'action mystérieuse règne sur les âmes pour les conduire, par des voies cachées, vers ce monde spirituel où se trouvent le but et la clef de toute leur existence ; esprit de mon Dieu et de mon Sauveur, c'est toi seul qui me rassures dans ce moment solennel et décisif. Entends ma voix ! entends ces gémissements et ces sanglots ! entends la prière de ces âmes encore pures qui t'invoquent avec moi ! Sois leur force, sois leur appui, sois leur consolateur, sois leur maître ! Et dans le moment du danger ou de la souffrance, que ta lumière les pénètre de ses rayons qui portent la vie, pour dissiper les vaines erreurs de l'esprit, les passions trompeuses du cœur, les imaginations douces et perfides de la volupté, et que, sous ta direction bienveillante, l'épreuve amène le redressement et la force, et jamais le renversement et la ruine !

Et vous, parents attendris, dont le cœur palpite à m'entendre, parce que j'adresse à vos enfants les derniers conseils de la religion, dans un moment aussi solennel, vous qui venez vous joindre à leurs prières et aux nôtres avec toutes les forces d'un amour qu'un père seul peut comprendre ; vous, que leur serment va jeter, comme nous, dans une émotion pleine de doute et de terreur ; vous, qui les avez mis dans ce monde de tentations et d'épreuves, aidez-nous, aidez le christianisme, aidez votre Sauveur, aidez Dieu lui-même à les faire entrer dans ce monde de gloire et de bonheur qui leur est préparé, si elles sont fidèles à leur serment. Oh ! combien dépend de vous, et quelle responsabilité va désormais peser sur vos têtes ! Faites pour leur âme, faites pour leur salut éternel une portion de ce que vous faites tous les jours avec tant de persévérance pour leur corps, pour leur bonheur sur la terre, et nous pouvons encore être rassurés sur leur avenir. À quoi vous servirait-il, même pour le repos et le bonheur de vos vieux jours, de gagner pour elles le monde, de les entourer de richesses et de vanités, si vous laissiez s'accomplir la perte irréparable de leur âme ? Avancés dans la vie, vous en connaissez déjà le néant et la misère. Faites-leur choisir la bonne part, qui ne leur sera point ôtée. Tous les bons sentiments, toutes les généreuses résolutions, toutes les ravissantes espérances, dont leur âme est en quelque sorte enivrée dans ces délicieux instants, ne sont qu'une fleur délicate dont le fruit, s'il vient à bien, doit les nourrir à jamais de force, de vertu, de bonheur, mais qui, comme toutes les fleurs, craint la chaleur et la froidure, le soleil et la rosée, la sécheresse et l'humidité, le vent et le calme. Soyez toujours là pour préserver, par vos soins vigilants, cette plante si frêle et pourtant si chère de tous les ennemis dont le seul contact peut la flétrir. Voyez toujours avec ravissement ces enfants de votre tendresse se développer sous vos yeux sans rien perdre de leur innocence, croître en grâce et en beauté, s'entourer d'honneur et de respect, exhalant autour d'elles le doux parfum de leurs vertus et de leur piété, et consolant votre vieillesse par la délicieuse espérance de les laisser après vous meilleures que vous-mêmes, de les retrouver heureuses et pures dans le ciel, où vous irez les attendre, après les avoir imbues de la foi et de l'amour qui peuvent seuls y trouver place. Ô qu'elles soient heureuses par leur persévérance et par leurs vertus ! Que la Providence leur ménage sur la terre les épreuves les moins cruelles et les moins dures ! Que leur carrière mortelle soit douce et facile, sans être jamais corruptrice ! Et que vous, dont j'entends autour de moi les soupirs et les sanglots, trouviez ici-bas, sans un mélange trop fort d'amertume, les seules joies qui vous tiennent encore à cœur, celles qui vous viendront d'elles !

REVIVRONS-NOUS ?

Si l'homme meurt, revivra-t-il ?

— (JOB, XIV, 14.)

Voilà la question*. Qui que vous soyez, elle s'agite dans votre sein. La joie et la tristesse la réveillent en vous avec un nouveau degré d'intérêt. La jeunesse y revient toujours avec une profonde mélancolie ; la vieillesse avec une insurmontable terreur. Et celui-là même qui en parle avec le plus d'indifférence et qui affecte le plus de frivolité est, sans aucun doute, celui qu'elle trouble davantage, parce qu'il n'a point trouvé de solution ou n'en a trouvé qu'une désespérante. La vie, la vie : voilà ce que l'homme demande à toute la nature, voilà ce qu'il recherche partout avec une soif dévorante. Au fond de toutes ses pensées, de toutes ses affections, de tous ses travaux, de tous ses efforts, de toutes ses espérances, de toutes ses craintes, de tous ses plaisirs, de toutes ses peines, la vie se retrouve comme le premier de tous les besoins, le plus fort de tous les désirs, le plus puissant de tous les mobiles, la plus intime, la plus inséparable de toutes les pensées.

---

* Substance d'un discours prononcé dans les temples de Nîmes, aux fêtes de Pâques 1829.

L'homme ne vit pas un seul instant sans songer à vivre et sans repousser de toutes ses forces la destruction et la mort.

Cette question s'agite dans toutes les âmes. Question terrible, dont la solution n'est pas autre chose que l'existence elle-même. C'est une éternité future à attendre ou à rejeter. C'est aussi toute la valeur de ces quelques instants fugitifs qui nous en séparent encore. Il faudrait être moins qu'un homme pour ne pas se l'adresser mille fois avec une anxiété profonde. Il faudrait être moins qu'un homme pour ne pas saisir une réponse affirmative, comme la terre dévore les premières gouttes de pluie après les ardeurs de l'été.

Mais plus la question est terrible, plus elle est vitale, plus elle se confond avec celle de l'existence elle-même, et plus il est affreux de ne trouver au bout de ses réflexions, si sérieuses et si émouvantes, qu'une réponse négative. Et pourtant c'est à ce doute désolant, ou plutôt à cette accablante certitude qu'une foule d'hommes sont arrivés, même avec des intentions droites, même avec un cœur aimant, même avec une vie assez pure pour ne pas reculer devant la pensée de l'immortalité. Nous vivons au milieu d'eux ; nous les rencontrons partout sous nos pas ; le même toit nous abrite ; la même table nous réunit ; ce sont nos parents, nos amis, nos époux, nos frères. C'est vous peut-être à qui le hasard a mis dans la main cette feuille légère, sur laquelle vous attachez un œil dédaigneux, parce que vous ne vous flattez pas d'y rien apprendre. Ils se sont demandé comme nous et avec le même intérêt : Si l'homme meurt, revivra-t-il ? Et après un examen sérieux peut-être, un examen souvent répété, car ce n'est pas du premier coup qu'on abandonne une question semblable, ils ont répondu avec regret, avec trouble, avec terreur, sans doute, mais enfin ils ont répondu avec confiance : Non.

Le phénomène est trop fréquent et trop indubitable, pour n'avoir pas une explication. Si cette croyance négative n'est point la vérité, il faut du moins qu'elle ait pour elle de fortes apparences ; il faut qu'elle soit justifiée par de puissantes analogies, qui enlacent et qui, dans une certaine étendue, satisfont pleinement la raison. Ce n'est point à plaisir qu'on se trompe sur une pareille matière. Je veux parcourir ces analogies, leur rendre une impartiale justice, pour voir si elles expliquent tout et s'il n'est point des analogies d'un autre ordre à leur opposer.

Jeté dans ce monde, où tout se tient et auquel il tient lui-même, voyant rapidement approcher la mort, contre laquelle tout son être se soulève, l'homme interroge la nature : la nature lui parle de corruption, de dissolution et de pourriture. Il se compare aux êtres vivants qui peuplent avec lui la terre, et pour lesquels il est bien sûr que l'existence terrestre est toute l'existence ; il remarque en frémissant cette multitude de rapports et d'analogies qui le rapprochent d'eux et qui lui présagent la même fin.

Conformité de place. C'est la même terre qui les porte, le même soleil qui les éclaire, le même monde qui les contient ; monde qui n'est lui-même qu'un amas de ruines, assemblage informe des débris des existences fugitives dont il fut le théâtre ; monde où tout parle de générations éteintes, de créations entières englouties, de révolutions effroyables, auprès desquelles celles qui anéantissent les empires ne sont que des jeux d'enfant ; monde où tout passe, où tout change, où tout naît, s'élève, fleurit, se flétrit et meurt avec une incroyable rapidité ; où le temps lui-même n'est mesuré que par les changements et les destructions qu'il amène. L'homme fait partie intégrante de ce monde où rien ne dure, où il voit s'engloutir, sans relâche et pour toujours, tous les êtres vivants qui pour quelques instants le peuplent et l'embellissent avec lui. Peut-il résister à la pensée qu'étant de ce monde, il aura le sort de tout ce qui est de ce monde, vivre, fleurir, se flétrir et mourir ! Peut-il, dans tout ce qui l'entoure, trouver autre chose que la certitude de voir ses tristes débris aller grossir la masse de ces débris accumulés par des milliers de siècles et qu'il foule à chaque pas ?

Mais les analogies sont bien plus étroites encore. À la conformité de place vient se joindre, dès le premier examen, la conformité d'organisation. Quand il se compare aux animaux terrestres, l'homme est humilié, en même temps qu'effrayé, de sa ressemblance avec eux. Ce sont les mêmes organes, les mêmes principes, les mêmes ressources, qui constituent et entretiennent sa vie. Il agit sur la nature et la nature agit sur lui, précisément de la même manière. Il y voit par les mêmes yeux ; il entend par les mêmes oreilles ; il savoure par le même palais ; il se meut par le même mécanisme ; il a les mêmes os, les mêmes chairs et le même sang ; il se perpétue par la même voie ; et dans tout son corps il n'a pas une seule faculté, pas un seul organe que plusieurs animaux ne possèdent souvent à un plus haut degré que lui. L'aigle a la vue plus perçante, le lièvre a l'oreille plus fine, le chien l'odorat plus subtil ;

presque tous ont le goût plus sûr ; le lion a plus de courage, le cerf plus d'agilité, l'éléphant plus de force, et le corbeau plus de vie.

Cette conformité d'organisation doit en entraîner une autre avec elle, c'est la conformité de besoins. Pour l'homme et pour les animaux, l'existence physique est soumise aux mêmes conditions. Elle commence et se soutient par des moyens tout à fait semblables. Pour nourrir la même chair, pour conserver les mêmes organes, pour soutenir la même vie, il faut le même air, la même lumière, la même chaleur, la même eau, les mêmes aliments. Les mêmes privations produisent les mêmes ravages ; les mêmes excès causent les mêmes maux ; les mêmes accidents entraînent les mêmes désordres. Mêmes désirs et mêmes répugnances, mêmes jouissances et mêmes passions, mêmes maladies et mêmes infirmités. Même gaieté dans l'enfance, même insouciance dans la première fleur de la vie, même force dans l'âge mûr, même sérieux dans la vieillesse, même décadence et même décrépitude, et, pour dernier trait de cette effrayante ressemblance, même dissolution et même mort. Après la même vie, après les mêmes besoins, après les mêmes plaisirs, après les mêmes peines, où l'homme semble n'avoir l'avantage que d'une charge plus forte et d'une prévision plus désolante, suit la même défaillance et la même fin. L'organisation s'affaiblit, les forces s'épuisent, les infirmités s'accumulent, les sens s'oblitèrent, les souffrances se pressent ; et, si mille accidents divers ne viennent précipiter cette chute déjà si rapide, l'inévitable mort vient rendre à la terre le limon qu'elle avait fourni. La même désorganisation commence ; la même pourriture vient consumer des restes non moins dégoûtants ; les mêmes vers s'y attachent ; et le cadavre d'un homme ne sent pas meilleur que celui d'un chien.

Voilà certes de puissantes et terribles analogies ! Et si quelqu'un en est ébranlé, troublé, épouvanté, quand il pense au sort qui l'attend, sa terreur est bien naturelle. Il en faudrait beaucoup moins pour la justifier. Et comment fermer les yeux à leur évidence ? Comment s'étourdir sur des pressentiments que tout éveille dans la nature ; que tout ce qui nous entoure, tous les spectacles qui nous frappent, tous les mouvements qui nous pressent, toutes les successions qui nous emportent, tendent à justifier ? Mort et destruction ; anéantissement et pourriture ; renouvellement de toutes choses par une force irrésistible ; vie sans cesse reproduite des débris à jamais dissous de ceux qui l'ont possédée ; conservation de l'ensemble par l'inévitable destruction des individus : voilà ce que nous dit la nature ; voilà le principe même dans lequel elle puise son inaltérable fraîcheur et son inépuisable beauté ; voilà la chaîne non interrompue de créations et de destructions successives, qu'elle présente sans cesse à nos regards, et dans laquelle elle nous enveloppe nous-mêmes. Si l'homme ne veut voir que la nature, il n'a plus qu'à se replier sur lui-même avec une profonde mélancolie, à reconnaître sa faiblesse et sa fragilité, à courber tranquillement la tête sous le coup qui va le frapper. Il n'a qu'à dire à la pourriture : Vous êtes ma mère, et aux vers : Vous êtes mes frères et mes sœurs.

Mais est-ce là tout ? Et quand il a fait ces comparaisons accablantes, quand il a pressé comme je viens de le faire ces épouvantables analogies, l'homme s'est-il épuisé lui-même ? Non : ce qui le fait homme demeure intact encore. Aux analogies plus prochaines succèdent des différences énormes. Pour se rendre justice à lui-même, pour pressentir sa destinée, l'homme doit y avoir égard.

Élevez-vous au-dessus de ce corps que vous sentez bien n'être pas vous ; sortez par la pensée du cercle étroit de son organisation, de ses besoins, de ses souffrances et de ses plaisirs ; pénétrez dans les replis de votre pensée et de votre conscience, et de leur profondeur vous verrez surgir un monde nouveau, un monde qui est tout à vous, un monde qui n'a point d'analogie avec celui qui nous entoure, un monde où tout est lié, où tout est solide, où tout est éternel, comme dans l'autre tout est fragile, tout est fugitif, tout est périssable, tout est mortel. Aussi longtemps que vous aurez la conscience de ce monde immuable dont vous faites partie et que vous portez en vous-même tout entier, vous pouvez dédaigner toutes les analogies qui tendent à vous rabaisser au niveau de ces êtres grossiers qui naissent et meurent pour toujours. Votre ressemblance avec eux n'est que l'accident. La réalité, ce qui fait l'homme, c'est ce qui vous distingue d'eux ; et cela même, c'est la vie.

Quand l'homme n'aurait en lui que l'intelligence dont il est doué, déjà il formerait dans la création terrestre une classe à part, à laquelle il serait impossible de comparer aucune autre créature vivante. Cette puissance de conception, cette faculté de comparer entre elles toutes choses, de poser des principes et d'en tirer les conséquences les plus éloignées, cet empire sur la création tout entière que l'homme doit à sa seule pensée, seront toujours pour l'esprit impartial un sujet d'étonnement et d'admiration, comme un sujet de désespoir pour celui qui veut tout expliquer sans sortir de la nature physique. Les champs cultivés, les éléments domptés, la mer traversée, la nature obéissante livrant ses forces et ses secrets, les mondes comptés, les cieux mesurés, tout raconte l'immense étendue de l'intelligence humaine, ses ressources prodigieuses et ses étonnants résultats. Et non seulement elle diffère en étendue de ce que, dans les animaux, on serait quelquefois tenté d'appeler l'intelligence ; elle en diffère surtout en genre et en qualité. C'est une faculté d'une autre nature, elle agit par d'autres moyens, elle est soumise à d'autres lois. Chez les animaux, c'est un instinct instantané, complet dès ses premières manifestations, et toujours le même. Il opère du premier coup tous ses prodiges. Loin d'être dirigé par la volonté, c'est lui qui la constitue. Dans l'homme, c'est une faculté de l'être, mais ce n'est pas l'être ; elle éclaire la volonté, mais elle ne la constitue pas. Elle n'a point de limites connues ; elle n'atteint jamais du premier coup à tout ce qu'elle peut devenir ; elle déploie tous les jours de nouvelles ressources, et le besoin, la capacité de l'infini se montrent en elle, parmi les petitesses et les étroites limites des choses réelles, comme une pierre d'attente pour quelque chose d'indéfini qui est encore au-delà. Et pour montrer que dans l'intelligence humaine il y a quelque chose qui diffère, non seulement en étendue, mais en nature, de l'instinct des animaux, je ne voudrais que ces deux phénomènes, indubitable résultat de ces puissances de l'âme que l'homme possède seul sur la terre : je veux parler du langage et des beaux-arts. L'idée seule de chercher rien de semblable parmi les animaux terrestres, est déjà une absurdité ; preuve certaine que l'intelligence où se créent de tels phénomènes est d'une nature à part, et qu'il n'y a rien d'analogue à elle dans toute la nature vivante.

Et voilà ce qui explique pourquoi la race humaine est éminemment perfectible, tandis que toutes les autres sont immuables et stationnaires. Ces miracles de l'instinct des animaux, ces inventions pleines de finesse pour s'assurer de leur proie ou pour se soustraire à leurs ennemis, cette adresse à se bâtir des demeures, ces nids des oiseaux, ces maisons des castors, ces villes des abeilles, sont les mêmes depuis la naissance du monde, preuve certaine que l'intelligence qui les conçut n'est pas celle qui les exécute ; autrement elle en aurait conçu bien d'autres. Les individus disparaissent, et sans peine, sans éducation, sans langage, ils transmettent à leurs descendants ces inventions merveilleuses, sans en rien retrancher et sans y rien ajouter. Mais l'homme est d'une autre nature. Chaque génération n'est pas obligée de reprendre à pied d'œuvre l'édifice de la vie. Elle le prend tel que l'a laissé la génération précédente, et l'élève encore. Et ces progrès ne sont point épuisés, et ils ne le seront jamais ; car chaque nouveau progrès, loin d'épuiser les forces, devient une force lui-même ; manifestation non douteuse d'une puissance indéfinie, dont la durée de l'existence terrestre n'emploie jamais qu'une faible portion, et qui doit trouver son entier développement et son plein exercice dans une existence supérieure. Loin qu'on puisse former le même soupçon pour les animaux terrestres, il est évident, pour qui veut le voir, qu'ils n'ont pas même toute l'intelligence qu'il faut pour comprendre tout ce qu'ils exécutent sur la terre.

Mais ce qui caractérise surtout l'humanité, l'abîme qui la sépare de toute autre création terrestre, pour la rapprocher du ciel, c'est la moralité. Peut-être ne l'a-t-on pas encore expliquée ; mais, de quelque manière qu'on l'explique, elle demeure comme un fait immense qui se réalise pour l'homme seul ; que la chair et le sang ne sauraient jamais produire ; qui les combat et les contient ; qui plane au-dessus des besoins, des passions, des plaisirs et des intérêts, qui parle de devoirs, et non de jouissances, de sacrifices et non de profits ; qui parle avec autorité, comme étant la loi suprême de l'homme, le point culminant de sa nature, où viennent se réunir ses besoins les plus impérieux à la fois et les plus purs, l'ordre, la dignité, l'estime de soi-même, et finalement le bonheur. Tandis que l'égoïsme est la loi naturelle et suprême de toute la création vivante, l'homme seul sent en lui-même une autre loi d'une tout autre portée et tendant vers un autre but. C'est la loi des intelligences, la loi qui constitue le lien de l'univers, dans un sens bien plus relevé que celle de la pesanteur. C'est la loi qui fut le mobile de la puissance divine elle-même quand elle créa, quand elle organisa, quand elle peupla cet univers dont l'immensité nous confond, quoique nous en voyons à peine les bords. C'est la loi de la bienveillance et de l'amour, la loi du dévouement et du sacrifice. Et, comme elle embrasse tout, c'est aussi la loi de l'ordre et de la vertu. L'homme peut l'oublier, la mépriser, la violer, car il est un animal en même temps qu'un ange ;

et c'est là tout le secret de sa nature. Mais il la sent toujours au fond de son cœur, il la sent comme étant sa loi ; et quand il l'a foulée aux pieds, le remords humiliant et vengeur, en troublant son sommeil, en oppressant sa poitrine, vient lui rendre dans sa bassesse un dernier service, celui de lui rappeler encore qu'il est un homme et point une brute, et qu'il possède encore ce qui constitue l'homme : la conscience et la capacité de la vertu. Aussi longtemps que l'homme jouira de ce glorieux privilège, aussi longtemps qu'il entendra dans son cœur la voix secrète et inextinguible de la conscience, aussi longtemps qu'il pourra prononcer et comprendre ces mots : conscience, devoir, sacrifice, vertu, qu'il regarde sans humiliation ces rapports étroits qui unissent son organisation physique à celle des animaux terrestres. Il est d'une autre nature, il appartient à un autre ordre, il fait partie d'un autre univers, que les yeux ne peuvent voir, que les mains ne peuvent toucher, mais que le cœur pressent, et après lequel il soupire. Il est soumis à une loi que la terre n'a point donnée et dont elle n'est point le but ; il a des devoirs à remplir, qui sont toujours obligatoires et qui souvent portent malheur. Il a des devoirs à remplir, par conséquent un compte à rendre, un avenir à espérer.

Oh ! que l'âme humaine recèle de sentiments généreux et tendres ; mélange de devoir et d'amour ; honneur, bonheur de l'homme sur la terre ; principe de toute sociabilité, de toute harmonie ; lien de la famille, de l'État et du monde, source des émotions les plus pures, principe et récompense des sacrifices les plus douloureux ! C'est par eux, encore plus que par son esprit, que l'homme est grand, qu'il est noble, qu'il est beau, qu'il est digne d'un meilleur sort ! Ce sont les pierres d'attente, qui signalent les premiers linéaments d'un autre édifice plus majestueux et plus vaste, plus durable et plus pur, que celui dont nos yeux contemplent aujourd'hui le spectacle. Au milieu de la corruption, de l'ignorance et de l'avilissement de l'espèce, quelques âmes privilégiées ont toujours, de distance en distance, déployé assez de grandeur, assez de vertu et assez d'amour, pour témoigner de la véritable nature de l'homme, et de la beauté céleste à laquelle il doit parvenir ; et le Fils de l'homme, au-dessus d'eux, a réalisé devant nous le complet idéal de l'humanité. Ils sont là comme des points lumineux pour marquer la route, et pour nous apprendre à ne point désespérer de l'humanité.

Mais, de tous ces sentiments qui pénètrent l'espèce humaine, qui l'élèvent et qui l'animent dans toutes ses phases, et qui sont propres à elle seule, aucun sans doute n'est plus étonnant, ne témoigne plus de grandeur, n'est à la fois plus inexplicable et plus certain que le sentiment religieux. Pressentiment de l'ordre moral, pressentiment d'une autre existence dans laquelle il doit s'accomplir, pressentiment d'un Dieu qui en est le chef, il existe dans l'humanité, il s'est manifesté sous mille formes, mais il a toujours reposé sur les mêmes bases, il a toujours signalé les mêmes et grandes vérités ; il a toujours survécu aux bouleversements des empires comme aux révolutions de la pensée humaine ; et quand le despotisme a voulu l'anéantir pour donner un plus grand empire aux intérêts matériels ; quand la raison a voulu le dissoudre en désespoir de l'expliquer ; quand l'excès de la civilisation a exalté le besoin des jouissances sensuelles et a rempli de dédain pour tout le reste les âmes amollies, il a toujours reparu plein d'une force nouvelle, pour retremper les courages et restaurer les races dégradées. Partout et toujours, l'homme a pressenti au-delà du visible l'invisible, au-delà des plaisirs les devoirs, au-delà de l'individu l'ordre universel, au-delà du temps l'éternité, au-delà du monde Dieu. Partout et toujours ces pensées, une fois établies dans la conscience, y ont exercé un suprême empire et ont manifesté des trésors de courage, de force, d'abnégation, de dévouement, de sacrifice, d'amour, de vertu, de sainteté, dont jamais une créature simplement brutale ne saurait être capable. Un temple où les hommes se réunissent pour faire une chose, autrement incompréhensible, pour prier Dieu, est à lui seul un monument irrécusable d'une autre nature, d'une autre tendance et d'une autre fin. Et la terre en est couverte. Partout où trois hommes existent ensemble, ils se réunissent pour prier Dieu ; c'est-à-dire pour songer à l'invisible, à l'ordre moral, au compte qu'ils ont à rendre au Dieu qui doit le leur demander. Si ce n'était là qu'un préjugé, ce préjugé ne serait pas autre chose que l'homme lui-même.

À qui croire de ces deux analogies ? L'une parle de mort, l'autre parle de vie ; l'une fait de l'homme la première des brutes, mais toujours une brute, l'autre en fait presque un ange.

Il faut croire à toutes deux. Toutes deux vous signalent la vérité.

Par où vous ressemblez à la brute, vous avez le même sort qu'elle. Vous naissez, vous vivez, vous mourez comme elle sur la terre ; et quand la terre a couvert votre grossière dépouille, de vous il n'y reste plus rien. Le monde visible a fini pour vous sa destinée, et vous avez fini pour lui la vôtre. Vous n'avez plus rien à y prétendre.

Mais ce qui dans vous ressemble à la brute n'est point vous. Il est en vous une essence, que la brute ne partage point, que la matière ne donne point, que le monde visible ne contient point, que ses lois ne dominent point, qui, loin d'être du monde, est surtout remarquable par son étonnante ressemblance avec l'intelligence, avec la sagesse, avec l'amour, avec la force, en un mot, avec l'esprit, qui créa le monde. Cette essence, c'est vous-même. Vous pouvez, par la pensée, vous détacher de ce corps que vous traînez après vous, et vous n'êtes jamais mieux vous-même que lorsque vous en êtes plus éloigné. Mais vous ne sauriez vous détacher de cette pensée, de cette conscience, qui constituent votre personne et que vous appelez *moi*. C'est un autre univers que vous sentez toujours en vous-même, et dont il vous est impossible de sortir. Nulle conclusion n'est valable, d'un de ces deux ordres de phénomènes à l'autre. Que ce corps devienne ce qu'il pourra, l'âme demeure comme principe d'un autre ordre, comme élément d'un autre monde. Toutes les analogies de la matière et de l'animalité viennent s'anéantir devant les puissantes analogies qui font de l'homme un être intelligent, indéfiniment perfectible, éminemment moral, et qui le rattachent, par la religion et par l'amour, à ce monde invisible, moral et éternel, dont Dieu est le centre et dont la religion et l'amour sont le lien.

Ne vous inquiétez point du comment. Ce sont là de ces choses que l'œil n'a point vues, que l'oreille n'a point entendues, et qui ne sauraient monter dans l'esprit de l'homme. Tout ce que vous imagineriez serait encore du monde visible, et tout ce que l'Évangile a pu nous donner en est aussi. C'est le cœur qui peut ici nous en dire plus que l'intelligence, plus que l'imagination. C'est le cœur qui peut pressentir ce que l'esprit ne peut concevoir, ce que la bouche ne peut exprimer. Quand il aime et quand il est pur, un monde nouveau s'ouvre devant lui, et il s'y élance avec toute la force du désir et de la foi. C'est aussi du monde invisible que l'on peut dire ce qu'un martyr disait du Dieu des chrétiens : Vous le connaîtrez, si vous en êtes dignes.

Quand l'homme est mort revivra-t-il ?

Maintenant, je puis répondre avec confiance. Oui, il revivra, malgré ce langage de destruction et de mort, que le monde visible nous adresse de tous côtés.

Il revivra. J'en atteste votre intelligence, la puissance créatrice dont elle est douée, le développement immense dont elle est capable, la perfectibilité de votre race et les prodiges dont elle a couvert le monde.

J'en atteste votre conscience, cette voix pure et désintéressée que rien de terrestre ne vous fit jamais entendre, et qui vous parle plus haut que tout, de devoir, de jugement et de responsabilité.

J'en atteste ce respect invincible, cet amour inexplicable que vous inspire malgré vous l'homme, non point comme créature semblable à vous, mais comme être d'un prix infini, d'un prix tel, que la terre entière ne suffirait point pour le payer.

J'en atteste cette force morale, cette force religieuse, qui lutte depuis des siècles dans le genre humain contre la bassesse et la sensualité, et qui a toujours triomphé.

J'en atteste Dieu, qui ne serait point s'il n'était pas moral et saint ; et qui ne le serait point si la mort engloutissait l'homme tout entier.

J'en atteste cette émanation du monde moral qui, sous le nom de christianisme, a paru dans le monde visible, pour éclairer l'homme et pour le changer.

J'en atteste le ciel et la terre, le dehors et le dedans, les clartés et les mystères, votre âme et le monde.

Il y a là plus de vérité que dans un chien mort.

MANGEONS ET BUVONS

CAR DEMAIN NOUS MOURRONS[*]

Voilà qui est conséquent. Si demain il faut mourir, si les quelques instants qui nous séparent encore de cet instant décisif sont tout ce que nous avons à attendre, tâchons de les embellir pendant qu'ils durent encore, couronnons de fleurs cette vie que la tombe va bientôt engloutir. Tout son prix consiste dans les plaisirs dont elle fournit la chaîne. Elle n'est longue que par les jouissances qu'elle nous procure. Tous les agréments, toutes les voluptés dont on la sème sont autant de ravi à la destruction et à la mort. L'art de vivre est celui de multiplier ses plaisirs, de jouir du présent à mesure qu'il passe, sans s'inquiéter d'un avenir qui n'est pas promis. Demain nous mourrons : puisque nous ne pouvons rien y changer, mangeons et buvons aujourd'hui.

Mais bornerions-nous nos prétentions à ces plaisirs grossiers du manger et du boire ? Ils ont leur prix, sans doute ; mais ils sont courts, ils amènent la satiété, ils n'occupent qu'une partie de nos moyens de jouir. Profitons de toutes nos forces ; recevons tout ce que nous offre la nature. Elle nous a faits pour des voluptés plus grandes que celle du manger et du boire : suivons ses douces invitations. Livrons-nous aux

---
[*] I Cor., XV, 32.

passions de notre cœur et aux désirs de nos yeux. Ne résistons point aux invitations de l'amour et au sourire de la beauté. Aussi longtemps que dure le bel âge, c'est encore ce qu'il y a de plus attrayant et de plus doux. Venez me bercer dans ma descente rapide vers l'abîme de l'oubli, objets délicieux dont mon imagination se plaît à peupler le monde ; venez m'entourer de vos charmes, m'enivrer de vos soupirs, me rassasier de vos voluptés. Et vous qui ne les valez pas, mais qui êtes beaucoup encore, objets réels que j'ai sous les yeux, venez mener avec moi une vie de douceur et de plaisir, loin des scrupules et des soucis. Vous embellirez beaucoup d'instants, et, près de vous, on oublierait jusqu'à la mort même.

C'est au milieu des effusions et des troubles de l'amour que les beaux-arts exercent le plus d'empire et font éprouver les jouissances les plus profondes. Ils en sont presque toujours l'expression et le langage. Livrons-nous à ces plaisirs, qui ont, par-dessus les plaisirs purement sensuels, l'avantage de fatiguer moins vite. Cherchons des amis qui les aiment comme nous et qui n'y mêlent pas plus d'inquiétude. Ajoutons à la volupté le plaisir de la décrire, de la chanter, de la peindre. Environs-nous de ces accents qui jettent l'âme dans une extase délicieuse et la fondent, en quelque sorte, dans une volupté tranquille. Contemplons ces produits des arts, où les formes de la beauté que présente la nature se montrent embellies encore par tous les trésors d'une imagination créatrice, supérieure à la nature même. Et si notre esprit a de la force, lui aussi pourra nous créer des plaisirs. Donnons-lui de l'exercice, excitons sa curiosité, fournissons-lui la pâture dont il a besoin et qu'il pourra faire tourner à l'entretien de ces conversations fortes et calmes dont le besoin ne tarde point à se faire sentir dès que la première fougue du plaisir est passée. Apprenons les secrets de la nature ; approprions-nous les spéculations des philosophes, par manière de passe-temps et d'exercice, en prenant un bain ou en revenant du billard. C'est encore une manière d'occuper et d'embellir la vie qui n'est point à dédaigner, lorsque l'on peut y atteindre.

Oui, sans doute, rien n'est plus simple ; mais que d'ennuis et que d'obstacles ! — À quoi donc est bonne la raison, si ce n'est à les tourner ou à les vaincre ? C'est là ce qu'il y a de plus sérieux dans la vie ; le plus adroit est le plus sage.

L'obstacle le plus gênant, la servitude la plus insupportable se trouvent dans les liens domestiques. Il faut les fuir. Si vous êtes libre, gardez-vous de vous asservir. Conservez votre indépendance comme le palladium de votre bonheur, et réservez-vous la faculté de vivre pour vous. Le monde offre tant de ressources pour se livrer à ses penchants, sans qu'il soit besoin d'y mettre un tel prix ! Une maison à tenir, une femme à contenter et à tromper, des enfants à élever et puis à pourvoir, que de dépenses inutiles ! que de peines perdues ! que de chagrins gratuits ! C'est être fou que de s'imposer une telle gêne pour des gens que l'on ne connaît pas et dont on peut se passer.

C'est bien assez déjà de la gêne qu'imposent les relations existantes. Ces parents exigeants et revêches, qui voudraient nous faire vivre à leur guise et tisser de travaux et de privations une vie qu'ils nous ont donnée pour leur plaisir et non pour le nôtre, ont-ils le droit de nous commander ? Et qu'avons-nous à faire des prescriptions de leur sagesse chagrine ? Ils sont d'un monde et nous d'un autre. Ils ne nous comprennent pas plus que nous ne les comprenons eux-mêmes. Ce sont des éléments hétérogènes qui tendent à se séparer. Tâchons d'alléger leur joug, en attendant de le secouer.

Et si notre malheur ou notre inexpérience nous ont fait contracter ces liens que la sagesse nous commandait d'éviter, si nous en sommes réduits à être époux et pères, sachons nous résigner de bonne grâce à un tel ennui, et tirons le meilleur parti d'une situation qu'il est impossible de changer. Si la maison nous déplaît, vivons ailleurs. Évitons au moins l'esclavage et la monotonie, même au prix d'un peu de complaisance. Faisons justement ce qu'il faut pour éviter les tracasseries, et, s'il faut un peu traîner le boulet, ne gâtons point cette condescendance par l'humeur et par la gronderie. Nous trouverons bien des gens qui seront pères pour nous à douze cents francs par an. La nature et la nécessité feront le reste, pour enseigner à nos enfants l'art de jouir de la vie et d'en éviter les disgrâces.

Eh ! que sont, en effet, tous ces liens prétendus ? Une véritable déception de la nature envers nous, que l'argutie des hommes et la tyrannie de leurs lois ont rendue plus flagrante encore. La nature veut la conservation de l'espèce, et, pour arriver à son but, elle a marqué par le sentiment et par le plaisir des relations qui ne sont au fond qu'une charge. Aussi voyez, parmi les animaux, ce qu'elle fait de ces affections instinctives, dès qu'elle est parvenue à ses fins. La lionne déchirera demain le lionceau pour lequel elle se fait déchirer aujourd'hui. L'aigle chasse de son aire, à coups de griffes, les aiglons qu'il a couvés et nourris ; il va leur faire une guerre d'extermination, s'ils osent reparaître dans les gorges qu'il s'est appropriées. C'est ainsi que la nature nous trompe pour parvenir à son but. Soyons plus fins qu'elle. Prenons le plaisir dont elle fait un appât, et laissons le reste. Qu'avons-nous à nous en inquiéter ? Nous serons guéris de la peine et de l'affliction qu'éprouvent tant de bonnes gens, quand la nature elle-même vient les délivrer.

Mais comment qualifier la bonhomie de ceux qui se croient au service non seulement de leurs parents, de leurs femmes et de leurs enfants, mais encore de trente millions d'hommes qui peuplent le pays où le hasard les fit naître et du milliard qui couvre la surface de la terre ? N'en est-il pas même qui sont assez rêveurs pour se croire tenus à quelque chose envers ces millions et ces milliards qui n'ont point encore reçu la vie et qui fouleront un jour leur poussière sans regret et sans reconnaissance ? Sacrifice, abandon, dévouement ! mots absurdes, inventés pour faire des dupes ; ridicules déceptions qui dépouillent le présent pour un chimérique avenir. Les hommes vont bien recevoir tout ce que vous ferez pour eux, mais ils ne chercheront point à vous le rendre. Peut-être se contenteront-ils de vous déchirer. Et s'ils cessent un jour de se moquer de vous, pour sentir enfin que vous leur avez fait du bien et que vous l'avez chèrement payé, vous serez déjà pourri dans un coin obscur. Leurs éloges et leurs bénédictions ne vous atteindront pas plus que leurs malédictions et leurs outrages. Ce n'est point pour une telle fumée que le sage exposera les réalités qu'il a sous la main, et qu'il peut savourer encore pendant que le soleil se lève sur sa tête et le ranime de ses rayons.

Le véritable embarras n'est pas de faire du bien aux hommes : qui s'en soucie ? c'est de faire au milieu d'eux sa place. Ceux qui nous ont précédés se sont approprié toutes les commodités, toutes les nécessités de la vie : il faut en prendre notre part. Tous les plaisirs coûtent, et pour qui sait voir le fond des choses, les voluptés mêmes les plus désintéressées, les jouissances les plus intellectuelles viennent toujours se résoudre en une affaire d'argent. Eh bien, ayons beaucoup d'argent.

On en gagne par le travail, voie lente mais sûre ; on en gagne par le talent, voie brillante mais scabreuse ; on en gagne par l'intrigue, voie dangereuse mais expéditive. Tout dépend des circonstances, des dispositions naturelles ou des chances dont on est entouré. Il faut les bien voir, les bien connaître et les pousser hardiment. La considération est un puissant moyen de succès : il faut l'obtenir à tout prix, même au prix de ce qui devrait la faire perdre. La confiance rend tout facile. Parmi les moyens de la captiver, il ne faut pas dédaigner la fidélité. Quand on a passé l'âge des plaisirs, c'est quelque chose que de tenir un rang dans la société, d'y être entouré d'égards, d'y occuper des places, d'y exercer du pouvoir. C'est une satisfaction immédiate aussi réelle qu'une autre ; c'est un moyen pour arriver à d'autres fins. Celui qui peut faire son chemin sans s'exposer à perdre l'honneur serait un fou d'en prendre un autre.

Mais si ce chemin facile et sûr ne s'ouvrait point devant lui ; si des revers l'avaient accablé, pour ne lui laisser, comme il arrive toujours, que la misère et le mépris, et si d'autres voies plus promptes ou plus larges s'offraient tout à coup à lui pour réparer les torts de la fortune et pour lui faire une large part de ces biens où finalement s'attachent toujours l'honneur et le plaisir, qui pourrait l'arrêter ? Ce ne seront point de vains scrupules. Demain il sera mort. Mais jusque-là, s'il peut s'empêcher de souffrir, s'il peut s'enrichir d'un seul coup, il n'aura pas la bêtise de se fier à un avenir incertain ; il saisira l'occasion qui peut-être ne se présentera plus, bien sûr de voir revenir vers lui, s'il réussit, les égards et les flatteries, et jusqu'à la confiance, qui l'aurait déserté s'il fût demeuré honnête et malheureux.

Regarder la société comme la teigne regarde le drap dans lequel elle vit ; prendre comme elle à droite et à gauche pour se nourrir et pour se vêtir, tantôt dans la lisière, tantôt dans le plein drap, tantôt dans la broderie ; arriver à la saison froide, nourri, paré et garanti par ces dépouilles de toutes couleurs dont on a su faire sa propre substance et s'envelopper comme d'un triple réseau, voilà la maxime du sage. Que l'hiver passe et que le drap devienne ce qu'il pourra.

Et s'il fallait aller plus loin encore, s'il fallait violer encore d'autres lois, si les hommes ne voulaient pas s'exécuter de bonne grâce... Un peu de violence ! Eh bien !... demain ils seront morts... et nous aussi. Quelques jours de plus ou de moins sont peu pour eux, beaucoup pour nous. Et si nous pouvons nous mettre à l'abri du danger ; si nous pouvons, sans exposer notre vie... Je m'arrête, votre patience est à bout ; l'horreur vous saisit, et la plume me tombe des mains. Je ne veux point exprimer ce que vous ne voulez point entendre.

Mais pourquoi cette horreur ? Qu'est-ce qu'elle signifie, et d'où vient-elle ? Qu'y a-t-il, dans ces derniers traits, de plus repoussant que dans les autres ? Ce sont quelques conséquences de plus du même principe : si le principe est bon, les conséquences le sont aussi. S'il suffit seul à expliquer et à régler la vie, pourquoi reculer quand il vous donne ses dernières directions, pour les mêmes intérêts et avec autant de fondement que les premières ? Si vous ne voulez voir autour de vous que la nature, et dans vous que le besoin d'être heureux, vous n'avez rien à dire contre de pareilles conséquences. La nature vous instruit à vous étendre et à vous approprier tout ce qui vous touche. C'est l'unique loi qu'elle donne à tous ses produits. Pour elle tout devient instrument, et chacun des êtres qu'elle renferme vise à s'étendre et fait son chemin comme il peut, sans s'inquiéter de la valeur de ce qu'il détruit. Un ignoble corbeau dévore le coursier de l'Arabe ; un ver presque imperceptible ronge et flétrit le chêne qu'avaient respecté les tempêtes ; un essaim de rats menace de faire crouler sur ses fondements le palais magique que Louis XIV éleva pour lui servir de retraite, et dont les embellissements dévorèrent la substance de l'État, pour laisser à un long avenir les embarras et la misère. — Le besoin d'être heureux, que vous éprouvez tous, n'est pas autre chose qu'un cas de cette grande loi de la nature. Il vous conduit à chercher en vous et autour de vous tous les moyens de jouir, et à ne voir dans ces moyens mêmes que leur rapport avec votre propre bonheur. Qu'il faille cueillir une pêche, boire le lait d'une brebis, manger un agneau, déshonorer une fille, tromper un correspondant, faire périr cinquante mille hommes sur un champ de bataille ou en assassiner un seul au détour d'un grand chemin, le désir d'être heureux n'y voit pas autre chose que le plaisir qu'il y trouve, le besoin qu'il satisfait, les ressources qu'il se crée ou la sécurité qu'il se rend. Si tout consiste à embellir la vie, il n'existe entre ces actions d'autre distinction réelle que celle de leur réussite. Quelle que soit la matière à laquelle elles s'appliquent, la meilleure est toujours celle qui rend le plus et qui expose le moins.

Qu'y a-t-il donc en vous qui vous inspire cette horreur ? car elle est réelle. Vous la sentez en vous, aussi clairement que vous voyez ces lignes sur le papier blanc qui les porte. Elle est naturelle aussi dans son genre, car vous ne l'avez pas faite à plaisir ; vous ne vous l'êtes point donnée par l'étude et la réflexion ; vous ne l'avez point reçue par l'éducation et par l'exemple : l'exemple vous enseigne mille fois plus souvent le contraire, et l'éducation recule la difficulté sans la résoudre. Cette horreur est en vous, elle est vous. Elle est l'expression et l'effet d'un autre principe que vous portez en vous-mêmes, dans ce monde où règnent les nécessités et les intérêts. Ce principe est celui de l'ordre, de la moralité. Il a son siège dans la conscience, et celui qui n'en a point une idée claire, qui ne l'a point fait sortir des profondeurs où il est caché, pour le sentir vivement et s'en rendre compte, s'ignore lui-même et méconnaît ce qu'il a de plus noble et de plus grand dans son essence. C'est le plus grand malheur qui puisse arriver à un être humain.

Ce principe est désintéressé. Il est le même, dans vos intérêts et contre vos intérêts. Qu'il s'agisse de vous ou qu'il s'agisse des autres, il tient toujours le même langage. Il vous commande avec la même énergie le développement de vos facultés, le travail qui doit vous enrichir, la tempérance qui doit vous conserver, la justice qui élève un mur d'airain entre le peu que vous avez et l'univers que vous n'avez pas ; le sacrifice de vos désirs et de vos penchants naturels, dès qu'ils violent les lois de l'ordre et de l'humanité ; le dévouement à la famille, à la patrie, à l'humanité ; l'abandon même de la vie, quand l'ordre, la justice et l'humanité l'exigent. À ce seul trait, que vous ne pouvez nier, vous reconnaissez une loi d'un autre ordre et d'une autre origine que celle du plaisir et de la conservation. À côté de cette loi des intérêts, que vous suivez comme tous les êtres vivants, vous trouvez donc en vous une loi plus forte, devant laquelle les intérêts ne sont rien, et qui commande avec la même force quand il faut remplir les devoirs délicieux de la paternité, ou quand il faut s'arracher d'une famille adorée, pour dévouer à la mort une vie innocente et pure.

Ce principe est universel. Il n'est pas propre à un individu, à une famille, à un peuple, à une race. Ce n'est point un talent particulier, un résultat d'une civilisation raffinée, ou un reste de barbarie. Il est partout et dans tous les âges, et toujours identique. C'est l'homme lui-même. Partout où l'homme naît, vit et meurt, il le porte avec lui. Il l'oublie, il le méconnaît, il le foule aux pieds ; mais il ne l'étouffe jamais ; car il ne peut pas dépouiller sa nature et cesser d'être homme. Après l'avoir méprisé comme guide, il le retrouve comme juge, et souvent comme vengeur. Modifié dans son application par les circonstances extérieures et par les habitudes des peuples, il demeure partout, et le même, comme principe de moralité opposé au principe des intérêts, comme source de devoir, supérieure, dans l'estime des hommes, à toutes les sources de plaisir.

Ce principe est absolu. Tout ce qui parle au nom des intérêts et des jouissances est conditionnel. Il faut balancer les inconvénients et les avantages, et se diriger d'après le résultat de la soustraction. Il faut faire entrer en ligne de compte une multitude de considérations prochaines et éloignées. Ici rien de semblable. Quand ce principe commande, l'idée seule de calculer renferme une absurdité, plus qu'une absurdité, un crime. Général, sans condition, absolu, ce principe commande en dehors des vicissitudes et des changements perpétuels du monde qui nous entoure. Il est comme la voix d'une puissance et d'une sagesse, qui, hors de ce monde, ordonnerait pour l'univers et pour l'éternité.

Ce principe est impératif, obligatoire. Il porte avec lui sa sanction. Quand il parle, l'homme sent non seulement qu'il lui *convient* d'obéir, mais qu'il *doit* obéir. Ce n'est point une nécessité de nature, comme celle qui force la pierre à tomber quand on ne la soutient plus ; c'est une nécessité de devoir et par conséquent de liberté. L'homme sent qu'il doit obéir ; que c'est là sa loi ; qu'il est méprisable s'il la viole ; qu'il est indigne de sa propre estime et du bonheur ; mais il est libre de désobéir, et il désobéit mille fois. L'homme n'est pas plus capable de se dépouiller du sentiment de l'obligation sainte de la loi, que de celui de la loi même. Et voilà pourquoi, dès qu'il la viole, le désordre et la confusion règnent dans son intérieur. Il est en guerre avec lui-même. Il n'est plus content de lui-même ni de rien. Il combat avec des illusions contre la plus grande réalité de son être, et sa vie s'écoule dans cette lutte déplorable entre les mécomptes et les remords.

Enfin ce principe est surnaturel. Rien n'égale son évidence, si ce n'est son inexplicabilité par les lois ordinaires de la nature. Non seulement la nature entière ne suffit point à l'expliquer ; non seulement, dans toute son étendue, elle ne présente rien qui lui ressemble, mais encore il est vrai de dire que la nature entière se soulève contre lui. Chacune de ses lois générales, chacune des lois particulières par lesquelles elle gouverne les êtres vivants, chacun des organes dont elle les a pourvus, des besoins qu'elle leur a imposés, des plaisirs et des souffrances dont elle les a rendus capables, sont autant de forces toujours renaissantes, contre lesquelles ce principe doit lutter sans cesse, qui s'opposent sans relâche à son développement et à son exercice, et desquelles il doit triompher. C'est une partie bien essentielle et bien constante de cette nature humaine, qui est jetée sur la terre pour lui donner de la valeur ; mais ce n'est point une partie de ce qu'on est convenu d'appeler la nature. On a beau retourner, tourmenter cette nature, qui embrasse la terre, et le soleil, et les astres, et l'espace infini, et la lumière qui s'y répand, et toutes les forces qui s'y déploient, jamais on n'en tirera ce principe, jamais on n'en fera sortir un devoir, jamais on n'expliquera par elle la conscience. C'est une émanation d'une autre nature ; c'est un reflet d'une autre lumière ; c'est un élément d'un autre monde ; c'est la base d'un autre ordre et d'une autre existence. Par ce seul trait, l'homme, au milieu de la nature qui se voit et qui se touche, se sent un être surnaturel et en quelque sorte miraculeux. Il est lui-même ; il a sa loi à lui, qui lui est propre, qu'il ne s'est point donnée, mais que la nature ne fut pas mieux capable de lui donner. Il est libre, au milieu de cette création où règne la nécessité. Il est responsable, au milieu de cette nature, où tout naît, vit et meurt sans conscience et sans avenir. Il a son point d'appui sur la terre. Sa destination et sa fin sont hors de la terre et des cieux, dans un autre univers, dont sa conscience et l'Évangile sont l'unique manifestation sur ce monde qu'il habite.

Accordez-moi l'horreur que vous inspire la seule idée d'un crime couvert d'un triple voile aux yeux des hommes, vous m'accordez ce monde invisible et ses éternelles lois d'amour et de sainteté, et le sceau de noblesse et de grandeur que Dieu imprima sur le front de l'homme, sa plus sublime créature, et ce Dieu lui-même, et l'avenir qu'il dispense, et le jugement qu'il doit exercer ; vous m'accordez un autre monde.

Quand la terre était informe et brute ; quand la vie n'y avait point encore paru, supposez qu'une intelligence pure s'en fût approchée. Elle en aurait analysé les éléments ; elle aurait reconnu les lois qui président à leur combinaison ; elle aurait expliqué la formation de ces masses énormes que les feux ont coulées d'une pièce, ou que les eaux ont déposées en immenses couches ; elle aurait découvert le mouvement de la lumière, les lois de la pesanteur, l'action mutuelle des astres, leur masse, leur distance et leurs orbites. Elle aurait compte les étoiles. C'était un monde.

Mais ce monde était celui de la mort. Point de spontanéité, point de sentiment, point de vie. Qu'y avait-il, en effet, pour présager ces prodiges, qui demeurent bien prodiges, malgré la connaissance la plus approfondie des lois qui dominent la nature morte ; ces prodiges de l'animation, du sentiment et de la vie ? Que dans cet univers de mort la vie vienne à s'introduire, elle change tout, elle anime tout d'un autre intérêt. Ce sont d'autres principes et d'autres lois que rien n'avait fait pressentir, que rien n'explique, et qui n'en ont pas moins leur incontestable réalité. La matière obéit à de nouvelles forces, qui combattent et soumettent les forces qui lui sont propres. Ces êtres vivants qui naissent, fleurissent et meurent, qui refont en quelque sorte la nature par des puissances mystérieuses contre lesquelles luttent sans cesse les puissances de la nature ; ces êtres qui sentent, qui jouissent et qui souffrent, qui se renouvellent par une force que la nature n'explique point, qui sont de la matière, mais qui valent mieux que la matière ; ces êtres vivants constituent bien un monde nouveau, qui siège sur l'autre, mais qui a d'autres principes, une autre destination et d'autres lois. L'intelligence qui aurait assisté à son implantation sur le monde de la matière et de la mort n'aurait pu s'empêcher d'y reconnaître une nouvelle nature. C'était encore un monde.

Eh bien, que dans ce monde de la vie et de l'animalité, dont la loi suprême est la conservation et le plaisir, la même intelligence voie paraître enfin un être vivant, pour qui cette loi n'est point la suprême loi, mais bien la conscience et le devoir ; un être qui trouve plus d'harmonie et finalement plus de bonheur dans le sacrifice que dans la jouissance, et qui développe ainsi des tendances et des forces qui sont inexplicables par les lois ordinaires de la vie ; qu'elle voie cet être dominer et soumettre la nature vivante, comme celle-ci domine et modifie la nature morte ; qu'elle trouve en lui la conscience de la nature, le sentiment du but, la puissance créatrice et ordonnatrice, l'amour, le sacrifice, la vertu, dont le monde de la vie brutale ne portait pas trace ; qu'elle contemple ces prodiges de la pensée qui fouillent la terre, classent toutes ses productions, découvrent ses lois, mettent à profit ses forces, brisent les rochers, sillonnent les mers, fondent des villes, transplantent la nature elle-même, créent la société, mettent en commun les jouissances et les besoins à trois mille lieues de distance, éternisent une feuille légère en y déposant les nobles inspirations du génie, assurent l'avenir par les privations du présent ; qu'elle voie ce même être connaissant l'ordre suprême et s'y soumettant par choix, ayant la conscience de la vertu, toute céleste qu'est son essence, et s'en imposant les sacrifices ; sur la terre goûtant d'avance le ciel ; sentant, pensant, aimant, se dévouant au-delà de ce qui se voit, de ce qui se touche, de ce qui donne du plaisir ou de la peine, de ce qui rend heureux et misérable ; et repoussant sans relâche et sans regret, comme de la boue, tous ces objets visibles et réels pour l'invisible et pour l'inconnu ; cette intelligence reconnaîtra sans peine, dans l'apparition d'un tel être, la manifestation d'un troisième univers, tout aussi distinct de celui de la vie que celui-ci l'était de la matière brute qui lui sert d'aliment et de support. C'est de cet univers que vous faites partie, et vous devez repousser tout ce qui tend à vous ravaler jusqu'à la nature purement sensuelle et animale, comme les êtres qui composent celle-ci repoussent tout ce qui tend à les faire rentrer dans le monde inerte de la matière et de la mort.

Ce n'est donc point un préjugé, une imagination, un fantôme qui s'est soulevé en vous quand j'ai tracé le tableau d'une vie uniquement dirigée par le principe de l'intérêt ou du plaisir. C'est tout votre être qui s'est révolté contre des maximes qui méconnaissent et violent ce qu'il possède en lui de plus profond et de plus sacré ; c'est l'homme que vous avez senti dégradé de la place qu'il occupe dans la création comme être religieux et moral, comme citoyen d'un autre monde, pour descendre à la condition d'une brute un peu plus intelligente, un peu plus adroite qu'une autre. À mesure que j'avilissais l'homme devant vous, l'homme se relevait plein d'énergie ; et les principes que j'affectais de laisser dans l'ombre, ces principes qui le font homme, élevaient une voix d'autant plus puissante que je faisais plus d'efforts pour l'étouffer.

Ces principes non seulement admis mais sentis, tout change. La vie tout entière prend une autre direction, et, jusqu'à ses moindres détails, tout revêt une face nouvelle.

Cette horreur insurmontable que vous éprouvez à la seule pensée de ces crimes par lesquels l'homme foule aux pieds les droits, les biens, la vie même de ses semblables, est non seulement justifiée mais fortifiée. Elle se manifeste avec la même énergie et quand on peut redouter les regards et les châtiments des hommes, et quand on se croit à l'abri de toutes les puissances qui s'exercent dans le monde visible. Le secret le plus profond n'est point une garantie et n'affaiblit point cette horreur. Quand tous les yeux mortels sont fermés, le monde invisible se réveille, et c'est alors que l'on sent plus vivement et la réalité de son existence et la sainteté de ses lois.

Ce haut sentiment de l'humanité, de sa dignité, de sa destinée, du nouvel univers dont elle fait partie, inspire à celui qui l'éprouve un profond respect pour tout ce qui est homme, pour lui et pour ses semblables. Avilir l'homme en lui-même, l'avilir dans ceux qui l'entourent, lui paraît un crime pour lequel il n'a pas moins d'horreur que pour ceux dont les lois humaines flétrissent les auteurs. C'est là cet honneur véritable, cet honneur pour ainsi dire intrinsèque, bien supérieur à l'honneur civil, si superficiel dans son principe, si court dans sa portée, si fragile dans son application. Par lui, l'homme ne vit point en vue d'une vaine considération, si facilement acquise et perdue dans un monde où rien ne dure, ni l'estime, ni le mépris, ni ceux qui les éprouvent, ni ceux qui en sont les objets. Il vit en vue de lui-même, de sa nature éternelle, de l'immense avenir qui se prépare pour lui, de ses frères avec lesquels il doit le partager, et de l'être invisible, mais saint, puissant et bon qu'il sent au fond de son cœur. Il respecte, il aime les hommes, par cela seul qu'ils sont hommes, c'est-à-dire parce qu'ils sont comme lui citoyens de ce monde invisible, émanation et reflet de l'être qui est puissance, qui est sagesse, qui est sainteté et qui est amour.

Si vous êtes citoyens de ce monde invisible de la conscience et de la religion, non seulement vous sentirez, mais vous comprendrez mieux cette affection noble et pure, autrement inexplicable, l'amour de l'humanité, cet amour désintéressé, profond, invincible, qui se trouve à la base de tous les devoirs de l'homme comme de tous ses vrais plaisirs ; sentiment éthéré qui témoigne d'une autre existence et qui la prépare ;

céleste charité qui ne doit jamais périr, car avec elle périrait l'homme et périrait le monde moral tout entier. C'est par elle que vous arriverez à la justice ; c'est par elle que vous croirez à peine avoir commencé votre tâche quand vous n'aurez fait que respecter les droits de vos frères ; c'est par elle que vous éprouverez le noble besoin de les rendre meilleurs et plus heureux. Vous sentirez qu'étant hommes comme vous, leur bonheur est une partie du vôtre ; que, citoyen du même monde, vous ne pouvez point vous isoler ; et que l'homme, sous quelque aspect qu'il se présente, est toujours un autre vous-même. Et si le respect pour vous-même et pour l'humanité, dont vous pénètre la conscience de votre destination commune, vous fait sentir avec un profond regret les limites étroites de votre activité sur la terre, combien n'éprouverez-vous pas du moins le désir de bien remplir cette sphère où la Providence vous a placé, de rendre vraiment profitable la portion qui vous est dévolue dans la vie de l'humanité ? Loin de reculer devant les devoirs chers et sacrés de fils, d'époux et de père, vous les rechercherez non seulement comme un saint emploi de votre vie, mais comme une consolation, comme une jouissance pure. Ils le deviennent toujours, quand l'égoïsme de la nature a fait place à la conscience et à l'amour. Et si parfois ils se mêlent de quelque amertume ; si des circonstances imprévues et inévitables viennent vous faire sentir que vous vivez encore dans un monde où tout périt, vous trouverez dans le fond de votre âme et dans le sentiment de votre union avec le monde qui ne se voit pas des consolations que votre cœur ne repoussera point et qui pourront seules s'appliquer à ses profondes blessures.

Vous respecterez en vous l'homme, car vous sentirez, vous saurez qu'il est fait pour autre chose que pour jouir et mourir. Vous recevrez les plaisirs innocents et simples dont la vie peut s'embellir, mais vous verrez au-delà d'eux une autre destinée, d'autres plaisirs, une autre fin. Vous sentirez que vous valez mieux qu'eux et que la vie a un autre but que celui d'en fournir la chaîne. Vous les prendrez en passant, mais vous passerez ; vous poursuivrez votre route sans vous en laisser détourner. Vous prendrez garde qu'en vous l'animal ne l'emporte jamais sur l'homme. Vous ne croirez pas avoir des devoirs à remplir seulement quand vous pourrez sentir et blesser les autres. Vous avez toujours vous-même, et en vous-même, non pas seulement l'individu, l'être sensuel qui ne cherche qu'à jouir, mais l'homme, mais l'humanité tout entière, avec son excellence, sa destination et sa fin.

Seul sur la terre ou dans la foule de ses semblables, vu des hommes ou vu de lui seul, l'homme plein de sa conscience et du nouvel univers où elle le place n'aura point une autre conduite, et jusque dans les moindres détails, il vivra comme étant d'un autre monde.

Il mangera pour vivre et ne vivra point pour manger.

LE ROYAUME DE DIEU

Le royaume de Dieu est au dedans de vous.

— (LUC, XVII, 21.)

Rien n'est attrayant sans doute comme le tableau que l'Évangile nous trace des destinées finales de l'humanité. On voit que Jésus connaissait bien l'homme tout entier. Ce qu'il promet, l'homme avait besoin d'y croire. Il le trouve au fond de son cœur.

C'est là le royaume de Dieu, dans lequel seront accomplis ses desseins d'amour pour l'humanité.

Mais ce royaume est-il nécessairement et tout entier au-dessus de la terre ? La mort seule peut-elle nous y transporter et nous en faire goûter les douceurs ? et, dans les ténèbres et les troubles de ce monde reculé, ne peut-il arriver jusqu'à nous qu'un vague reflet de notre vie supérieure et finale, propre à exciter le désir, jamais à le contenter ?

La mission de Jésus avait un but plus glorieux pour l'homme. Il voulait non seulement lui montrer le royaume de Dieu sur la terre, mais aussi le réaliser.

Tout, dans ses paroles, annonce qu'il ne l'a pas vu seulement au-delà du trépas ; mais dès à présent, dans le temps qui s'écoule, dans la vie qui passe, sur cette terre des révolutions et des vicissitudes, avec ce corps fragile, assemblage de besoins, de souffrances et d'infirmités.

Le ciel sur la terre, le royaume de Dieu dans le cœur de l'homme mortel : voilà ce que Jésus-Christ a vu, voilà ce qu'il a cru possible, voilà ce qu'il a voulu réaliser.

Admirable et consolante promesse ! Notre cœur pourrait-il la laisser inaperçue ? n'en ferait-il pas l'objet de ses plus douces méditations ? et si elle peut se réaliser, n'y appliquerait-il pas ses premiers et ses plus constants efforts ?

Quelles idées l'Évangile nous donne-t-il donc de la vie céleste, du royaume de Dieu définitif ? quels sont les sentiments qui le constituent et dont la réunion rend l'homme heureux en même temps que digne de l'être, en un mot, le rend harmonieux et complet ?

Je trouve d'abord le sentiment de l'immortalité, c'est-à-dire le sentiment de l'existence continue, sans variation, sans affaiblissement, sans menace de destruction et de mort. C'est là l'unique base sur laquelle peut se construire le bonheur, sur laquelle peut s'appuyer le courage, et d'où peut s'élancer l'espérance. Où elle manque, l'être n'est heureux et complet que s'il est instinctif et irraisonnable. Avec la prévoyance et la raison, il faut le sentiment de la vie, de l'existence pure, et en quelque sorte la prescience de l'immortalité, pour que l'être, dans toute sa grandeur, soit pleinement heureux. La paix de l'existence absolue, toujours sentie dans le fond de la conscience, est donc le premier et le plus puissant élément dans le royaume de Dieu.

Mais c'est le royaume de Dieu dont il est question. Ce royaume embrasse l'univers. Le même amour étreint tous les êtres raisonnables et moraux, les seuls dignes d'être aimés. Celui qui veut être citoyen de ce royaume, et qui veut donner à son existence toute sa puissance et toute sa valeur doit donc vivre non pas dans son individualité, toujours si mesquine et si bornée en comparaison du grand tout, mais dans et pour le grand tout lui-même. Avoir le sentiment de ce royaume de Dieu, de cet univers intellectuel, dont celui que nous révèlent les sens n'est qu'une ombre fugitive, s'y fondre et s'y résoudre soi-même, en acceptant sans regret et sans retenue l'ordre qui en fait le lien ; trouver dans cette union non point l'anéantissement, mais l'ennoblissement et, en quelque sorte, la déification de son être ; se porter vers elle à la fois avec tout le renoncement, toute la force et toute la chaleur de l'amour ; se nourrir de cette charité qui ne doit jamais périr, et sentir vivement que l'on se purifie et que l'on s'agrandit par elle ; voilà encore un élément du royaume de Dieu, sans lequel il est impossible d'en concevoir l'excellence. Au sentiment de l'éternité doit se joindre celui de l'universalité.

Pour les éprouver pleinement, il est indispensable d'en éprouver un autre encore ; c'est celui de la liberté, c'est-à-dire d'une existence spirituelle et indépendante, entièrement dégagée des lois de la nécessité qui commandent à la nature. Impossible que l'homme arrive au sentiment de sa grandeur s'il n'a déjà celui de sa spontanéité, de son existence indépendante comme agent libre, primordial et responsable. S'il perd ce sentiment ou s'il ne sait point y atteindre ; s'il se voit emporté par la nécessité de la nature physique, il s'avilit et se dégrade. Le courage l'abandonne ; il perd la foi en lui-même ; il perd le sentiment de son immortalité. Car il unit par la pensée son existence à mille choses qui s'enfuient et s'évaporent ; il perd le sentiment de l'universalité, car il se confond avec des existences fugitives qui paraissent et disparaissent comme une ombre. La vie n'est plus en lui, la force n'est plus en lui, elles ne lui viennent que du dehors. À peine a-t-il le courage d'en rendre quelque vague reflet. Il demeure en quelque sorte fluide et caduc. Il est toujours du temps ; il n'est point de ce royaume dans lequel le temps ne se compte plus.

Ces trois éléments reconnus nous en signalent un autre qui s'y trouve implicitement renfermé : c'est le sentiment de l'ordre, de la sainteté, de la vertu. Trouver dans le sentiment de l'universalité la source de son bonheur et l'agrandissement de son être, c'est accepter les lois qui régissent l'univers ; c'est vouloir y soumettre son existence ; c'est dépouiller l'égoïsme, source impure de toute immoralité, pour revêtir l'amour, source de tout ordre, de toute sainteté, de toute vertu ; c'est trouver dans l'intimité de sa conscience l'harmonie de sa volonté avec cette loi suprême à laquelle l'univers obéit. Trouver dans le sentiment de la liberté le complément de son bonheur, c'est être résolu à l'exercer dans les limites de ces lois saintes, hors desquelles il n'est que désordres, troubles, rongements de cœur et finalement esclavage. La liberté morale n'est complète et ne conduit au véritable contentement qu'alors qu'elle embrasse sans murmure les lois qui doivent la régir.

Mais tout doit-il donc se passer dans la pensée humaine, et

l'homme ne sera-t-il heureux que par la conscience de ses propres idées et de son indépendance de tout ce qui n'est pas lui ? Il y aurait trop de froideur dans cette existence, et l'homme ne l'accepterait point. Aussi, toutes ces pensées viennent se résoudre en une seule pensée, pleine de puissance et de réalité ; tous ces sentiments viennent se joindre et se fixer sur une grande existence, que l'esprit conclut et que le cœur sent, qui donne à tout de la force et de la vie, qui rend tout personnel et qui règne en maîtresse sur l'âme comme sur les lois de la nature. Dieu ! Dieu, dans lequel viennent se résoudre et l'éternité, et l'univers, et l'amour infini, et l'irrésistible puissance dirigée par l'ordre et par la sainteté, c'est-à-dire la liberté vivante et suprême ; Dieu, insondable idéal de toutes les perfections, de toutes les grandeurs que pressent la pensée humaine, et pourtant existence personnelle, partout manifestée et partout sentie ; unique réalité, qui donne à tout sa réalité ; esprit, amour et force qui embrasse, soutient et vivifie tout : voilà le dernier et grand sentiment qui doit compléter l'homme dans sa glorification ; voilà ce qui doit remplir son cœur, échauffer son âme et joindre au bonheur de l'ordre et de la vertu le bonheur du dévouement et de l'amour ; voilà ce qui fait vraiment de cette existence embellie le royaume de Dieu, parce que Dieu y règne, qu'il y est partout senti et qu'il y est tout en tous.

Ce royaume de Dieu peut-il être transporté sur la terre ? Oui, sans doute : l'Évangile nous l'annonce. Mais son siège est uniquement dans le cœur de l'homme. « On ne dira point : il est ici, ou : il est là ; car voilà, le royaume de Dieu est au dedans de nous. »

Oui, sans doute ; quelque paradoxal qu'on puisse le croire, le royaume de Dieu, avec toute sa grandeur et toute sa beauté, avec tous ses charmes et ses délices, peut dès à présent se dresser dans le cœur de l'homme) quand l'homme, dirigé par l'Évangile, veut se replier vers ce sanctuaire et vivre dans sa profondeur.

Là il trouve la constance et l'immutabilité, gage certain, avant-goût céleste, sentiment intime de l'immortalité définitive. Au dehors tout passe, tout se renouvelle, tout s'affaiblit, tout meurt. Les sensations se pressent et s'effacent ; le corps jouit et souffre, se fortifie et se dissout ; et plus avant encore les idées se développent et s'oblitèrent, la mémoire se meuble et se dévaste, les sentiments s'excitent, se remplacent et s'oublient. C'est une scène mobile où tout change, tout se succède et tout disparaît. Mais au-delà de la scène où tout change est le spectateur qui ne change point ; au-delà de la nature, où tout est mouvement, naissance et mort, création et destruction ; au-delà des sensations qui nous la dévoilent et des idées qu'elles nous laissent se trouve l'âme, où tout vient aboutir, qui prête à tout sa grande unité, qui ne se confond jamais avec cette succession de phénomènes dont elle est le centre ; qui demeure toujours et la même au milieu de toutes ces vicissitudes, qui se sent constante et immuable au milieu de toutes ces tempêtes. Retiré dans ce sanctuaire et contemplant face à face ce moi mystérieux qui le constitue, l'homme ne croit plus à son immortalité ; il la sent immédiate, profonde. Elle est en lui, elle est lui. Là viennent se briser ces flots tumultueux qui emportent et engloutissent tout autour de lui. Là viennent s'éteindre ces bruits étourdissants, ces gémissements de la nature qui proclament la vie et la mort. C'est encore plus que cette volonté forte et tenace, qui résiste au monde et devant laquelle le monde craque et se dissout en vain ; ce n'est point la lutte acharnée de forces de même nature ; c'est le sentiment calme, silencieux et profond, d'une existence absolue, immuable, éternelle, auquel l'homme peut arriver dès à présent, comme il y arrivera dans les cieux. Ce sentiment semble dépouiller la vie, en la détachant de tous ces accidents et de toutes ces vicissitudes qui la varient, la brodent et l'embellissent. Et pourtant c'est la vie elle-même dans toute sa force, dans toute sa pureté. C'est la toile puissante et jamais interrompue sur laquelle viennent s'appliquer les vivantes couleurs de la nature et les riches broderies du sentiment et de l'imagination, avec leurs brillants reflets et leurs ombres profondes. C'est la vie et l'éternité.

Mais dans les étroites limites de la terre, soumis lui-même à mille nécessités qui le froissent et qui le gênent, l'homme peut-il dès à présent s'élever à un vif sentiment de ce grand ordre qui embrasse l'univers, de cette harmonie générale dans laquelle il doit se fondre lui-même, en un mot, de cette universalité dont la méditation doit agrandir son être, en lui communiquant quelque chose de l'infini, que sa pensée embrasse et que son âme pressent ? Si ce vaste sentiment est le plus propre à nous donner la mesure de cette sublimité à laquelle doit atteindre le citoyen du royaume des cieux, il est aussi sans doute celui dans lequel l'homme mortel demeure forcément le plus en arrière du complet et du vrai. Et pourtant à quelle hauteur ne peut-il pas s'élever encore ? quelle force ne peut-il pas trouver contre tous les ennuis et toutes les passions dont les détails de la vie sont la déplorable source, dans la méditation de cet ordre immense où ils ont leur place, mais dont ils ne sont pas le but ; de cet ordre qui embrasse tout dans des lois de sagesse et d'amour, dont l'accomplissement assure le bonheur de tous ? Une âme puissante et généreuse ne peut-elle pas trouver dès à présent dans ces pensées dont elle porte le germe, dans ce besoin de l'infini qui la dévore et qui la rend mécontente de tout ce qui est borné, dans ce mouvement spontané et irrésistible qui l'emporte vers l'universel et vers l'absolu, une existence plus pleine et plus complète, un sentiment de la vie plus fort et plus pénétrant, une jouissance plus chaleureuse et plus vive que celle dont la terre, avec ses délices, pourrait être la source pour elle ? Oui, sans doute, au moment où l'homme, pressentant un autre univers, plus grand, plus beau que celui dont il contemple les bords, éprouvant le besoin d'une nature plus pure et d'un ordre plus parfait que celui dont il se sent en quelque sorte opprimé, se détourne avec tristesse des choses passagères et fragiles, des sentiments qu'elles inspirent, des plaisirs et des peines qu'elles donnent, et de là s'élance dans le ciel par le feu de ses désirs, c'est alors qu'il est grand et qu'il est beau ; c'est alors que sa nature s'ennoblit, que son être se purifie, que les émotions généreuses se pressent au fond de son cœur et qu'un indicible bonheur inonde son âme attendrie. Il n'honore jamais plus la terre qu'alors qu'il s'élève au-dessus d'elle et qu'il brûle de la quitter.

Mais ne nous hâtons pas de nous plaindre que cette disposition sublime de l'âme soit si souvent au-dessus de notre portée. Elle peut revêtir une forme plus accessible et plus douce, plus terrestre et plus populaire, sans rien perdre de sa noblesse, de sa pureté, de son charme, je dirais presque de son excellence. S'il nous est souvent difficile de nous élever au sentiment de l'universalité, qui donne à notre âme quelque chose de sublime et d'infini, nous pouvons atteindre à celui de l'humanité, plus modeste et non moins généreux. Si nous ne pouvons pas fondre notre vie dans celle de l'univers divin, nous pouvons la fondre dans celle de l'univers humain, qui en est la manifestation et l'expression sur la terre. Nous pouvons généraliser notre existence, en la considérant comme une partie de ce grand drame de l'humanité derrière lequel se tient la Providence pour le recueillir et le joindre au grand drame de l'univers. Nous pouvons y prendre notre part, cesser de considérer notre vie comme un phénomène isolé qui n'intéresse que nous, mais comme une partie importante de ce vaste ensemble ; nous pouvons voir en nous non l'individu, mais le fils, le père, l'ami, l'époux, le citoyen, l'homme ; nous pouvons agrandir notre être par le puissant intérêt que nous mettrons à toutes ces relations ; nous pouvons aimer d'un amour pur et déjà céleste ; nous pouvons faire du bien par une inspiration de cet amour, et compter à bonheur pour nous-mêmes tout ce que nous pourrons faire pour ennoblir l'homme autour de nous, pour le rendre plus éclairé, plus religieux, plus vertueux, en un mot, plus homme. Cette communauté de sentiment et d'amour, de travaux et de lumières, d'efforts et de sacrifices ; cette charité désintéressée pour laquelle l'homme, dans toutes ses phases, est un être toujours respectable, toujours cher et toujours sacré ; c'est déjà le royaume de Dieu sur la terre, et le royaume de Dieu non seulement s'établissant dans le sanctuaire des consciences, mais se manifestant au dehors et prenant une forme visible aux yeux les moins attentifs.

En effet, ce mouvement généreux, cet amour désintéressé, lien de l'univers, doit partir de la conscience pour laisser à l'homme cette liberté, son plus noble privilège, son plus glorieux trait de ressemblance avec son auteur. Au dehors tout est changeant et variable, même dans l'humanité ; tout est soumis à une nécessité fatale, même les destinées de l'homme pris en masse, et la sagesse humaine est presque toujours incapable de découvrir le fil par lequel une sagesse plus profonde conduit toutes choses vers l'accomplissement de ses plans mystérieux. Si l'homme inattentif ne voit son existence que comme un anneau de cette chaîne fatale (et comment la pourrait-il voir autrement quand sa pensée ne se porte que sur la chaîne elle-même ?), alors il est abattu et découragé ; alors il se voit emporté malgré lui par un torrent fougueux auquel il ne peut opposer aucune résistance ; alors il perd le sentiment de sa liberté, la confiance en sa nature supérieure ; il s'abandonne lui-même ; il se cherche et ne se trouve plus. Le royaume de Dieu, ce royaume de noblesse et de liberté, s'est tellement circonscrit pour lui de tous les envahissements des nécessités terrestres, qu'il en reste à peine quelques traces. Mais si, tout resserré qu'il puisse être, l'homme veut s'y retirer encore, il y trouvera, dans toute sa plénitude, la liberté, la noble, la belle, la vivifiante liberté. Il est un point où les nécessités du monde s'arrêtent, où l'esprit prend le dessus sur la matière, où l'homme est toujours lui-même, règne sur tout ce qui l'entoure en régnant sur son propre cœur, et se sent libre jusque dans les fers. Ce point, c'est la conscience. Que l'homme vive en elle et pour elle ; qu'il sache se faire, dans ce sanctuaire auguste, un univers à lui ; que son âme soit son véritable domaine : il sera libre, et son existence sera dégagée des liens de fer de la nécessité. Il sera libre, parce qu'il ne sera gouverné que par sa loi véritable, parce qu'il voudra ce qu'il faut, parce que sa volonté se sera confondue avec la volonté qui peut tout, et parce qu'il aura retiré toutes les forces de sa vie vers ce point unique et sacré où les puissances brutales s'arrêtent et où la loi de la liberté et de la vertu fait seule entendre ses accents célestes.

C'est ainsi que sur la terre même l'homme peut trouver au dedans de lui le sentiment de l'ordre et de la vertu, partie si capitale du royaume de Dieu qu'il nous est permis de concevoir. Les besoins du corps, les nécessités de la vie, les passions de la chair, et les tentations du dehors, et l'orgueil du dedans, ce fatal déguisement de l'égoïsme, sont toujours là pour étouffer ce sentiment, pour le remplacer par mille désirs corrompus, pour faire oublier à l'homme le bien qu'il aime et pour lui faire embrasser le mal qu'il ne veut point. Mais au milieu de ce tumulte la conscience demeure incorruptible. Sa voix peut être étouffée, mais non faussée, et l'Évangile est toujours là pour lui prêter main-forte par ses mystérieuses dispensations comme par son puissant langage, quand l'homme veut écouter sa voix. Au milieu des désordres du monde et du tumulte de ses propres passions, l'homme trouve donc au dedans de lui, quand il veut s'y retirer, un asile où règnent l'ordre et l'harmonie. Au milieu de ces accents trompeurs que font retentir autour de lui tant de sirènes enchanteresses, il peut entendre toujours en lui, quand il veut prêter l'oreille, une voix mâle et fière qui lui parle de vertu. Au milieu des exemples funestes qui prêtent au vice toute l'élégance d'une politesse raffinée et presque tous les charmes de l'humanité, il a les conseils divins de l'Évangile et l'exemple infaillible de son maître, où l'humanité se montre vraiment forte et vraiment belle. Voilà le monde que l'homme peut choisir, voilà l'ordre qu'il peut préférer. Il faudra combattre peut-être ; la chair et le sang conspirent avec les occasions et les exemples. Mais en combattant il peut vaincre, il peut triompher, il peut garder sa conscience sans reproches devant Dieu et devant les hommes, il peut fortifier chaque jour par une nouvelle victoire le sentiment de l'ordre et de la pureté qu'il aura choisi, et le monde, au lieu d'être pour lui désormais une occasion de trouble et d'angoisses, de séduction et de chute, est un champ qui lui fut ouvert par la volonté suprême pour obéir à ses lois, pour seconder ses desseins, pour y remplir une noble place, au milieu des vicissitudes et des bouleversements, en se préparant une place plus noble encore lorsque tout ce qui était imparfait sera détruit. Oui, dès à présent, par sa conscience et par l'Évangile, l'homme sent assez de la vertu et de l'ordre qui doivent régner dans les cieux pour s'y soumettre avec une volonté ferme, pour en faire la nourriture, ou mieux encore, le seul aliment de son âme, et pour nous montrer dans les scènes les plus agitées de la vie cette vertu toute céleste, ce calme de la pureté, cette inaltérable douceur de l'amour, ce charme éthéré de l'humanité qui émeuvent et captivent les êtres les plus corrompus et apparaissent de distance en distance dans les sociétés humaines pour témoigner aux mortels attentifs de ce que Dieu voulut faire de l'homme et de ce qu'ils pourraient être eux-mêmes.

Dès lors l'homme trouve dans son cœur le sentiment de Dieu, car ce sentiment s'élève ou tombe avec celui de la vertu. Sans doute l'homme n'est jamais complètement pur sur la terre. Une preuve qu'il est fait pour un meilleur avenir, c'est qu'il n'est jamais content, non seulement de ce qui l'entoure, mais de lui-même. Mais autre chose est ce mécontentement d'une âme généreuse qui sent plus profondément ce qui lui manque à mesure qu'elle s'élève plus haut vers la perfection et qu'elle se rapproche de Dieu, autre chose sont les inquiétudes toutes terrestres et les mécomptes poignants du vice. Sur la terre même, et malgré les imperfections inévitables d'un état d'épreuve, l'homme ne sent Dieu qu'en devenant plus saint et plus pur. S'il ne sent pas en lui-même le feu sacré de la vertu, si sa conscience n'est pas éveillée, s'il n'est pas parvenu à trouver dans son cœur la manifestation de l'ordre moral, en un mot, s'il n'y a pas découvert les premiers linéaments de ce monde invisible où règne la sainteté avec la liberté, n'attendez point qu'il ait le sentiment de Dieu qui en est le dispensateur et le chef. Il en aura la pensée dans sa mémoire ; il va vous le décrire, si vous voulez ; mais le sentiment, point ; la foi qui vivifie, point. Il l'ignorera jusqu'à ce que quelque grande catastrophe, quelque concours mystérieux de circonstances aient fortement remué son âme et soulevé sa conscience endormie, en portant l'aiguillon dans quelque point sensible et caché. Et ce n'est pas autrement que s'y prennent ceux des amis de la religion qui affectent le plus de mépriser la moralité. Ils vont droit à la conscience ; ils présentent l'homme à lui-même dans sa triste nudité ; ils s'efforcent à lui faire sentir l'énorme distance qui sépare ce qu'il est de ce qu'il doit être ; n'importe comment ils l'expliquent. Et quand ils en sont là, quand ils ont gagné ce point, quand ils ont réveillé dans l'homme le profond sentiment de sa corruption actuelle et, par conséquent, celui de la vertu pour laquelle il était fait, tout est changé, la vie matérielle est vaincue, la vie spirituelle commence, l'homme est mis en contact avec un autre univers, et Dieu se lève en lui, plein de puissance et d'amour, pour remplir son âme régénérée. Dieu vit en lui. Ce n'est plus une idée vague, ce n'est plus un souvenir fugitif, ce n'est plus une croyance morte ; c'est la vie elle-même, c'est le sentiment, c'est l'affection, c'est la confiance, c'est l'espérance, le dévouement et l'abandon. Dès lors on vit avec Dieu comme avec un ami, car on sent sa présence et en quelque sorte son action. On pense, on agit devant lui et pour lui. On lui parle et on l'entend. Toute la vie devient prière. Dieu se trouve ainsi le sommet de ce vaste et sublime édifice moral dont les solides bases sont dans le cœur même de l'homme ; il y établit son trône, il l'illumine de son ineffable clarté, il y répand la chaleur, le sentiment et la vie ; tout vient converger à lui et tout part de lui. L'homme ne sent vraiment son Dieu que quand il sent la conscience et la vertu ; mais il ne sent bien la conscience et la vertu dans toute leur force vivifiante, dans tous leurs rapports bienfaisants avec ses besoins, ses affections et son bonheur, que quand il sent bien son Dieu. La vie qui nous est promise dans le ciel sera d'un autre degré, mais sera-t-elle d'une autre nature ?

Voilà l'homme ; voilà le but qui lui est marqué sur la terre ; voilà le développement auquel il doit atteindre et dont tous les éléments se trouvent déjà dans son cœur ; voilà la vie vraiment humaine, car elle seule met en jeu ce qui fait l'homme et non la brute ; voilà la vie qui ennoblit et purifie, qui console et qui rend heureux. Affections, devoirs, plaisirs, jouissances, espérance, dehors et dedans, corps et âme, ciel et terre, Dieu et monde, tout s'y trouve, car l'homme est le miroir de tout ; mais tout s'y trouve à sa véritable place, à son véritable degré ; tout s'y trouve soumis à l'ordre et à la vertu, dirigés par l'esprit de Dieu même ; tout s'y trouve, mais emporté par une puissance supérieure, ordonné par une sagesse infinie à la voix de laquelle la terre même devient ciel et les passions puissance et pureté ; tout s'y trouve, comme les matériaux les plus informes et les plus grossiers, dominés par une forte pensée et soumis à un ordre savant, viennent concourir à un même but, occuper chacun la place qui lui fut marquée et se transformer en un édifice où tout est éclairé, tout est utile, tout est agréable, tout est sain.

Mais qu'on ne s'y trompe point : cette vie n'existe que dans le cœur. L'homme la trouve dans son âme éclairée, dirigée, purifiée, ennoblie par l'Évangile, mais toujours dans son âme. S'il ne la trouve point là, il ne la trouvera ni dans l'Évangile ni dans la nature, car il ne comprendra ni l'un ni l'autre. S'il vit au dehors, s'il se laisse emporter par le mouvement extérieur du monde sans le comprendre et le juger par sa propre conscience, s'il ne pénètre pas assez avant dans ce sanctuaire pour y sentir fortement le principe d'un ordre supérieur à celui de la nature et tout autre, alors il n'est pour lui-même qu'un phénomène de cette aveugle nature. Perdu dans la masse, il se sent emporter par une puissance qui l'opprime, et dans ce tourbillon de causes et d'effets qui l'enlacent, le serrent et l'entraînent, toujours occupé de jouir et de souffrir, à peine a-t-il le temps de se sentir lui-même et de se donner une existence qui lui soit propre. Le plaisir passe comme l'éclair, la douleur pèse de tout son poids, et la vie n'est qu'un combat, sans victoire et sans lendemain.

Mais s'il vit avec sa conscience, s'il en sonde les profondeurs, s'il voit en lui l'être moral avant tout, alors tout change de face. Au lieu du passager, du corruptible, du périssable, il trouve l'immuable, le fixe, le certain ; au lieu de l'égoïsme, il trouve l'amour ; au lieu du désordre, il trouve l'ordre ; au lieu de l'intérêt, il trouve le devoir ; au lieu de la nécessité, il trouve la liberté ; au lieu du borné, il trouve l'infini ; au lieu de la nature, il trouve Dieu ; au lieu du temps, l'éternité. Tout change, tout s'embellit, tout s'élève. La nature prend un autre langage ; les événements de la vie, une autre signification ; les devoirs, une autre importance, et l'Évangile a trouvé dans le cœur un écho pour lui répondre.

Qu'un exemple explique ma pensée. J'ai dit que le dernier trait caractéristique de l'existence du royaume de Dieu dans notre âme dès ce monde, c'était le sentiment de Dieu, sentiment profond, qui nous fait vivre avec lui, nous le fait trouver partout, en occupe nos pensées, en nourrit nos affections, en remplit la nature, en ourdit l'éternité, en illumine l'espace, en vivifie les mondes. Or ce sentiment est dans l'âme ; il en fait une partie intégrante, il est caché dans ses profondeurs ; il se tient avec le besoin de l'absolu, trait si caractéristique dans une nature bornée, et, pour me servir d'une expression qu'on peut mal entendre, mais très juste, c'est lui qui met Dieu dans la nature, et non la nature qui met Dieu dans le cœur de l'homme. Avec lui, je vois Dieu partout. Je le vois dans l'inépuisable fécondité de la terre ; je le vois dans ces vastes plaines que ses pluies et son soleil couvrent de si riches moissons ; je le vois dans les profondeurs des forêts qu'il décore de sa magnificence et où mille oiseaux le saluent au retour de la clarté ; je le vois sur ces montagnes énormes où règne tant de majesté et d'où découlent ces fleuves puissants qui portent au loin la richesse et la verdure ; je le vois dans cette immense mer dont les flots roulent en se jouant des masses liquides, épouvantables pour l'homme, et dont l'étendue est pour lui le symbole de l'infini ; je le vois dans cet espace sans bornes, dans ces mondes qui le peuplent, dans ces soleils qui s'y promènent, dans cette lumière qui l'inonde, dans cette force qui en pénètre les points les plus éloignés ; je le vois dans les annales des peuples et dans les destinées de l'humanité. Je le respire avec l'air qui m'environne ; je le reçois par tous mes pores avec la chaleur qui me fait vivre ; je le retrouve dans mes affections les plus chères ; je l'entends dans son tonnerre et dans les cris de mes enfants ; je lis son amour dans ce ciel dont il me couvre et dans les regards humides de l'amitié. Je suis en lui, comme il est en moi, et je ne sors pas de son sein. — Mais si mon cœur ne l'a point senti, si j'ai regardé la nature sans la vivifier par un reflet du sentiment profond qui est en moi, sans empreindre dans toutes ses parties cette image de Dieu que mon cœur porte avec lui, alors je n'y vois plus rien que des forces aveugles, des propriétés sans but, des actions et des réactions sans limites, des lois immuables et fatales, et de la matière qu'elles maîtrisent. J'explique tout et ne comprends rien. Les montagnes sont du granit fondu par le feu ou du calcaire fait par des huîtres, la mer est de l'hydrogène brûlé, la végétation se fait par des tubes capillaires, la vie se soutient par les soupapes du cœur, les forêts sont du bois de service, et la société un champ de bataille où chacun prend ce qu'il peut. Où est la place d'un Dieu, et comment le sentiment de sa présence et de son amour sortirait-il d'un pareil spectacle ?

Ainsi, quand nous entendons une musique céleste, nous pouvons mesurer les cordes, compter les vibrations, calculer les accords. Chaque son nous arrive isolé ; il n'est au fond qu'un ébranlement de l'air qui produit à son tour un ébranlement dans l'oreille. Voilà tout bien expliqué. Mais la pensée vivante qui anime ces sons divergents, ce langage de l'âme, plus expressif et plus pénétrant que la parole, ces élans, cette douce rêverie, ces émotions mystérieuses qui transportent l'imagination dans un monde enchanté, c'est le cœur qui les inspire, c'est le cœur qui les trouve et qui les saisit, et lui seul a pu comprendre ce que le chantre voulut révéler par son concert.

Expliquer la nature quand le cœur n'y met point Dieu, c'est expliquer la musique quand on n'y sent que du bruit.

Ce serait fatiguer en vain le lecteur que d'appliquer les mêmes réflexions aux autres traits dont se compose le tableau que j'ai tracé. C'en est assez sans doute pour lui faire comprendre que le royaume de Dieu peut s'établir sur la terre, qu'il est à la portée de chacun de nous, mais que ce serait folie de le chercher au dehors. » Le royaume de Dieu est au dedans de nous. »

Pour base la conscience, pour couronnement Dieu, pour corps l'amour céleste et le bonheur : voilà le royaume de Dieu. — Tout cela peut se trouver sur la terre.

Pour base les lois de la matière, pour couronnement le néant, pour corps l'égoïsme, les passions, la haine, les voluptés et les douleurs, les désordres et les regrets : voilà le royaume du diable.

LA GUERRE INTÉRIEURE

Je ne suis pas venu mettre la paix, mais la guerre.

— (MATTH., X, 34.)

Parole bien étrange dans la bouche de Celui qui reconnaît pour ses disciples ceux-là seuls qui auront de l'amour les uns pour les autres ! qui fait de la charité presque l'unique vertu ! qui lui promet le pardon ! et qui lui-même vit et meurt pour elle !

Et pourtant cette parole est vraie ; et le Fils de l'homme, l'ami de l'homme savait, en la prononçant, qu'elle ne devait que trop s'accomplir.

N'est-ce pas une guerre acharnée que l'apparition de la doctrine chrétienne a excitée dans le monde ? Et la religion qui prêche la paix n'a-t-elle pas fait couler des torrents de sang, depuis celui des vierges et des martyrs versé par des mains païennes, jusqu'au sang des païens versé par des mains chrétiennes ; jusqu'au sang des chrétiens eux-mêmes, horriblement versé parmi des tortures exquises, par ceux-là mêmes qui se portaient les gardiens des enseignements de Jésus ? Que de guerres ! que de massacres ! que de pertes pour l'humanité ! et que penser du christianisme, s'il n'était permis de juger son action dans le genre humain que par ces manifestations extérieures pleines de haine, de rage et de cruauté !

Ou bien, le Sauveur avait-il en vue cette guerre non sanglante, mais plus redoutable, qui, dans le sein même des populations chrétiennes, s'exerce et s'exercera toujours entre la piété et l'impiété, entre le vice et la vertu, entre les vrais disciples de Jésus et les enfants du siècle ? Guerre dont les armes sont le sarcasme et la moquerie, le raisonnement, le paradoxe et l'exemple ; guerre qui affaiblit la conscience, mine les principes, exalte les passions, et pervertit les idées au point de faire du bien un sujet de honte et du mal un sujet de vanterie ; guerre qui nous emporte des générations entières à mesure qu'elles arrivent à l'âge d'homme, et nous fait découvrir avec horreur la corruption et la mort dans ces âmes précieuses où nous croyions trouver encore l'innocence et la vie ! guerre où l'ami a pour séducteur son ami ; où le fils est dépouillé par son père ; où la fille absorbe le poison avec la tendresse jusque sur le sein maternel ! — Est-il une guerre plus funeste et dans laquelle les ennemis soient plus acharnés et plus rapprochés ?

Oui, c'est cette guerre intestine, cette guerre à mort, dont le champ de bataille est le cœur même de l'homme ; cette guerre entre la chair et l'esprit, entre la conscience et la volupté, entre l'intérêt et le sacrifice, entre le ciel et la terre, entre l'animal et l'ange, qui est la condition de tous les progrès de l'homme dans la carrière qui lui fut tracée ; cette guerre de tous les instants, où deux principes opposés luttent corps à corps, et dont le succès final décide de la valeur de l'homme et de toutes ses espérances ; guerre décisive que le ciel contemple avant de prononcer son irrévocable arrêt.

De laquelle de ces trois guerres voulait parler le Sauveur ? Des trois peut-être. Mais la dernière dure encore ; elle est éternelle. Laissons donc les deux premières ; voyons ce qu'est l'autre et la part qu'y prend le christianisme.

L'homme de la nature, l'homme qui ne vit que de la vie animale est en paix avec lui-même. Toute son existence suit une seule direction, est mise en mouvement par un seul principe, tend vers un seul et unique but. Il y a donc en lui de l'ordre et de l'harmonie. Il n'a qu'une seule volonté, claire, précise et forte. Il ne rencontre que des obstacles extérieurs ; il ne lutte que contre la nécessité. Toutes les forces de son âme se dirigent contre cet ennemi qu'il voit devant lui. Il combat au dehors ; mais en lui-même point de combat. Il est un. Son intérêt et finalement son plaisir, conserver, embellir sa vie, voilà sa loi. Elle est unique. C'est la première loi de la nature animée.

Et cette vie, simple dans sa brutalité, ne change point de nature en se perfectionnant. L'aigle se sert de son œil et de ses serres pour atteindre et saisir sa proie ; le castor se sert de sa queue pour se bâtir un abri contre la rigueur du froid ; les oiseaux se servent de leurs ailes pour aller chercher dans d'autres climats la nourriture et la chaleur que le climat natal leur refuse. L'homme se sert de son intelligence pour s'approprier la terre et la mer, pour en multiplier les richesses, pour en exploiter toutes les ressources. Par elle, il augmente la portée de ses sens, la force de ses bras, la rapidité de ses pieds. Il arrête l'oiseau dans son vol ; il saisit le poisson dans le fond des mers ; il dompte l'éléphant dans la forêt. Il fait de son intelligence elle-même un instrument de plaisir. Jusque-là, au sein de la civilisation la plus avancée et des jouissances qu'elle procure, l'homme est toujours simple, toujours un : être sensitif, servi par une organisation plus compliquée et par une intelligence plus étendue, mais toujours être sensitif ; vie animale, perfectionnée tant que vous voudrez, embellie par tous les plaisirs des arts et par toutes les conquêtes de l'intelligence, mais toujours vie animale. C'est là que s'arrêtent la plupart des hommes, depuis le sauvage jusqu'au philosophe : et ils ont la paix. — Il n'est pas question maintenant d'en estimer la valeur.

Mais dans l'homme, tel que le laissent la nature visible et les besoins ou les plaisirs de la vie terrestre, dorment d'autres facultés, qui le mettent en rapport avec d'autres lois, avec d'autres existences ; qui le tirent du cercle étroit de son individu et de tout ce qui l'intéresse pour le soumettre à un ordre plus général et lui imposer des devoirs dont lui-même n'est plus le but ; qui lui parlent non plus de possessions, d'intérêts, de jouissances et de voluptés, mais d'obligations, de renoncement, de sacrifices, en un mot, de vertu. À côté de cet instinct d'égoïsme, que je puis appeler brutal, puisqu'il est commun à l'homme et à la brute, de cet instinct de conservation et de plaisir, mobile de l'homme charnel, dort un instinct plus noble qui porte l'homme à s'unir par l'amour avec la masse de ses semblables, à leur reconnaître des droits même contre ses intérêts, à comprendre qu'il a des devoirs à remplir, alors même qu'il n'en retire aucun avantage, à sentir vivement la différence fondamentale qui se trouve entre l'utile et le juste, entre le plaisir et la sainteté, entre l'individu et l'humanité ; qui lui fait pressentir au-delà du monde visible un autre ordre, d'autres lois, une autre existence, un autre univers. Ce pressentiment, trop souvent étouffé par les besoins ou les plaisirs de la terre ; cet élan de l'esprit, trop souvent arrêté par les mouvements de la chair, est une partie tellement intégrante, tellement fondamentale de l'homme, que, lorsqu'on la néglige ou qu'on la repousse, il est impossible de comprendre ni l'individu ni la race. Si ce n'est là qu'une chimère, quelles réalités ont jamais exercé plus d'influence et laissé dans les annales du genre humain de plus ineffaçables traces ? Où sont les choses visibles pour lesquelles l'homme ait jamais fait, soit isolément, soit en famille, soit en peuple, ce qu'il a fait pour les choses invisibles, pour les choses mystérieuses de l'âme, pour le monde de la conscience, du sentiment et du cœur ? Où sont les intérêts matériels et palpables qui n'aient pâli devant de tels intérêts ? Où sont les affections qui n'aient été sacrifiées, les passions qui n'aient été domptées, en présence de leurs objets et malgré toute leur magie, pour ces choses que l'œil n'a point vues, que l'oreille n'a point entendues, que les mains n'ont point touchées, que l'intelligence n'a point comprises, mais que le cœur pressent avec une irrésistible force quand il se replie sur lui-même : pour la vertu, pour la religion et pour Dieu ?

Entre cette loi supérieure, que l'homme trouve en lui dès qu'il veut sérieusement la chercher et qui lui parle avec une irrésistible évidence dès qu'il veut écouter sa voix, et les penchants brutaux de la vie sensitive ; entre la loi de l'esprit, qui est propre à l'homme, et la loi de la chair, qui domine sur la terre toute la nature vivante, il s'élève dans le cœur de l'homme une véritable guerre ; guerre profonde, guerre intestine, pleine d'agitation et de trouble, de succès et de revers, de victoires et de défaites. Il faut que l'homme triomphe de lui-même, combatte ses désirs les plus chers, s'expose à la privation et à la souffrance, ou qu'il perde sa propre estime, qu'il foule aux pieds sa conscience, qu'il se dégrade à ses propres yeux de ce qui le fait homme, qu'il sorte de gaieté de cœur de l'ordre pour lequel il sent bien qu'il est fait, dans lequel, malgré qu'il en ait, quelque chose de plus fort que lui, lui déclare que se trouve sa destination finale et sa véritable place. Dès que l'esprit se réveille en lui, l'homme se sent double ; il est tiraillé en deux sens opposés. Ses passions et sa conscience sont deux ennemis acharnés entre lesquels il n'y a plus ni paix ni trêve : il faut que l'un des deux triomphe et soumette l'autre.

Le grand but du christianisme est de ranimer cette guerre ; car elle seule peut arracher l'homme à la vie sensitive et brutale pour le porter vers la vie supérieure de l'ordre et de la vertu, par laquelle seule son existence est ennoblie et complétée. Et comme cette guerre ne peut commencer que par le réveil du principe spirituel, assoupi dans la vie naturelle et brutale, le grand but du christianisme est d'opérer ce réveil.

Comment y parvient-il ?

Comment s'y prend-il pour remplacer la paix de la vie sensuelle par la guerre à mort de l'esprit contre la chair, de l'invisible contre le visible ?

L'esprit réside en l'homme : c'est un élément de sa nature. L'homme est un être spirituel et céleste en même temps qu'un être terrestre et corporel. Il porte en lui la conscience, et avec elle la religion et la vertu, comme il porte les appétits et les passions. Le sentiment de l'infini, que la terre ne lui offre jamais, se trouve au fond de son âme, à côté de celui du borné, dont la terre l'environne et le presse. Les besoins, les nécessités, les fatigues, les travaux, les passions, les plaisirs et les douleurs de la vie arrêtent, troublent, suspendent, dénaturent, corrompent le développement de ces facultés sublimes de notre nature, mais ne les étouffent jamais complètement. Elles restent en nous en puissance, si ce n'est en exercice ; car, bien que dégradés par le triomphe de la chair, nous sommes hommes. Des années peuvent s'écouler, et la vie entière, sans que nous voyions en nous autre chose que l'animal perfectionné. Mais si quelque grande circonstance, comme une baguette magique, touche le principe divin endormi, il se réveille et se relève. Si, dans un miroir puissant et fidèle, l'homme voit tout à coup son image dans toute sa grandeur et dans sa céleste beauté, soudain il est frappé, saisi ; il se reconnaît lui-même, tel qu'il peut et doit être, et il se voit tel qu'il est. Un monde nouveau se révèle à lui, et il distingue avec clarté la place qui lui est marquée. Le christianisme est cette baguette magique ; le christianisme est ce miroir enchanté. Jamais l'homme ne fut présenté à lui-même dans une image plus fidèle et plus noble. Jamais les grands traits qui constituent sa dignité morale et son véritable mérite ne furent retracés avec plus de force et plus de pureté. Jamais les parties les plus intimes et les plus profondes de sa conscience ne furent touchées d'un aiguillon plus pénétrant et ne furent plus puissamment excitées à rassembler toute leur énergie pour se dégager des liens des passions et de la chair. Jamais l'homme ne fut raconté à lui même avec plus de plénitude et plus de clarté. Dans ce langage si simple, l'homme se trouve tout entier. À chaque parole, si familière et si populaire, il sent un écho dans son cœur. À chacune de ces paraboles, rattachées de si près aux détails les plus communs de la vie matérielle, la matière recule et l'esprit se dresse, les passions, les intérêts s'affaiblissent et la conscience se relève, la terre s'enfuit et le ciel s'approche. Sans peine, sans effort, sans incertitude, sans hésitation et sans retour, par la seule puissance de la vérité du tableau, l'homme se sent et se reconnaît lui-même. Il s'aime tel qu'il doit être, et il se hait tel qu'il est. C'est là un immense bienfait du christianisme ; c'est là son grand bienfait. Dès lors la lutte s'établit, la guerre se déclare. L'homme se sent double ; mais, dans ce combat à mort, il sait de quel côté il doit souhaiter la victoire.

Et non seulement le christianisme, en présentant à lui-même l'homme tout entier, lui a fait voir dans sa propre conscience les éléments de ce monde invisible avec lequel il est en rapport, mais il a manifesté au dehors ce monde invisible par des traits qu'il est impossible de méconnaître. Son apparition sur la terre a manifesté aux moins clairvoyants des lois, des forces, une puissance et une sagesse que le monde visible est incapable de produire et d'expliquer. Dans ce grand drame, l'homme a vu comme de ses yeux les choses invisibles de Dieu et de l'éternité, ou, pour me servir d'une expression de nos saints livres, il a vu Dieu manifesté en chair. Et quand quelqu'un voudrait ne pas tenir compte de ces manifestations matérielles, dans lesquelles l'ordre de la nature fut interrompu par une puissance supérieure à elle, où la matière se montra soumise aux commandements de l'esprit, comment ne pas reconnaître, dans l'histoire du christianisme, dans ses enseignements, dans son auteur, dans ses effets, dans son inexplicable puissance, une intervention de l'esprit, telle que jamais la terre n'en avait vu de semblable, une communication extraordinaire du monde invisible, dont notre cœur nous révèle l'existence, avec le monde visible au milieu duquel nous vivons ? Quand il a senti le christianisme, qui peut nier l'ordre éternel ? qui peut méconnaître l'intervention et la présence d'un Dieu esprit ? qui peut ne pas avouer qu'il y a dans l'univers autre chose que ce que les lois physiques nous révèlent, et que ce quelque chose a pour premier caractère l'indissoluble union de la puissance et de la sainteté ? — Le christianisme, comme phénomène historique, est donc propre à réveiller dans l'homme le principe moral, le sentiment du monde invisible ; à exciter la guerre dans le fond des consciences assoupies par le mouvement et les séductions du monde corporel.

Mais un autre aspect du christianisme est surtout propre à réveiller dans le cœur de l'homme le principe moral endormi ; à lui révéler, d'une manière à la fois forte et simple, sa nature, sa loi véritable et son avenir : c'est la vie de son auteur. L'ordre moral se manifeste dans sa pureté céleste ; l'homme parfait se réalise et marche devant nous en la personne du Sauveur du monde. Que j'ignore cet ordre moral ; que je méconnaisse l'excellence de ma nature ; que j'aie vu dans toute ma vie seulement des plaisirs à goûter, des besoins ou des passions à satisfaire ; et que la grande figure de Jésus vienne tout à coup à frapper mes regards ; que je contemple cette vie si supérieure à la terre, cette tendance inflexible vers un ordre meilleur, cette force et cet amour, cette pureté et cet abandon, ce pressentiment du ciel et de Dieu, que tout décèle jusque dans ses moindres paroles : surpris, touché, attendri, gagné, je me sens en quelque sorte révélé à moi-même ; je retrouve tout dans mon propre cœur, et je m'écrie, plein d'une vie nouvelle : Voilà l'homme ! Parmi ces trésors de grâce, que l'Évangile recèle et qui sont si puissants pour changer l'esprit de l'homme en le redressant vers les cieux, qui pourrait ne pas placer en première ligne les cieux eux-mêmes s'abaissant vers la terre et se réalisant devant nous par la vie du Sauveur des hommes ?

Et ce n'est pas seulement de l'homme dans son excellence idéale que le christianisme nous a donné le sentiment ; c'est de Dieu. Pour la première fois, dans les pages de l'Évangile, le Dieu dont l'homme a besoin, le Dieu qu'il ne peut repousser, le Dieu de l'amour, de l'ordre et de la pureté, le Dieu qui est le couronnement et le chef du monde invisible, fut présenté à l'homme tel qu'il peut et doit le recevoir, tel que sa conscience l'invoque, tel que son cœur le pressent, et non un Dieu créé par le monde visible et par les besoins de la sensualité, un Dieu grossier et charnel, tel que tant de gens le conçoivent et s'imaginent croire en Dieu. Après avoir dit : Voilà l'homme ! en contemplant le Sauveur, qui pourrait ne pas s'écrier après l'avoir entendu : Voilà Dieu !

Oh ! qui pourrait, à un tel spectacle, à de telles révélations, ne pas sentir réveiller sa conscience, demeurer inerte et froid sous l'empire incontesté des intérêts et des passions, et suivre sans résistance la pente de sa nature sensuelle vers le repos ou vers le plaisir ? Qui ne reconnaîtrait pas en lui-même une nature meilleure, une destination plus haute, et les germes féconds d'un immense avenir ? Qui ne se sentirait point avili, dégradé par tout ce qui tend à étouffer en lui et cette nature excellente et ces germes d'un avenir illimité ? Qui n'éprouverait des regrets et des remords pour les triomphes passés de la vie terrestre et brutale ? Qui n'éprouverait des craintes mortelles pour le succès de la lutte qui se prépare ? Plein du sentiment de sa faiblesse et du souvenir de sa corruption antérieure, qui ne s'écrierait, comme saint Paul, dès que le christianisme lui eût révélé sa' double nature et la valeur de son âme : Ah ! misérable que je suis, je ne fais pas le bien que j'aime, et je fais le mal que je hais ; qui me délivrera de ce corps de mort ?

Voilà ce qu'a fait le christianisme ; voilà comment à sa voix une guerre acharnée s'est allumée dans le cœur de l'homme. Un des deux ennemis dormait ; le christianisme l'a réveillé ; il était abattu, le christianisme l'a redressé et lui a rendu le courage.

Mais il fait plus encore. Après avoir rallumé la guerre en excitant un des deux ennemis, il finit par ramener la paix, en procurant le triomphe du combattant.

Comment arrive-t-il à ce résultat ?

En soutenant vigoureusement la lutte par les moyens mêmes qui l'avaient d'abord excitée ; en faisant pénétrer peu à peu la vie spirituelle jusque dans le cœur même de l'homme. Un triomphe obtenu par les secours que le christianisme tend à l'homme prépare un nouveau triomphe, comme une chute prépare une autre chute. La vérité est puissante et elle doit l'emporter. Quand on est dans le vrai, on le sent à l'ordre qui s'établit partout, au contentement qu'on éprouve, au progrès que l'on fait, à la sûreté de la marche, à l'accord admirable et inconnu qui s'établit peu à peu entre le dehors et le dedans, entre l'âme et le monde, entre les devoirs et la vie, entre les affections, les besoins ou les plaisirs, et le pressentiment de l'ordre invisible toujours plus abondamment fourni par la conscience, entre l'espérance et la réalité.

Ce triomphe de la vérité, de l'esprit, sur l'erreur et sur la chair, amené par l'Évangile et par la puissance divine qui s'y est empreinte, est le but final pour lequel il nous fut donné. Serait-il donc impossible que ce but fût jamais atteint ?

Il est surtout une dispensation qui occupe une grande place dans l'Évangile et dont le dessein n'est pas autre que d'assurer ce triomphe. C'est l'acte mystérieux par lequel le Sauveur des hommes couronne son ministère de charité ; c'est l'abandon de sa propre vie qu'il fit afin de proclamer du haut de sa croix la miséricorde et la grâce pour le repentir et la foi, c'est-à-dire pour la nouvelle naissance, pour la régénération parfaite du visible et de l'invisible dans l'homme, de la vie qui se manifeste au dehors par les œuvres de l'esprit qui en est le fond et la source. Par là l'homme est délivré du combat terrible du passé contre l'avenir. Il embrasse la vertu sans découragement et sans faiblesse. Il ne voit son Dieu que sous des traits plein d'amour. La certitude du pardon l'a rendu digne de l'obtenir. Ainsi la chair finit par être vaincue ; le juste vit de sa foi, et l'harmonie revient dans son intérieur.

Il y a donc deux paix : l'une avant, l'autre après le combat ; l'une par le triomphe incontesté de la chair, l'autre par le triomphe final de l'esprit ; l'une, la paix de l'homme-brute, l'autre, celle de l'homme-ange ; l'une qui naît de la nature mortelle et ne produit que la mort, l'autre qui naît de la nature invisible et produit la vie.

Lecteurs qui vous sentez vous-mêmes, si vous jouissez de la paix, de laquelle jouissez-vous ? Est-ce la chair, est-ce l'esprit, est-ce le ciel, est-ce la terre, qui règne en vous sans contestation ? Qu'êtes-vous ? que voulez-vous ? et quel sort vous est réservé ?

LA DURÉE DU CHRISTIANISME

Les cieux et la terre passeront, mais mes paroles ne passeront pas.

— (MATTH., XXIV, 35.)

La parole est la manifestation extérieure de la pensée. C'est un état de l'âme matérialisé par des signes, pour le rendre sensible au dehors. C'est, si l'on veut, l'âme elle-même, toute mobile, active et flexible qu'elle est, figée tout à coup dans un de ses mouvements. Elle fait pour la partie spirituelle de l'homme ce que le statuaire fait pour ses formes et ses attitudes.

Mais la pensée de l'homme est mille fois plus changeante que les formes de son corps et les mouvements dont il peut les animer. Elle se transforme et se diversifie à l'infini, avec les circonstances, les besoins, les degrés de culture et les habitudes des individus et des peuples. Quand ces circonstances ne sont plus les mêmes, la parole, qu'elles avaient animée, n'est plus entendue ; elle perd sa force et son influence. L'homme a marché et l'a laissée. C'est un monument curieux d'une pensée qui n'est plus : c'est une ruine, une momie, une vieille armure, un ornement flétri ; ce n'est plus la vie et l'activité.

Après plusieurs générations, il est bien peu de paroles humaines qui soient encore vivantes au milieu des hommes : après plusieurs siècles, on peut dire qu'il n'en est plus.

Cette proposition est trop importante, et en même temps trop paradoxale, pour n'avoir pas besoin d'être plus amplement développée.

La manifestation de la pensée par la parole a généralement un de ces trois buts : ou de captiver l'imagination par ses formes, ou d'entraîner la volonté, ou d'instruire l'intelligence. Vivante, au moment où elle est proférée, sous l'un ou l'autre de ces trois rapports, elle vieillit bien vite, devient décrépite et surannée, est négligée comme inutile, méprisée comme radoteuse. Elle meurt à jamais ; et des paroles jeunes et vivantes occupent sa place, pour disparaître enfin à leur tour.

Parmi les produits de l'esprit humain, les formes sont ce qui conserve plus longtemps son intérêt et sa vie. Cela vient de ce qu'elles sont un produit pur de l'esprit, et que par conséquent rien n'est plus indépendant qu'elles des circonstances extérieures et des progrès de la science. Et pourtant elles changent et se renouvellent avec le cours des siècles et la marche des générations. Soit l'attrait de la nouveauté, soit des liaisons cachées entre les idées ou les habitudes les plus chères et les produits des beaux-arts, soit toute autre cause, les formes qui ont captivé les hommes ont changé comme les siècles ; et souvent celles qui, dans l'origine, leur avait inspiré le plus d'enthousiasme ont fini par leur inspirer le plus de dégoût. Au style égyptien, en architecture, a succédé le style grec ; à celui-ci le style gothique ; à celui-ci le style de Henri II ; puis celui de Louis XIV, puis le papillotage de Louis XV, puis le style de nos jours. Il en est de même dans la peinture. Raphaël et Mignard, les Flamands et le Poussin, Boucher et David, ont eu des admirateurs exclusifs et passionnés. Ils ont fait prévaloir leurs formes de prédilection pendant des générations entières.

Mais, dans les arts de la parole, la forme étant plus étroitement combinée avec le fond de la vie intellectuelle, c'est-à-dire avec les opinions, les sentiments et les connaissances, elle change beaucoup plus vite ; ou, pour mieux dire, elle est beaucoup plus incapable de faire durer un ouvrage qui n'a qu'elle pour soutien. Dans les autres arts, la matière n'est rien, la forme est tout. Elle produit son effet instantanément, quel que soit le fond qu'elle couvre. La jouissance est intuitive et non discursive. Dans les arts de la parole, avant de contempler la forme, il faut dévorer la matière. Elle est surannée, triviale, fausse même ; n'importe ! vous ne pourrez arriver à la forme qui l'embellit qu'après l'avoir traversée, malgré le dégoût qu'elle vous inspire. Quoi de plus gracieux que les formes du Télémaque ? quoi de plus ennuyeux, de plus insupportable et de plus faux que les rêveries dont elles sont l'enveloppe ? Les formes de Platon sont plus gracieuses encore, mais le fond les emporte ; et qui les connaît, hormis les savants ? — Les formes elles-mêmes vieillissent indépendamment du fond. La forme épique a disparu, et rien n'a pu la ressusciter de nos jours. Les formes dramatiques qui transportaient les Grecs d'admiration causeraient aux spectateurs de nos jours un suprême ennui. Les essais tentés pour remettre en scène les pièces déjà vieillies n'auront jamais qu'un médiocre succès. Les auditeurs ne sont plus les mêmes, et les formes qui plaisaient aux uns inspireraient aux autres un insurmontable dégoût. Pour éprouver cet effet, il suffit de changer de ville ou seulement de quartier.

Mais, quand la parole doit agir sur les masses et remuer les volontés, elle vieillit bien plus vite encore. Cette puissance magique, si bienfaisante ou si redoutable, qui triomphe des préjugés, des intérêts et des passions, qui exalte les sentiments et réunit toutes les volontés en une seule, tient à tant de circonstances diverses, à tant d'associations fugitives, qu'elle n'a qu'un moment pour elle. Le moment passé, le charme cesse ; et la parole qui agitait les peuples, changeait la forme des empires et faisait couler des fleuves de sang, demeure sans force et sans vie. Les oreilles ne veulent plus l'entendre. C'est un monument pour l'antiquaire, à côté de la médaille qui constate les prodiges qu'elle opéra. Souvent une génération suffit pour amener un tel changement. Et de nos jours même, la *Marseillaise*, qui naguère valait des armées, n'est pas moins désenchantée que le drap rouge des croisés.

Mais c'est surtout lorsque la parole est destinée à enseigner qu'elle vieillit vite. L'intelligence humaine est dans un mouvement et un progrès continuels. Les découvertes faites par le génie trouvent à l'instant un nombre considérable d'hommes éclairés qui sont capables de les apprécier et de les comprendre. Elles sont débattues, soumises au creuset du raisonnement et de l'expérience, jugées par toutes sortes d'esprits, modifiées, étendues, limitées et finalement reçues dans le domaine utile de l'esprit humain, ou vouées à un oubli mérité. Si le temps en fait justice, il emporte avec lui la parole qui les enseigna. Si le temps les justifie et les conserve, il les développe et les perfectionne. C'est un germe qui s'étend sans mesure. Bientôt la découverte qui fut un pas énorme dans la science est comprise dans ses premiers éléments ; et la parole, le livre, qui le premier la révéla au monde, n'enseigne plus rien que les erreurs dont la mêlait encore celui qui eut le bonheur de la rencontrer. Il n'est donc point de livre destiné à l'enseignement, même parmi les plus originaux, qui ne soit dépassé et ne devienne inutile après une ou deux générations. Le sujet en devient trivial, le fond insuffisant, la forme surannée ; et le tout est mêlé d'une multitude de détails que l'on peut à peine comprendre, parce qu'ils se rapportent à des usages qui ne sont plus. Utile pour indiquer à l'archéologue les diverses phases de la science, il ne saurait plus servir à enseigner la science elle-même. Peut-être est-il vrai de dire que ce qui retarde le plus la dissémination des connaissances scientifiques, philosophiques et religieuses en France, c'est précisément l'habitude de les puiser dans de vieux livres.

Qu'elle soit uniquement destinée à plaire ; qu'elle doive entraîner la volonté, ou qu'elle se borne à instruire, la parole d'un homme n'est donc jamais longtemps puissante, active et vivante parmi les hommes. Elle passe. Bientôt il n'en reste qu'un écho ; bientôt elle laisse à peine un souvenir.

Les paroles de Jésus sont une exception à cette destinée commune de toutes les paroles sorties de la bouche des hommes. Après dix-huit siècles, leur forme est encore ce qu'il y a de plus populaire ; leur puissance sur les âmes ne s'est point encore affaiblie ; et l'homme le plus éclairé, en y appliquant son intelligence et son cœur, y trouve tous les jours de quoi étendre et perfectionner l'une et l'autre.

La popularité des paroles de Jésus est une chose trop claire pour que je doive m'arrêter longtemps à l'établir. Dans leur forme, elles ne réalisent pas sans doute ce que les rhéteurs entendent par le beau ; mais que de belles choses ont passé, tandis que celles-là demeurent ! Il y a du juif, il y a du local, il y a de l'occasionnel, autant et plus que dans aucun autre livre de la même époque ou d'une époque encore plus récente. Le peuple n'entend plus les autres et ne s'en soucie guère ; il entend parfaitement celui-là. C'est son livre, et il s'en soucie. Quand on ne le violente pas, quand on ne le fausse pas, il y revient sans cesse, avec un intérêt nouveau. Il y a de tels rapports entre les formes de cet enseignement et ses habitudes de pensée, entre le fond et tout son être moral, qu'il comprend, qu'il est intéressé, captivé, saisi, comme si les paroles lui arrivaient toutes vivantes de la bouche du Sauveur, dans une circonstance où lui-même fût intéressé. Il y a du juif, il y a de la Palestine, il y a du siècle de Tibère, mais tellement en sous-ordre, et l'humain pur, immuable, éternel, y est dans une telle prépondérance, qu'il suffit d'être homme pour comprendre ce que le Sauveur voulut enseigner, et pour être obligé de se dire : ceci me regarde ; cette parole est faite pour moi. Peut-être dira-t-on que le livre, ayant eu le singulier bonheur de fournir les bases d'une religion nouvelle et de devenir un livre sacré, a dû répandre lui-même les idées et former les habitudes qui l'ont ensuite rendu populaire. Les prêtres du christianisme l'ayant partout prôné l'ayant introduit dans les écoles, expliqué dans les chaires, défendu dans de nombreux écrits, il a dû pénétrer fort avant dans les pensées du peuple et se confondre, en quelque sorte, avec les premiers éléments de son intelligence. Mais pourquoi d'autres livres n'ont-ils pas eu le même bonheur ? pourquoi, reçus d'abord avec enthousiasme, ont-ils été si promptement négligés ? pourquoi la beauté des formes, le charme du style, l'intérêt des événements n'ont-ils pas pu les sauver ? Vous voulez m'expliquer la popularité de ce livre par les effets colossaux de cette popularité même : c'est une difficulté de plus que vous avez à combattre ; c'est une explication de plus qu'il faut me donner. S'il fallait exposer, à cet égard, toute ma pensée, je dirais que presque toujours, loin que les prêtres nous aident à comprendre le livre, c'est le livre qui sert à nous faire comprendre les prêtres. Et cela est vrai surtout des paroles de Jésus, que j'ai particulièrement en vue dans cet écrit. Ce sont elles que le peuple ne se lasse point d'entendre et de relire, parce que la forme en est pour lui toujours nouvelle et toujours vivante.

C'est une des raisons, mais non pas la seule, qui donne à ces paroles une grande puissance sur les âmes.

La puissance que la parole de Jésus exerce encore sur les âmes, après dix-huit siècles écoulés, ne saurait être contestée. Elle s'est parfois affaiblie, jamais éteinte ; et dans le temps même où des circonstances extraordinaires semblaient ravir les masses à son action, cette action n'était que plus puissante sur ceux qui s'y montraient encore soumis. Mais bientôt les idées et les paroles, qui, pour un temps, avaient entraîné les hommes, se désenchantent et se montrent dans toute leur vanité ; la parole de Jésus se relève ; le respect l'entoure en attendant l'obéissance, et l'obéissance elle-même gagne tous les jours du terrain. — La puissance de cette parole dans les annales du genre humain, est assurément un des phénomènes les plus étranges qu'elles présentent. Et je ne parle point ici de ces sacrifices éclatants inspirés par une conviction forte, de ces martyrs encourus avec joie, de cet oubli de la vie et des affections qui sont plus qu'elle, pour la confesser ou pour la répandre. Je ne parle point de cette métamorphose bienfaisante qu'elle a opérée sur les mœurs, sur les lois, sur les habitudes, sur les lumières, sur les arts, sur la civilisation tout entière des peuples soumis à son empire. Je parle de cette puissance plus silencieuse et non moins extraordinaire qu'elle exerce sur les parties les plus intimes de l'âme ; de cette métamorphose non moins étonnante qu'elle opère sans éclat sur les affections, sur les espérances, sur la direction de la vie, en un mot sur l'homme moral tout entier. Jésus appelle cette métamorphose intérieure, accomplie par la puissance de sa parole, une nouvelle naissance. Et ce n'est pas trop dire ; car c'est passer dans un monde nouveau ; c'est devenir un être d'une nouvelle nature ; c'est abandonner la vie animale, qui nous attire et qui nous presse, pour la vie de l'esprit, qui se cache dans le fond de la conscience ; la vie de l'individu pour la vie de l'humanité ; le contentement de soi-même pour le sentiment de sa faiblesse ; la terre pour le ciel, et le plaisir pour la vertu. Mais, si l'on songe à tout ce qui, dans l'homme, s'oppose à un pareil triomphe, aux passions et aux erreurs du dedans, aux tentations et aux séductions du dehors ; quand on songe que la nature entière se soulève contre cette parole et lui fait sans relâche une guerre mortelle, il faut être étonné non qu'elle ne triomphe pas toujours, mais qu'elle triomphe quelquefois. La vie de l'esprit, la vie qu'on peut appeler céleste ; cette vie, que la parole de Jésus inspire, a quelque chose de si extraordinaire, dans une nature terrestre et mortelle, qu'on n'a pas su comment l'expliquer, même par cette parole, et qu'on en a fait quelque chose de surnaturel et de miraculeux. Au moins le surnaturel et le miraculeux se trouvent-ils toujours à l'origine de cette parole elle-même.

Mais, s'il est un point de vue sous lequel la durée des paroles de Jésus, comme paroles vivantes et toujours nouvelles, doive nous paraître étonnante, c'est surtout celui du fond même de l'enseignement. Les questions les plus hautes de la philosophie et de la religion, qui est elle-même la plus haute philosophie, y sont abordées et résolues avec une simplicité, avec une clarté, avec une profondeur qui sont tous les jours plus étonnantes et plus inexplicables. Le spiritualisme le plus pur et le moins mystique, la morale la plus élevée et la plus populaire, la religion la plus complète et la moins embarrassée, tout s'y trouve pour l'instruction des plus simples comme pour l'admiration des savants. Quand elle a paru dans le monde, cette doctrine était infiniment supérieure à tout ce que le monde avait pu créer et recevoir avant elle. Le pur et le complet s'y trouvaient pour la première fois réunis. Le monde en comprit ce qui était à sa portée : il en fut éclairé, dirigé et vivifié. Depuis, l'humanité a fait des conquêtes immenses. Le champ de la philosophie et celui de la nature visible furent exploités, fouillés, retournés en mille sens divers, jusqu'à une incroyable profondeur. Les méditations les plus fortes et les plus heureuses des génies les plus puissants ont été laissées en arrière, dans ce mouvement rapide et toujours nouveau. Les systèmes les plus brillants ont été démolis. À peine en est-il resté quelques matériaux employés à bâtir d'autres systèmes, qui furent démolis à leur tour. Les paroles de Jésus, si vulgaires en apparence et si peu profondes, ont toujours demeuré comme vraies. À mesure qu'on s'est enfoncé plus avant, qu'on a creusé plus bas dans les abîmes de la pensée, pour y chercher la nature, la destination, les devoirs et les vrais intérêts de l'homme, loin de laisser l'Évangile à la superficie, on l'a retrouvé dans ces régions reculées plein de force et de vie, et les plus sages ou les moins passionnés ont été forcés de reconnaître qu'il avait pénétré plus avant encore qu'eux. Un système de philosophie avait prévalu dans le siècle dernier, démolissant avec une ardeur incroyable. Il se trouve que l'Évangile avait démoli encore plus que lui. Un autre lui succède, reconstruisant l'homme et la religion sur une base qu'il croit nouvelle. Il se trouve que l'Évangile a proclamé les mêmes idées, sur l'homme, sur Dieu, sur la religion et sur la moralité, dix-huit siècles avant lui. C'est là le dernier état des choses. C'est là le triomphe le plus récent et le moins contesté. De tous les faits que j'ai posés dans le cours de ces réflexions rapides, c'est sans doute celui que chacun sent le mieux aujourd'hui, et les adeptes de la vieille école, qui se croient en avant de leur siècle et qui sont réellement en arrière, seraient probablement les seuls à me le disputer, si le titre même de cet opuscule n'en détournait pas leurs regards.

Voilà le privilège de la parole de Jésus. Je dis que, dans les annales de la pensée humaine, elle est seule à le posséder. Je ne pense pas que quelqu'un songe maintenant à contester cette assertion.

Je ne connais qu'une parole à laquelle on pût songer, pour l'opposer à la parole de Jésus. C'est celle de Mahomet. Mais la moindre réflexion suffit pour renverser ce fantôme.

La parole de Mahomet est arabe ; elle n'est point humaine. La parole de Mahomet a perdu sa puissance sur les hommes. Elle possède des sectateurs nominaux, par cette continuité d'action qui ne s'éteint dans les peuples que par une révolution violente ; mais de vie, de puissance sur les âmes, elle n'en a plus. Tant qu'elle en a possédé, elle a fait trembler le monde. Maintenant elle en est la risée. Elle agit comme un obstacle extérieur, comme une masse de plomb sur la poitrine, et non comme un principe de force, de développement et de vie. Elle est morte, mais elle tue.

Comme enseignement, est-il rien de plus étroit et de plus pauvre, de plus confus et de plus erroné, de plus stationnaire et de plus vieilli ? non seulement l'Alcoran n'apprend plus rien à ses sectateurs, mais il les empêche d'apprendre ; non seulement il est lui-même infiniment en arrière de tous les progrès de l'humanité, mais il est comme un mur d'airain, contre lequel il faut venir se casser la tête sans pouvoir rien reconnaître au-delà. Omar, c'est le mahométisme personnifié.

Mais je m'arrête longtemps à réfuter une objection que peut-être on ne m'eût point faite.

Seul, le phénomène de la durée vivante de la parole de Jésus serait donc quelque chose de singulier et d'inexplicable. C'est un phénomène isolé dans les annales du genre humain. C'est à la fois le plus bienfaisant et le plus étonnant de tous. Il devient bien plus inexplicable encore quand on songe qu'il fut prédit et annoncé d'avance. Et dans quelles circonstances encore ! dans un pays ignorant et ignoré ; du sein de l'abandon et du mépris dans ce pays même ; en parlant à des pêcheurs et des péagers, à des mendiants et à des femmes, sous la perspective d'une mort honteuse et prochaine ! Le fait de la prédiction n'est pas douteux ; l'événement était contraire à toutes les prévisions raisonnables et à l'expérience de tous les siècles ; l'accomplissement, nous le voyons.

L'accomplissement de cette prédiction jusqu'à ce jour est le garant de son accomplissement ultérieur. Pourquoi la popularité, la puissance et la profondeur de cette parole, qui jusqu'à ce jour se sont maintenues avec un nouvel éclat, à travers toutes les révolutions des circonstances extérieures et de la pensée humaine, se démentiraient-elles dans les âges qui sont à venir ? Tout n'annonce-t-il pas, au contraire, une sorte de renouvellement et un retour d'énergie à cette parole éternelle ? Elle prend à la fois une action plus puissante et plus étendue. Elle pénètre plus avant dans les âmes qui l'ont reçue ; elle gagne des âmes nouvelles. Sans exagération, sans enthousiasme, par le seul aspect actuel des choses humaines, on peut prévoir le moment où elle couvrira, éclairera, embellira toute la face de la terre. Et cette prédiction faite aujourd'hui ne sera point un miracle.

Mais la prédiction de Jésus ne s'arrête pas là. Elle annonce encore une durée infinie, après que les cieux et la terre auront passé. L'accomplissement certain de la prédiction, dans l'étendue que nous avons sous les yeux, nous est encore un garant de son accomplissement dans cette nouvelle et immense sphère. Et cette parole qui doit servir à nous diriger dans notre existence transitoire, doit encore servir à nous juger et à nous classer dans notre existence éternelle. Elle contient les conditions et les bases non seulement de ce que nous sommes, mais encore de tout ce que nous pouvons devenir.

JÉSUS, IDÉAL DE L'HUMANITÉ

Voilà l'homme.

— (JEAN, XIX, 5.)

En* disant aux Juifs ameutés : Voilà l'homme, Pilate croyait ne leur montrer qu'un malfaiteur ou un misérable, rebut de la société, qu'on pouvait mettre à mort sans crime. Et c'était l'homme qu'il leur montrait ; l'homme par excellence ; l'homme tel que Dieu l'avait conçu dans sa pensée éternelle ; l'idéal, le type pur et complet de l'humanité.

Si l'homme n'est fait que pour vivre, jouir, souffrir et mourir sur la terre, Jésus n'est point son modèle, quoiqu'il ait vécu, joui, souffert et trépassé comme nous. Mais, dans toutes ces phases de la vie humaine, il a vu autre chose que le plaisir, la douleur et la mort. Il a vu l'existence humaine dans toute son étendue, dans le monde visible et dans le monde invisible. Il l'a vue ; et il s'est montré, sans lacune et sans exception, l'homme qu'il fallait pour accomplir cette destinée selon les desseins de Dieu.

C'est l'esprit qui constitue l'homme : le corps n'est qu'une enve-

---

* Janvier 1830.

par laquelle il est mis en rapport avec la terre. Mais, dans l'esprit même, il y a une partie qui est en relation immédiate avec le corps et avec tout ce qui le touche, et une partie bien plus noble, qui est en rapport avec les destinées définitives de l'humanité, avec les grandes lois qui se confondent en quelque sorte dans l'essence de Dieu même, pour gouverner le monde des esprits. Jésus est venu nous montrer, dans l'action et dans la vie réelle, cette partie supérieure, excellente et pour ainsi dire divine de l'humanité.

Je n'ai point la prétention de peindre ici le caractère de Jésus. Il se sent et ne se rend pas. L'inimitable simplicité de l'Évangile a quelque chose de désespérant pour quiconque voudrait entreprendre une pareille tâche. Je choisirai seulement les traits qui se rapportent au dessein que je me propose, laissant à mes lecteurs le soin d'agrandir et de compléter par leurs souvenirs ce que je ne puis qu'indiquer.

Le premier trait que je remarque dans le caractère de Jésus, c'est *la prédominance de l'esprit sur la sensualité*. En lui, c'est l'esprit qui règne et le corps qui obéit. Depuis les premiers jours de sa carrière jusqu'à celui qui la termine, l'ensemble de sa vie, comme ses moindres actions, sont dirigés par l'intelligence, par le sentiment et par le devoir, en un mot, par les facultés les plus élevées de l'âme, et jamais par les appétits grossiers, par la recherche du plaisir ou même par ces affections bornées, qui, quand elles ne sont point ennoblies par la raison, ne sont qu'une autre forme de la mensualité. Il estime la vie et il en use ; il jouit des douceurs qui peuvent l'embellir ; mais il est toujours supérieur à elles. Il sait faire tourner ces émotions passagères de la sensibilité vers le grand but de son existence terrestre, que sa raison et sa volonté n'oublient pas un seul instant. Il s'assied au festin de Simon ; mais il y fait apparaître avec lui la céleste charité dans sa forme la plus attrayante. Il pleure sur le tombeau de Lazare ; mais c'est pour y développer bientôt, dans toute leur majesté, les mystères du royaume des cieux, qu'il avait déjà désignés à Marthe comme la seule chose nécessaire. Dans les festins, dans les épanchements de l'amitié, dans ces émotions qui se font jour par des larmes, il est le même que sur la montagne où il prononce d'impérissables paroles ; sur la colline des Oliviers, où il triomphe de la chair et du sang pour se vouer au supplice, et sur le Calvaire, où il le subit, sans laisser échapper une parole dans laquelle l'esprit et le cœur, l'intelligence et l'amour, ne triomphent d'une épouvantable, d'une injuste douleur. C'est l'homme avec sa fragilité, avec sa faiblesse, avec son exquise sensibilité, ouvert de partout à la souffrance et repoussant la douleur par un irrésistible instinct. Mais c'est l'homme doué de facultés plus hautes, dont il sent fortement la valeur, et qu'il sait faire prévaloir sur toutes les émotions tumultueuses qui naissent, se soulèvent, se pressent et s'effacent, dans la région inférieure des sensations et des intérêts.

Le second trait que je remarque dans le caractère de Jésus, c'est *la prédominance de l'humanité sur l'individu,* non seulement l'esprit règne en lui sur la sensualité, mais cette clarté puissante et sûre n'est pas uniquement employée à illuminer l'individu qui la possède pour lui découvrir les plaisirs ou les dangers. Une grande pensée domine cette raison, si puissante sur les sens et sur la vie entière : l'humanité ; un grand but est donné à cette existence, si active et si pleine : l'humanité. Jésus n'envisage sa propre vie que dans ses rapports avec l'humanité ; sa propre personne, son propre individu, quelque immense, quelque incompréhensible qu'en soit pour nous la valeur, ne sont rien pour lui. Sa place dans l'humanité, les rapports de son existence avec le bonheur du genre humain, le bien qu'il peut et doit faire aux hommes, voilà ce qui l'occupe ; de lui-même il adviendra ce qu'il pourra. Il était ami, et quel ami ! saint Pierre et saint Jean seraient seuls capables de nous le dire ; leur cœur en était embrasé. Il était citoyen ; les larmes qu'il versait sur Jérusalem témoignent assez de son amour pour la patrie. Mais, avant tout, il était homme. L'amour de l'humanité et l'abandon de l'individu étaient l'âme de sa vie. Il aimait les hommes avec le cœur d'un homme, avec la puissance et la sagesse d'un Dieu, Dans quelle bouche l'amour de l'humanité a-t-il puisé des accents plus chaleureux, plus simples et plus vrais que ceux qui retentissent encore dans ce dernier discours et cette dernière prière par où Jésus se préparait à la mort ? Si vous ignorez encore comment on peut aimer les hommes sans abjurer son existence personnelle ; comment on peut se faire une carrière à soi, pleine d'indépendance, de force et, d'originalité, et pourtant fondre sa vie dans celle de l'humanité, et ne reculer devant aucun des devoirs auxquels elle est intéressée : lisez la vie de Jésus ; lisez surtout ces derniers chapitres de saint Jean, où l'humanité de Jésus parle un si noble langage et va si droit à notre cœur. Ne vous arrêtez point à quelques expressions difficiles, qui viennent de la hauteur même d'où Jésus contemplait les destinées de l'espèce humaine. Ouvrez votre cœur à ce langage si bien fait pour le captiver et pour l'ennoblir, et vous comprendrez ce que je veux dire. Et quand vous aurez compris, quand vous aurez senti cette vie de l'humanité, si profondément enracinée dans l'âme céleste de Jésus, rien ne vous paraîtra plus simple que le martyre qui la termina. Quel que soit le sentiment qui l'inspire, quelle que soit la source dans laquelle il puise sa force, le martyre est toujours un acte sublime, éternel honneur de l'humanité. Il atteste la présence d'une affection désintéressée et le triomphe d'un principe de conscience sur les intérêts les plus chers de l'individu. Mais le martyre de Jésus est plus beau qu'aucun de ceux qui embellissent les pages de l'histoire ; car il les efface tous par le pur sentiment d'humanité qui l'inspire, par l'horreur de ses circonstances et par l'immensité de ses résultats. En mourant, Jésus a légué à l'humanité l'idée du sacrifice, pure, sainte, généreuse ; et cette idée a porté ses fruits. L'égoïsme et le christianisme sont devenus deux idées contradictoires pour les moins intelligents.

Il semble que nous voilà bien haut. Et pourtant il nous faut élever plus haut encore. L'humanité telle qu'elle apparaît sur la terre, ne renferme qu'une partie des destinées et des rapports de l'humanité. Il lui faut, elle a droit d'attendre un champ plus vaste, une plus longue durée. Jésus ne manque point à cette dernière et sublime vocation d'humanité. Pour peu qu'on ait étudié son caractère, on y aura reconnu *la prédominance du ciel*, c'est-à-dire de l'éternité, de l'infini, de l'ordre moral, de Dieu *sur la terre*, c'est-à-dire sur le borné, sur le passager, sur le monde. Jésus est sur la terre ; il y converse avec nous ; il y est soumis aux mêmes besoins et aux mêmes infirmités que nous ; mais il y porte les traces évidentes de sa céleste origine. Il y apparaît comme un étranger qui fait du bien où il passe, mais qui vient d'un pays meilleur, dont il aime à s'entretenir, où il est pressé de retourner. Il fait tout pour les hommes ; mais ce ne sont pas les hommes seuls devant lesquels il agit : il a d'autres spectateurs, dont l'estime et la présence le soutiennent et le consolent. Il fait tout pour améliorer l'ordre terrestre qui doit rendre heureuse la race à laquelle il appartient ; mais il pressent un ordre plus vaste ; il l'accepte, il le prépare, il s'y soumet. Il distribue aux hommes la nourriture qui périt ; mais il les invite avec force à rechercher avant tout celle qui demeure dans la vie éternelle. Il veut rendre les hommes heureux dans le monde ; mais il leur annonce qu'en vain gagneraient-ils le monde, s'ils faisaient la perte de leur âme. Il adoucit les peines terrestres ; il guérit les infirmités ; mais il fait découvrir aux hommes un danger plus grand que les maladies et la mort, une puissance plus à craindre que celle qui peut ôter la vie du corps. Il donne l'exemple du culte et de la prière ; mais il proclame que le vrai culte consiste dans l'union du cœur avec Dieu. Et cette vie céleste va plus loin que les discours. En Jésus elle est assise dans l'âme, et elle y règne. Elle inspire tout ; elle colore tout ; elle dirige tout. C'est une auréole qui embellit de son éclat toutes les actions et toutes les paroles du Sauveur. Elle est visible partout à ceux qui ont un sens pour elle. Elle est cachée pour les autres. Jésus ne vit pas seulement dans l'ordre terrestre, il vit dans l'ordre céleste et éternel. Ce n'est pas seulement son devoir, c'est sa nourriture de faire la volonté de son Père qui est aux cieux. Et quand la chair et le sang se révoltent, un instant de méditation, un quart d'heure de retraite auprès de son Dieu, lui rendent la résignation et le courage. Il s'est élancé hors de la terre, dans l'ordre éternel qu'il est venu manifester : sa soumission est humble, pleine et joyeuse à cet ordre, même sévère. Jésus mourant ; Jésus mourant plein du ciel ; Jésus mourant parce que Dieu l'a voulu, parce que le salut des hommes l'exige ; Jésus mourant en bénissant ses ennemis et remettant son esprit à Dieu, est le plus beau spectacle qui jamais ait été offert à la terre. C'est le plus beau triomphe de l'invisible sur le visible, et de Dieu sur l'humanité, car il est pur et complet. C'est le seul spectacle digne de Dieu dont la terre ait jamais été le théâtre.

Voilà Jésus ; voilà l'ange ; voilà l'honneur de la terre ; voilà l'enfant du ciel qui doit retrouver sa demeure ; voilà l'image de Dieu ; voilà l'être dans lequel l'essence divine se réfléchit et s'incorpore. Et pourtant voilà l'homme. Tous ces traits lui appartiennent ; ils sont non seulement le privilège, mais le devoir de l'humanité. Chacun sent qu'ils sont faits pour lui. Chacun, en descendant dans sa conscience, avec le flambeau que Jésus lui mit dans la main, y trouve écrit en caractères à jamais ineffaçables, que non seulement il peut, mais qu'il doit les réaliser. Chacun sent qu'il n'est complètement et réellement homme qu'à ce prix.

Oui, c'est là l'homme tel que Dieu l'a voulu ; et l'homme ne se trouve que là.

Renversez cet ordre, que nous trouvons essentiel à l'humanité, et que Jésus a réalisé dans sa vie. Supposez la prédominance de la sensualité sur l'esprit, de l'individu sur l'humanité, de la terre, de l'instant, du lieu, du fini, sur le ciel, sur l'éternité, sur l'infini, sur Dieu : qu'avez-vous ?

Vous n'avez plus que la brute.

Plus ou moins d'intelligence n'y fait rien ; plus ou moins de raffinement n'y fait rien. Grossière ou raffinée, voilà la vie de la brute.

Plus vous réfléchirez, plus vous approfondirez ces idées ; plus vous connaîtrez qu'elles constituent la distinction fondamentale entre l'homme et la brute. L'homme est là et n'est point ailleurs.

Mais la brute et l'homme se rencontrent dans chacun de nous. Soumis au temps, au lieu, à mille besoins, à mille désirs, par notre constitution physique, nous ne pouvons jamais nous soustraire entièrement à l'influence des conditions qu'elle nous impose. Mais, tout en la subissant, nous pouvons la diriger, la dominer, la soumettre à l'ordre et la faire concourir aux fins de notre nature supérieure. Soit que nous mangions, soit que nous buvions, soit que nous fassions quelque autre chose, nous pouvons nous souvenir que nous sommes hommes et faire tout pour la gloire de Dieu.

Une lutte s'établit dans notre cœur entre la brute et l'homme ; mais c'est l'homme qui doit triompher. Notre conscience nous le dit avec évidence ; mais Jésus est venu nous apprendre encore que l'homme peut triompher, et comment il peut triompher.

Ô Jésus ! quand tu ne serais venu sur la terre que pour nous montrer ce type humain dans sa céleste pureté ; pour nous révéler les trésors que chacun de nous porte dans son sein ; pour nous signaler le but sublime vers lequel nous devons marcher, nous le rendre plus attrayant et plus cher même que la vie, et nous prouver que nous pouvons y atteindre en nous attachant à toi ; déjà, tu serais le Sauveur du genre humain.

LA PRIÈRE

Si la prière est en défaveur, c'est que l'on s'en fait en général des idées beaucoup trop grossières. On dirait souvent un maître ignorant ou faible, qu'il faut séduire ou gagner à force d'importunités.

Et pourtant, dans sa véritable idée, la prière constitue en grande partie le fond de la religion. Où elle manque, on peut dire que la religion manque avec elle.

La prière est la conscience actuelle des idées religieuses. C'est la religion passée en acte. C'est un mouvement volontaire de l'âme, qui cherche à sortir pendant un moment du monde visible, pour s'élancer dans le monde moral. C'est une communication spirituelle avec un ordre supérieur à la terre, dont le cœur sent fortement le besoin et la réalité. C'est un instant passé dans les cieux.

Ces communications, avec conscience et volonté, entre l'âme et le monde moral, supposent nécessairement deux termes : l'âme et le monde moral. Il y a donc en elles quelque chose de subjectif et quelque chose d'objectif. Pour arriver à une idée complète de la prière, il faut donc la considérer dans le sujet qui s'y livre, c'est-à-dire dans l'âme, et dans l'objet vers lequel elle s'élance, c'est-à-dire dans le monde invisible lui-même.

Quelles sont les idées que la prière réveille dans l'âme ? qu'est-ce qu'elle emporte pour celui qui s'y livre ?

Nous l'avons dit, c'est la conscience actuelle de la vie spirituelle ; c'est le retour volontaire et de prédilection vers un monde moral, complément nécessaire du monde sensible, et qui lui est infiniment supérieur.

Resserré dans un corps de boue, qui le sert, mais le gêne et le fatigue, luttant contre la souffrance et le besoin, emprisonné dans un monde dont la grandeur l'accable, dont la misère et la petitesse l'attristent ; se sentant infini et trouvant partout des limites, l'homme développé par la réflexion et possédant la conscience de lui-même pressent un autre monde, un autre ordre, d'autres lois, une autre félicité, une autre durée, un autre gouvernement et un autre chef. Il s'y élève par la contemplation ; il s'y réfugie dans ses peines ; il en embellit sa vie ; il en exalte ses espérances ; il s'élance au-delà du borné, du temporel et du misérable, vers l'excellent, l'éternel et l'absolu. C'est la prière.

Quelles que soient les subtilités d'une philosophie sensualiste, elle est naturelle à l'homme. Elle le prend à son berceau, pour ne le quitter qu'à la mort. Elle reparaît dans toutes les phases des sociétés humaines. Partout l'homme est invinciblement entraîné par sa nature à compléter le visible par l'invisible, et à se mettre en communication avec le pouvoir mystérieux mais irrésistible que le monde entier et son propre cœur lui révèlent. Le sauvage adore le grand esprit ; l'africain implore son fétiche dans sa cabane de bambou ; et le chrétien prie dans son temple, au sein de tous les raffinements intellectuels et physiques dont l'entoure la civilisation la plus avancée de la terre. Tous satisfont à un besoin de leur nature, qu'ils ne se sont point donné. Tous, en accomplissant cet acte, sont hommes, et hommes par excellence. Ils exercent le plus glorieux privilège de l'humanité. Il y a beaucoup de légèreté sans doute à traiter avec dédain un acte qui occupe une si grande place dans l'histoire de l'humanité, et dans lequel ont pris leur source tant de conquêtes de l'intelligence, tant d'efforts magnanimes de la vertu.

Toujours et partout l'homme pressent un ordre qu'il ne voit pas, un chef qui ne lui parle pas. Différent en tout le reste, même dans ce qui se voit, il s'accorde en ce seul point. Il y revient sans cesse, après toutes les révolutions de son existence matérielle, intellectuelle et sociale. Est-ce présomption d'en conclure que, dans les profondeurs les plus intimes de son âme, le monde moral lui est donné ?

Telle étant la prière dans son idée la plus générale, pour la bien comprendre il faut analyser le monde moral.

Dès qu'on s'élance par la pensée au-delà des choses sensibles pour s'élever à la contemplation et au sentiment du monde moral, ce que l'on rencontre d'abord, ce sont les *lois du monde moral*.

C'est par là qu'il se manifeste, et c'est par là que nous-mêmes acquérons la certitude d'en faire partie. C'est son extrême limite ; mais cette limite nous enferme, comme la limite des choses visibles nous enferme par notre corps. L'homme est le point où ces deux mondes, comme deux immenses cercles, se touchent et se pénètrent. Nous sentons dans l'un des lois saintes, obligatoires, supérieures à notre nature sensible, mais pleinement libres et purement morales ; comme nous sentons dans l'autre des lois irrésistibles et fatales, sans moralité, sans liberté. La conscience, la sainteté, la pureté, le prix absolu du bien, l'horreur absolue du mal, la responsabilité jointe à l'affranchissement de la nécessité, la dignité de la personne : voilà le spectacle qui se présente le premier à l'âme contemplative ; voilà les idées qui la frappent ; voilà l'ordre qu'elle découvre d'abord dans ce monde où elle pénètre. Elle se sent agrandie, et pourtant elle n'a fait que se replier sur elle-même ; car toutes ces idées lui sont données par la conscience. Tout homme les porte toujours dans son sein. Il suffit qu'il veuille les chercher. Il trouvera dès le premier élan les lois du monde moral, fortes, pressantes, pures, incorruptibles. Il les trouvera claires, portant avec elles leur sanction ; aussi positives, aussi indubitables que les lois du monde physique, quoique d'une nature bien opposée. Et par la seule conscience de ces lois, il croira à un ordre moral, comme il croit à l'ordre physique qu'il voit de ses yeux et qu'il touche de ses mains.

Dès lors, il ne voit plus seulement les lois du monde moral ; il en voit, pour me servir d'une expression singulièrement impropre, le corps, la matière ; ou, pour parler un peu moins mal, la substance et la vie. Ce monde de la moralité, que révèle la conscience, est aussi celui de l'intelligence ; car ces deux qualités sont inséparables en ce sens que la moralité emporte toujours l'intelligence, et que la suprême moralité est aussi la suprême intelligence. C'est donc aussi le monde de l'ordre et de l'harmonie, le monde du bonheur en même temps que celui de l'innocence et de la vertu. Notre conscience et notre raison conspirent à la fois pour réunir, dans un idéal après lequel tout notre être soupire, le bonheur et la vertu. Après avoir trouvé, dès les premiers pas de notre voyage contemplatif hors du monde de la matière et de la nécessité, les lois du monde moral, nous rencontrons aussitôt, en faisant quelques pas de plus, la *vie du monde moral*. Et non seulement la vie, mais la *société* du monde moral ; car déjà l'expérience de la société humaine et la pleine certitude que les hommes sont des êtres moraux comme nous suffisent non seulement pour nous rendre respectable et sacré tout ce qui, comme nous, porte une conscience, est capable de vertu, mais aussi pour nous faire comprendre que les lois du monde moral embrassent d'autres êtres que nous ; que ce monde est un monde des esprits, et non pas de notre esprit. Dès lors il devient immense ; dès lors, la vie s'y étend à l'infini ; dès lors, l'âme humaine, dans laquelle un sentiment d'amour se trouve si vivement empreint, respire plus à son aise et attend un sort mieux fait pour elle. Cet ordre, cette harmonie que sa conscience lui révèle, cette vie supérieure et absolue qu'elle lui ordonne d'attendre, ne se resserreront pas dans une stérile unité. Ce sera un monde plein de rapports infinis ; ce sera une vie pleine d'action et de réaction ; ce sera une société dans laquelle tous les trésors mystérieux de l'intelligence, de l'affection et de la vertu, pourront se répandre et se renouveler sans cesse.

Mais il y a plus encore. Les lois du monde moral, la vie du monde moral, ne sont pas tout ce que l'âme rencontre dans sa course, et ne sauraient l'arrêter. Les lois qu'elle sent être les siennes, elle ne se les est point données. Elles viennent de plus haut qu'elle, revêtues d'une irréfragable autorité. Et pourtant elles portent l'empreinte de l'intelligence et de l'amour. Il y a donc au-dessus du monde moral une intelligence qui en est l'âme. La vie et la société du monde moral, après lesquelles notre âme soupire et qu'elle ne peut s'empêcher de regarder comme le complément nécessaire de la conscience, demandent, pour être réalisées, une puissance et une justice qui fassent régner l'ordre et le bonheur. Il faut *un chef au monde moral*. Dieu se présente donc tout à coup avec tous ses attributs. Il se présente à l'âme tout entière. Il vient lorsque l'âme l'appelle et qu'elle veut le recevoir ; il vient s'établir au centre de son intelligence et de ses affections. Ce n'est point une pensée fugitive qu'un flot de raisonnement amène et qu'un autre emporte ;

c'est la vie, c'est la vérité, c'est la puissance, c'est la réalité devant laquelle toutes les autres s'effacent et disparaissent. Ce ne sont plus des lois impassibles ; ce n'est plus une vie idéale ; c'est une personne ; c'est une intelligence, une puissance, un amour, une volonté réelle, personnelle, en même temps qu'immense, qui nous presse, nous entoure de toutes parts, parle à notre âme par la conscience et par la nature, et vient confondre ainsi dans une grande unité les deux mondes qui se manifestent autour de nous et en nous-mêmes, et qui souvent semblent se combattre. Dieu esprit, Dieu tout-puissant, Dieu saint, Dieu maître, Dieu personne : dès que cette pensée a réellement pénétré dans l'âme, il faut qu'elle y règne. Est-il donc besoin de s'étonner si, quand l'âme s'élance dans le sein du monde moral, par l'acte sublime de la prière, elle franchit rapidement tous les pensers intermédiaires pour arriver jusqu'à Dieu, pour s'abîmer dans cette contemplation ravissante ? non seulement elle y trouve un intérêt qui efface tout autre intérêt, mais elle y trouve tout ce qu'elle a laissé derrière elle, et l'ordre, et la charité, et la vie, et le bonheur, et la vertu ; mais elle y trouve tout plus attrayant et plus beau, par le reflet qu'il reçoit de l'existence, de la puissance et de la bonté suprêmes.

L'acte de la prière embrasse donc le monde moral tout entier, mais le monde moral incorporé en Dieu. L'idée de Dieu est à la fois le dernier terme et l'âme de la prière. Si l'on veut exprimer en un seul mot plus sensible et plus réel le vrai fond de la prière, on dira donc que c'est un commerce actuel de l'âme avec Dieu.

Ce commerce est-il réciproque ? Par la prière l'âme s'élance vers le monde moral. Le monde moral réagit-il ? Elle s'élance vers son Dieu. Son Dieu se rapproche-t-il d'elle ?

Une réponse à' cette question, qu'on peut appeler transcendante, est-elle donc indispensable ? Si la prière élève et ennoblit l'âme, en la ramenant à ce qu'il y a de plus grand et de plus beau dans sa nature, faut-il donc repousser ce bien, parce qu'on ne pourra pas en assigner avec précision les véritables sources ?

Mais une remarque plus importante, c'est que la réalité de cette réaction n'est guère révoquée en doute que par ceux qui ne prient pas. C'est toujours la fameuse réponse, qui conserve ici toute sa profonde vérité : « Vous le connaîtrez si vous en êtes digne. » — Qu'opposer à une telle expérience, dont tant de gens se tiennent pour aussi certains que de leur propre existence ? Qu'opposer à l'Évangile, cette parole céleste, qui promet à chaque page une telle réaction, et qui lui-même en est une puissante, indubitable, dont la traînée profonde sillonne encore les siècles ? Des données prises dans l'ordre physique, dont les lois sont d'un tout autre ordre que celles du monde moral ; dans la philosophie de la sensation, si courte et si bornée qu'elle est incapable de rien expliquer, même ce qu'elle croit le mieux comprendre ? Elle repousse l'idée d'une telle réaction, parce qu'elle y verrait un effet sans cause, c'est-à-dire, dans son langage, sans cause matérielle. Laissez-la faire : elle va traiter de chimère l'idée de cause elle-même, parce qu'elle est incapable de l'expliquer dans son système, et fera de l'univers un vaste assemblage d'effets sans causes et sans liaisons. Qu'est-ce à dire au fond ? Sur quoi se fondent de pareilles prétentions ? C'est nier ces communications d'esprits parce qu'elles n'ont pas lieu d'après les lois ordinaires du monde physique ; parce qu'elles ne peuvent ni se voir ni se toucher. En d'autres termes c'est les nier, parce que ce sont des communications entre esprits et non entre corps. Mais peuvent-elles être autre chose, et qui jamais a prétendu qu'elles dussent être autre chose ? Prenons le monde en grand, avec ses clartés et ses mystères, avec ce mélange insondable de matière et d'esprit, de nécessité et de liberté, de régularité et d'arbitraire, qu'il nous présente à chaque pas, et jusque dans ses moindres détails ; prenons-le avec l'expérience des événements inexpliqués dont il fourmille, des pensées imprévues dont nous sommes pleins, et dont se compose en quelque sorte notre vie, avec ce grand fait inexplicable, imprévu, évidemment supérieur aux lois de la matière et aux chances de la vie humaine, qui a retourné tout à coup, avec une irrésistible puissance, la marche de l'humanité ; et nous ne craindrons plus d'espérer et de croire que le monde moral peut réagir sur l'âme qui s'élance vers lui, et que la prière, ce magnifique privilège de la race humaine, est un commerce réciproque qui témoigne d'une autre origine et d'une autre fin.

Mais le sujet est assez important pour qu'il vaille la peine de nous y arrêter un instant encore, afin de l'approfondir en précisant mieux nos idées.

On ne peut nier que, dans la chaîne de nos pensées et dans les événements de notre vie, il n'y ait quelque chose de spontané, d'imprévu et en quelque sorte de cosmique, que notre volonté ni celle d'aucun homme ne sont en état d'expliquer. Sans doute la volonté exerce une puissante influence ; sans doute nous ne sommes point soumis aux lois d'une irrésistible fatalité. Notre âme est libre dans ses choix. Mais la vie est mouvement. Tout influe sur elle, comme elle influe sur toutes choses. Et à côté de ce que notre volonté fait par choix, des pensées qu'elle accueille et qu'elle approfondit, ou qu'elle dédaigne et repousse, se trouve cette multitude de mouvements et de pensées qui lui tombent du ciel et qui la jettent dans des voies nouvelles. À côté du mouvement réfléchi de l'âme, que la volonté dirige d'après un plan, se trouve toujours le mouvement irréfléchi qui excite ou retarde l'autre, et qui souvent lui imprime irrésistiblement une direction contraire.

L'on ne peut nier encore que ces mouvements imprévus n'exercent une puissante influence non seulement sur la destinée de chacun de nous, mais encore, quand on les prend en masse, sur les destinées de l'humanité. En dernière analyse, les grandes phases de la vie de l'humanité sont les résultats des mêmes causes que celles de la vie des individus. Bien plus, la conscience et la réflexion y exercent une influence infiniment moins décisive, et c'est à des causes imprévues, accidentelles, et que j'appelle volontiers cosmiques, qu'il faut presque toujours tout rapporter.

Eh bien, si, dans ces destinées de l'humanité que nous serions tentés de considérer comme un tissu d'accidents, il se trouve un ordre, un plan, une direction constante et ferme, l'humanité n'est point abandonnée. Ce plan trahit l'action continue d'une intelligence puissante qui plane sur le genre humain. Quand le christianisme ne serait point là pour fournir une preuve irrécusable de sa présence, l'histoire tout entière en témoigne. Plus on l'a connue, plus on l'a comprise et plus cette persuasion a jeté de profondes racines dans les esprits les plus vigoureux et les plus éclairés. Il semble que de nos jours il est à peine permis d'en disputer encore. Or cette action générale, indubitable, se composant, en dernière analyse, de cette multitude d'actions particulières que nous éprouvons sans cesse et dont se forme en quelque sorte le tissu de notre vie, comment douter que celles-ci ne soient elles-mêmes comprises dans le plan qui préside à l'ensemble, quoique nous ne puissions pas comprendre encore la place qu'elles y occupent ? C'est un vaste édifice dont on suit les nombreux contours, dont on admire la savante disposition quand on le contemple d'assez loin pour en embrasser l'ensemble, et qu'on ne conçoit plus du tout quand on s'obstine à fixer de près ses regards sur un trait isolé. On a dit que le genre humain est inspiré. Je le crois du plus profond de mon âme, et il en vaut la peine. Mais comment peut-il l'être, si toute communication est à jamais rompue entre le monde moral, source de l'inspiration, et les individus qui composent l'humanité ?

Il y a donc communication constante, efficace, réelle, entre le monde que nous habitons, entre l'humanité dont nous sommes partie intégrante, et cette intelligence forte et bienfaisante qui plane au-dessus de lui. Il y a réellement et sans cesse action et réaction entre les deux mondes.

Après ces réflexions, auxquelles nous espérons qu'un grand nombre de nos lecteurs donneront leur assentiment, est-il encore présomptueux de conclure que l'âme humaine, en s'élançant vers le monde moral par la prière, peut espérer de trouver une réaction dans ce monde moral après lequel elle soupire ?

La matière étant soumise à des lois qui emportent pour notre esprit l'idée de nécessité, ce ne sera jamais sur le monde matériel que nous pourrons reconnaître la réaction immédiate du monde moral, par suite des communications de l'âme avec lui dans la prière ; car toujours les effets matériels, quels qu'ils soient, pourront s'expliquer par une cause physique. Rien n'est plus grossier, rien n'est plus charnel, rien ne trahit davantage l'enfance de la religion, et rien n'est plus propre à remplir de dégoût les âmes plus éclairées, plus élevées et plus pures, que la prétention de changer par des prières le cours des choses naturelles. C'est dans l'esprit, monde de la liberté et de la spontanéité, que cette réaction doit s'opérer et qu'elle peut être sentie. C'est là qu'elle amène des changements qu'il faut bien attribuer à cette cause, car de toutes, c'est encore celle qui les explique le mieux.

Nous désirons qu'on nous comprenne bien. Nous n'entendons pas nier les effets matériels dans le monde visible. Nous disons que, par la nature des choses, de tels effets, s'il s'en rencontre, peuvent toujours être expliqués autrement, à moins de miracles positifs, que nous ne supposons pas. Les vrais effets de la prière, ceux qu'il est juste d'attendre, ceux que l'expérience confirme tous les jours et qu'il est absurde de nier, quelque opinion qu'on se forme sur leur origine, se manifestent dans l'âme. Ce sont de puissantes et bienfaisantes modifications de l'âme elle-même ; c'est une réaction immédiate et réelle du monde moral sur l'âme qui s'élance vers lui ; c'est une réaction de la vie spirituelle sur elle-même : c'est tout ce qu'on voudra ; car, dans ce moment, je ne m'attache plus à la cause, mais aux effets ; toujours est-il que ces effets sont immenses et certains. Fille de la vie religieuse, la prière nourrit sa mère. Elle seule fait pénétrer la religion dans les parties les plus profondes et les plus vitales de l'âme. Elle seule en fait un sentiment, une affection, un désir, une espérance, une passion même, au lieu d'une connaissance morte, d'une pensée qui traverse l'esprit sans laisser aucune trace dans la vie. L'homme est un être actif, qui se développe par l'activité et s'affaiblit par l'inertie. La prière est l'activité appliquée aux parties les plus élevées de la vie intellectuelle. Elle fortifie toutes les facultés de l'âme qui sont en rapport avec elle. Elle combat toutes les causes qui tendent sans cesse à ramener l'âme vers la terre et à l'enlacer dans les choses matérielles et passagères. C'est à la fois le bouclier et l'épée de l'esprit contre la chair.

Ainsi, c'est dans la prière que l'âme trouve toujours avec abondance une nouvelle force, une nouvelle activité de tous les sentiments vraiment humains et religieux.

Elle y puise toujours une excitation nouvelle du sentiment du devoir ou de la conscience. La vue de l'ordre terrestre tend à l'affaiblir ; car, quand on n'en voit qu'une portion bornée, il est tout physique, tout fatal. Il froisse la conscience par son opposition souvent flagrante avec l'ordre moral dont la conscience porte les lois. Il provoque à l'épicuréisme, à l'égoïsme, et tend à présenter le devoir comme une chimère ou comme une duperie. Il faut s'élancer par la pensée au-delà de cet ordre borné pour en pressentir un autre. Pour résister à cet entraînement de l'ordre physique, qui tend à le matérialiser, il faut que, par la prière, l'homme sache se replier sur lui-même, vivre avec sa conscience, se réfugier dans le monde moral, et converser avec le Dieu qui le gouverne et qui l'anime. Alors tout reprend sa place, et le monde matériel, et le monde invisible, et la conscience, et la vertu, et l'avenir, et Dieu même.

C'est encore par de telles pensées que la prière, non seulement ravive la conscience, mais élève et nourrit la foi. La foi, c'est le pressentiment que l'âme recèle d'un autre ordre et d'une autre existence. Elle ne vient point du raisonnement ; c'est une émanation spontanée des profondeurs les plus intimes de l'âme. La prière nous y ramène, nous fait vivre avec elle. Elle-même est un produit de la foi. Or, plus on vit avec ce qui est spontané, intime, immatériel, céleste dans l'homme, plus on y croit, plus on aime à s'y appuyer dans toutes les épreuves de la vie. Plus on est plein du pressentiment d'un ordre meilleur, plus on a de résignation pour toutes les imperfections et les douleurs de l'ordre actuel. Cet abandon de la confiance et de l'amour est le fruit le plus immédiat et le plus certain de la prière.

Je ne veux point m'appesantir plus longtemps sur des détails que mes lecteurs peuvent compléter sans peine. S'ils ont prié, ils auront connu combien la prière exalte la charité ; combien l'image anticipée du monde supérieur, où elle nous transporte pour quelques instants, ennoblit les hommes à nos propres yeux, les élève dans notre estime, et rend plus étroits et plus doux les liens qui nous unissent à eux. Ils auront connu combien la charité, qui dérive de cette source, est à la fois plus chaleureuse dans ses affections, plus étendue dans ses objets, plus inépuisable dans ses efforts et ses sacrifices, que celle qui dérive d'une sensibilité maladive ou des affections bornées de la famille. Ils auront compris surtout que cette charité ne s'élève vraiment vers son éternel et suprême objet que par la prière. Vous avez beau connaître Dieu, vous ne l'aimerez que quand votre âme tout entière se sera élancée vers lui, aura contracté l'habitude de sortir du monde pour converser avec lui, et sera pleine de la pensée que Dieu répond à son amour. Jusque-là, vous n'aimez point Dieu ; mais là est la prière, et avec elle l'amour.

Ces effets sont produits en nous par le contact du monde moral avec notre cœur. Plus le contact est profond et immédiat, plus ces effets sont sensibles. — Et c'est par là que l'on peut comprendre ces paroles fréquentes de l'Évangile et surtout des apôtres, où les plus beaux effets de la prière sont promis à l'intercession de Jésus-Christ.

Jésus-Christ a mis le monde moral à notre portée. Il nous l'a fait voir plus distinctement. Il l'a fait apparaître et en quelque sorte marcher devant nous. Il nous en a démontré la certitude, même par des faits matériels. Il l'a manifesté dans sa personne, tel que nous le portons dans notre cœur, tel que nous pouvons le comprendre, le saisir et le reconnaître. Là, il est dégagé de tous ces alliages par lesquels le monde matériel le souille et le corrompt dans notre pensée. Et, quand notre âme veut s'élancer vers le monde moral par la prière, avec un tel guide elle ne risque pas de s'égarer. C'est donc en nous rapprochant de Jésus, en nous nourrissant en quelque sorte de sa vie, en le voyant toujours entre nous et les sommités ardues du monde moral, entre notre âme et Dieu, que les sentiments dont nous venons de tracer le tableau peuvent passer dans notre propre vie et s'y constituer en une puissance directrice et consolatrice. Si l'homme, tel que nous le sentons en nous-mêmes, nous paraît encore bien peu digne de ce monde parfait que notre conscience nous fait pressentir, et de ce Dieu vers lequel notre âme s'élance par la prière, l'homme, tel que nous le voyons en Jésus, accomplit toutes les conditions de la destinée humaine. C'est l'homme parfait d'un monde parfait. Et l'existence de ce type pur et complet de l'humanité nous rend le courage de nous élever vers le monde qui fut fait pour elle, même avec nos imperfections.

Voilà sans doute un moyen de rendre déjà la prière plus active et plus efficace ; j'ai presque dit plus humaine ; de la faire descendre de l'idée, toujours vague, à la pratique, toujours plus claire et plus positive. Mais il faut autre chose encore. L'homme n'est pas seulement un esprit, c'est aussi un être sensuel, car il est uni à des organes qui sans cesse réagissent sur son âme. Il est entouré de causes et de distractions sensuelles. Il est en proie à mille émotions, dont les sens sont la source première. Son esprit puise dans la nature corporelle, avec laquelle il est mis en rapport par les sens, non seulement la première impulsion qui met en jeu les facultés qui lui sont propres, mais les couleurs dont il teint toutes ses pensées, même les plus immatérielles, mais ces brillantes images qui agissent fortement sur lui, parce qu'à la fois elles sont attrayantes et claires. Il faut tenir compte de cette disposition, non seulement pour en éviter les résultats fâcheux, mais pour en tirer des résultats utiles. L'homme est esprit, et comme tel sa pensée est libre et absolue ; mais elle est vague, et par là même peu capable de lutter contre les formes arrêtées des objets sensibles. Pour agir puissamment sur l'homme, il faut qu'elle entre dans des relations étroites avec l'action ; il faut qu'elle revête des formes qui la mettent en rapport avec les sens et avec l'imagination. La prière, dans les conditions actuelles de l'humanité, ne doit donc pas résider uniquement dans l'idée ; il faut qu'elle prenne l'homme jusque dans sa partie sensible et dans les réalités de la vie. Il faut donc qu'elle ait quelque chose de sensible et de matériel, qu'elle revête des *formes*.

Les formes les plus générales de la prière sont d'abord celles du temps et du lieu, conditions indispensables de tout ce qui passe de l'idée à l'action et à la réalité. C'est par là que la prière prend du corps, qu'elle se mêle avec la vie, qu'elle trouve un point d'appui dans les habitudes, qu'elle devient une habitude elle-même. Environnés de besoins et de distractions, il est impossible que le mouvement intérieur de la prière ne soit pas pour nous mille fois interrompu par d'inévitables nécessités. Ces interruptions deviendraient bientôt la vie entière, et ces intérêts temporels régneraient bientôt exclusivement sur les affections et l'intelligence, si une part certaine, régulière, n'était faite à ces pensées, à ces mouvements par lesquels l'âme s'élève au-dessus du monde qu'elle habite, vers le monde qu'elle attend. Il faut donc non seulement la prière abstraite et pure, mais il faut *des prières* dans un temps et dans un lieu déterminés d'avance. Il faut que la liaison des idées et la force de l'habitude viennent lutter sans cesse contre les distractions du dehors et rappeler forcément le ciel parmi le tumulte de la terre.

C'est encore ce qui explique la nécessité, ou du moins la haute convenance d'user des formes du langage, pour revêtir et incarner en quelque sorte la prière. Aussi longtemps que la pensée n'est point précisée par la parole, elle est vague ; elle n'a point pour ainsi dire la conscience d'elle-même ; elle arrive donc avec peine au dernier degré de force et de clarté. Mais si elle s'exprime par des paroles, alors elle devient claire, précise et distincte ; alors elle éveille dans l'âme des sentiments dont la conscience est plus forte et plus nette.

La réaction de la parole sur l'âme, la vivacité des impressions qu'elle produit et qu'elle laisse, est une chose trop connue pour que je m'arrête à la démontrer. La prière en offrirait de nouveaux exemples s'il en était besoin encore. Elle a fait trouver mille fois des trésors d'une éloquence forte et chaleureuse aux âmes les plus simples et les plus communes. L'on a dit de certains orateurs qu'ils s'enivrent de leurs propres paroles. C'est en eux un grand mal sans doute ; mais ici c'est un bien ; c'est le bien dont on a besoin et que nul autre moyen ne peut produire au même degré. Il faut s'enivrer de la prière, et que ce moment si court soit du moins un moment passé dans les cieux. Tout le bien qu'elle peut produire est en effet à ce prix.

Mais outre ces formes générales qui peuvent convenir à toute prière, il en est de particulières qui peuvent aider l'âme à se rapprocher de chacun des éléments dans lesquels nous avons analysé le monde moral.

Nous avons d'abord trouvé les lois du monde moral. Elles sont données par la conscience et constituent l'idéal de la perfection humaine.

L'examen de la conscience et le retour sur soi-même, l'attention soutenue prêtée à cette loi divine qui parle au fond du cœur ; le rappel de la vie passée et sa comparaison avec la règle qui aurait dû la diriger, voilà donc le premier acte de la prière, et la première forme particulière qu'elle doit revêtir. C'est une conversation avec soi-même.

Le second élément est la vie du monde moral, vie de communion et de charité. Penser à l'humanité avec respect et avec amour ; chercher la société des hommes pour les rendre meilleurs et se rendre meilleur avec eux ; s'entretenir avec eux de ces grands objets de l'espérance humaine, qui déjà honorent et embellissent la vie ; voilà pour ainsi dire l'apprentissage de ce monde invisible vers lequel l'âme veut s'élever et que la charité seule peut ouvrir ; voilà la seconde forme particulière qui peut la soutenir dans son vol vers les choses invisibles : c'est la conversation avec les hommes pieux.

Enfin nous avons vu que le dernier élément du monde moral c'est son chef, Dieu, dans lequel viennent se réunir et se confondre tous les autres. C'est donc vers lui que l'âme doit s'élever ; c'est à lui qu'elle doit se réunir ; c'est pour s'approcher de lui qu'elle doit réserver toutes les forces de son intelligence et de son amour. C'est donc à lui qu'elle doit parler ; c'est devant lui qu'elle doit se répandre ; c'est sa présence qu'elle doit sentir, et sa voix sainte qu'elle doit entendre. La troisième forme de la prière doit donc être la conversation avec Dieu. Et cette forme est tellement essentielle, la personnalité de Dieu lui donne une telle importance, qu'elle a fait presque méconnaître les autres. Bien des gens ne voient dans la prière que la conversation avec Dieu : ils ont tort sans doute, car nous avons fait sentir qu'il y a autre chose ; mais ce tort n'est pas bien grave, car la conversation avec Dieu emporte ordinairement tout le reste.

Il est une institution qui réunit ces trois formes particulières en une seule, et avec les formes générales dont nous venons de parler ; une institution qui fait de la prière une chose sensible, à laquelle l'imagination peut se prendre, qui la pose dans le temps et dans le lieu avec ordre et régularité, qui lui donne un corps par la parole, qui rappelle l'individu à sa conscience, l'homme à la société humaine, la créature à son Créateur, qui réunit dans une même solennité, la conversation avec la conscience, avec les hommes et avec Dieu. Elle est à la fois source d'instruction, d'émotion, d'amour et de piété. Elle seule peut transmettre de génération en génération ce trésor d'une religion vivante et sociale, que nous avons reçu de nos pères comme un précieux dépôt. Tous les peuples en ont senti la nécessité. Tous ont compris que la religion vit ou meurt avec elle. Elle présente le spectacle le plus sublime et le plus pur qu'une réunion d'hommes puisse offrir. Jésus en a fait présent à son Église dont elle forme le lien, et qui en a reçu son nom. Ses premiers disciples y puisèrent ces sentiments de charité, de courage et d'espérance, qui leur firent braver la mort. Pourquoi le raffinement de notre siècle croit-il pouvoir s'en passer ?

LA CHAIR ET L'ESPRIT

La chair ne sert de rien ; c'est l'esprit qui vivifie.

— (JEAN, VI, 63.)

Les inspirations immédiates et spontanées de l'âme sont pour l'homme la première source de la religion. Par elles, il franchit le monde visible et sent le monde supérieur dont il fait partie. Elles sont en lui ; elle constituent une partie importante et immuable de sa nature, Elles sont la base et le point d'appui de toute la dignité à laquelle il peut s'élever. Elles témoignent d'une origine et d'une fin supérieures à la terre.

En analysant cette partie élevée et vitale de l'âme humaine, on y trouve un certain nombre d'idées fondamentales, de tendances fortes, qui ne sont le résultat ni de la sensation ni du raisonnement, mais qui étendent la sensation, qui interprètent et animent la nature, qui fournissent au raisonnement ses données, au jugement ses principes et ses lois, au sentiment sa profondeur, à la morale sa sanction, à l'espérance sa garantie, à la vie entière sa règle, sa plénitude, son couronnement et son but.

Une révélation surnaturelle fut transmise aux hommes par le ministère du Christ. Ses données sont une autre voie par laquelle l'homme peut arriver à la religion.

Voilà deux sources.

L'une est tout intérieure, profonde, intime. Elle se confond avec la vie même de l'âme ; elle en est inséparable : elle en constitue l'essence la plus pure.

L'autre est extérieure ; elle vient du dehors ; elle peut se venir joindre à la vie de l'âme, l'activer, la diriger, la préserver des écarts ; mais elle ne la constitue pas.

Sont-ce là deux mondes différents ou même opposés ?

S'il en est ainsi, que peut être la révélation pour l'homme ?

Une application inutile qui gêne et ne guérit pas ; un contre-poids qui n'est pas suspendu au rouage directeur et qui charge la machine sans pouvoir la mettre en mouvement. L'homme est tiraillé par deux forces divergentes ou contradictoires ; il ne sait à quelle céder. Sa conscience se trouble et se pervertit. Le dehors corrompt le dedans. Le doute surgit de toutes parts et corrode non seulement les principes que lui présente l'extérieur, mais ceux que lui fournit l'essence la plus pure de l'âme. L'harmonie, qui devrait régner dans le cœur sous l'empire de la conscience, se change en combat et en désordre. L'homme fatigué finit par se réfugier dans la vie extérieure et sensuelle. La conscience se flétrit et la religion se meurt.

Il faut donc que ces deux mondes n'en fassent qu'un.

Où est leur point de contact ?

Il ne peut être que dans l'esprit ou dans l'idée qui domine au fond de l'âme humaine et qui sort de la révélation.

Les inspirations spontanées de l'âme, c'est-à-dire ses principes, ses besoins, ses tendances, ses sentiments et ses affections immuables peuvent se résoudre en un certain nombre d'idées, que tout homme retrouve au fond de son cœur et qui planent sur l'histoire de l'espèce humaine pour lui prêter un sens profond et un intérêt puissant.

Quelle qu'ait été sa forme et les faits qui ont accompagné sa promulgation, la révélation a exprimé et communiqué aux hommes des idées. Qu'est un fait sans idées ? Que peut-il enseigner ? Après un vain spectacle, quel bien peut-il faire aux hommes ? Si la révélation peut être quelque chose pour l'homme, il faut qu'il en sorte des idées.

Si l'idée qui sort de la révélation n'est pas la même, plus claire sans doute, plus facile, plus saisissable, plus déterminée, plus positive, plus impressive, tant qu'on voudra, mais enfin la même que celle qui est cachée dans les profondeurs de l'âme humaine, dès lors ce sont deux mondes différents qui n'ont plus de lien commun, deux mondes opposés peut-être. Tous les maux que nous venons de signaler apparaissent ; et la lutte doit durer, patente ou cachée, extérieure ou intérieure, jusqu'à extinction de la révélation ; car comment espérer d'éteindre la raison humaine ?

Il faut donc qu'il y ait un esprit, une idée dans l'âme humaine et dans la révélation ; idée où l'une et l'autre se réunissent et se confondent pour ne faire qu'un.

L'idée demeurant la même et devant demeurer la même, les formes varient.

Ces formes ne sont pas autre chose que l'expression des moyens par lesquels l'idée est réveillée en nous, nous est rendue sensible, c'est-à-dire sort des profondeurs de l'âme où elle est cachée pour arriver à la clarté de la conscience.

L'idée est dans tous, car elle constitue l'homme dans la partie supérieure de son être. Mais elle ne devient religion, n'exerce sur l'homme une puissance bienfaisante, ne lutte avec avantage contre la sensualité, en un mot, ne se défend contre la vie matérielle qui la presse de toutes parts, que lorsqu'elle arrive à la clarté de la conscience. Jusque-là, c'est une puissance et point une action. Cette puissance est même ignorée. Et l'homme, créature céleste par les idées que son Dieu déposa dans son sein, n'est qu'une créature commune et grossière, où rien ne témoigne encore d'une essence supérieure à la terre.

Pour sortir des profondeurs de l'âme où elle est cachée, et pour arriver enfin à la clarté de la conscience, où elle prend vie, action et force, l'idée religieuse a donc besoin d'être aidée dans sa lutte contre la vie matérielle, qui tend à l'étouffer, par des moyens qui lui impriment autant de formes.

Ces moyens sont :

Ou la conscience immédiate de l'idée. Elle s'opère par le retour de l'âme sur elle-même. C'est en quelque sorte une évolution de l'âme par la réflexion. Cette réflexion ne raisonne pas, elle observe. L'âme se voit elle-même comme dans un miroir. Elle y trouve l'idée religieuse pure, mais vague d'abord. Les idées éternelles, qui sont la religion elle-même, se trouvent dans tous les hommes. La preuve en est qu'elles se reproduisent partout, qu'elles constituent la vie de l'humanité, et qu'on peut les évoquer dans tous à coup sûr et avec un assentiment complet. C'est là que se trouve le point d'appui de tout ce qu'on peut faire de grand, de beau, de bon pour l'homme, la prise réelle de tous les autres moyens qui nous restent à indiquer. Pour que ces idées puissent s'éveiller dans l'homme, il faut qu'elles y dorment. Le réveil peut venir du dehors. Mais il peut venir aussi du dedans. Et précisément parce que ces idées sont en lui, l'homme, par la réflexion, peut en avoir conscience. J'ai dû placer cette forme en première ligne.

Ou la déduction par le raisonnement. Cette forme est facile à distinguer de la précédente. L'une est intuitive, l'autre est discursive ; l'une est immédiate, l'autre médiate souvent à plusieurs degrés ; l'une laisse l'âme passive devant des faits internes qu'elle ne produit pas, mais qu'elle contemple par l'attention pour les mieux sentir, sans chercher à les modifier ; l'autre rend l'âme active, elle la met en jeu pour enchaîner, modifier et retravailler un fonds déjà donné. C'est une machine à laquelle on fournit des matériaux, et qui les rend transformés par la puissance qui lui est propre. Le raisonnement est un moyen de réveiller l'idée religieuse qui dort dans l'âme, par les liaisons qu'il manifeste entre elles et d'autres idées ou d'autres faits dont l'âme possède la conscience actuelle. — Dans une révélation même surnaturelle, à côté de la partie historique ou symbolique, il y a toujours une partie dogmatique ou enseignante. Cet enseignement ne peut procéder que par l'un des deux moyens que nous venons d'indiquer : réveiller l'idée dans l'âme en touchant immédiatement la partie sensible qui la renferme : l'indiquer à la conscience pour qu'elle la voie, ou bien la déduire d'autres idées dont la conscience est déjà acquise. Les enseignements de Jésus sont pleins de l'emploi du premier moyen ; ceux des apôtres, du second.

Ou les faits matériels et positifs, soit naturels, soit supérieurs à la nature commune. L'idée religieuse peut être manifestée à l'âme par la nature extérieure C'est l'idée que l'âme possède, qui la met en état de lire et de comprendre la nature ; mais la nature peut réveiller l'idée, en rendre la conscience nette et forte, et, par conséquent, contribuer à faire d'elle une religion qui commande à l'homme, lui explique tout et règne sur lui. L'idée religieuse peut être manifestée à l'homme par l'histoire de sa race. La vue des grands mouvements qu'elle a inspirés peut le rendre attentif sur lui-même et l'aider à la sentir dans son propre cœur. Enfin elle peut être manifestée par des faits surnaturels qui captivent et frappent, qui parlent avec autorité et forcent l'homme à se replier sur lui-même, ou qui révèlent non seulement dans le monde extérieur visible, mais dans le monde invisible aussi, des rapports non équivoques avec ce monde moral, ce monde religieux, ce monde des idées que nous portons en nous-mêmes. De tels rapports, aperçus par des faits indubitables, sont un puissant moyen non seulement de réveiller l'idée, mais de lui prêter une grande vie, une forte influence sur l'action.

Ou enfin, des symboles dans lesquels l'idée est rendue sensible, en revêtant, la forme des faits extérieurs. Le symbole, n'étant pas donné, mais inventé, n'a point l'autorité des faits positifs, qui sont preuve par eux-mêmes. Mais, précisément parce qu'il est symbole, il peut rendre beaucoup mieux l'idée, en mieux suivre en quelque sorte les contours ; et, quand il est populaire, il peut être un moyen très utile de réveiller et de conserver vivante l'idée religieuse dans les masses. Il est accessible à tous ; et, tant qu'il est entouré de respect, il devient une force qui préserve l'idée d'être entièrement étouffée par les mouvements matériels, de la vie ; du moins aussi longtemps qu'il n'est pas dénaturé, matérialisé lui-même, et par conséquent obstacle à la conscience pure de l'idée qu'il devait représenter.

L'ESPRIT en religion, cet esprit dont Jésus a parlé sans cesse et dans lequel il a toujours voulu que ses paroles fussent comprises, consiste à saisir l'*idée*, le fonds véritable, au milieu de ces manifestations diverses. La CHAIR consiste à s'arrêter à la *forme* sans pénétrer jusqu'à l'*idée* qu'elle doit manifester.

Dans l'*esprit*, la raison humaine et la révélation divine ne sont qu'un et doivent n'être qu'un. Dans la *chair*, elles diffèrent ou paraissent différer. Par conséquent, plus on s'arrête à la chair, plus on s'y enfonce, et plus elles diffèrent. Si l'on s'y arrête tout à fait, ce sont deux mondes différents, entre lesquels on ne voit plus de lien commun, et mille oppositions patentes.

C'est donc l'esprit qui vivifie. C'est aussi lui qui concilie. La lettre tue ; la chair divise. Par elle, la religion devient grossière. Elle devient aussi haineuse et passionnée. Mais ce n'est pas de cette conséquence qu'il s'agit ici.

Je ne crains pas de le répéter encore. Toute la religion est dans l'esprit et dans l'idée. Elle ne saurait être dans la chair. — Mais alors, quel rôle joue l'historique dans la religion et surtout dans le christianisme ?

Ce rôle, le voici :

Une révélation historique a cet immense avantage de rendre clair ce qui est obscur et vague, déterminé ce qui était indécis, extérieur ce qui était intérieur, et, pour tout dire en un mot, objectif ce qui était subjectif. Pour notre organisation actuelle, elle complète la connaissance en faisant passer dans l'expérience ce que l'âme recélait dans ses profondeurs. Elle sert de guide à la conscience pour interpréter l'âme elle-même.

Le bien qu'elle peut ainsi faire aux individus est immense. Il suffirait seul à justifier la sagesse qui l'a donnée, quand même, pour la glorifier encore plus, on n'irait pas jusqu'à dire que l'idée religieuse était effacée de l'âme humaine et ne pouvait plus lui venir que du dehors.

Une révélation historique a cet immense avantage encore qu'elle fournit le moyen de fonder une société où l'idée, ayant en quelque sorte acquis du corps par les faits ou par les symboles, arrive à la conscience, non plus de quelques individus isolés, mais de la masse où tous mettent en commun, non ce qu'ils ont de mauvais, mais ce qu'ils ont de bon ; une société dont l'idée est l'âme et non la matière ; une société toute spirituelle, toute morale, toute sainte, toute céleste. Une telle société qui prend l'homme pour développer ce qu'il y a de plus saint, de plus grand et de plus noble en lui, qui combat le matérialisme et le vice en leur opposant Dieu et la conscience ; qui prend à tâche de rendre l'homme à son pur idéal pour en faire dès à présent le citoyen du monde plus parfait dont il porte en lui l'image, qui réunit dans ce but toutes les forces éparses et forme des institutions puissantes pour y conduire des populations entières ; une telle société, dis-je, est le plus grand bienfait qui puisse être accordé à l'homme sur la terre ; c'est l'instrument le plus puissant de son éducation véritable, de la bonne et pure civilisation ; et, quand elle n'est pas pervertie, rien ne peut se comparer au bien dont elle est la source. Mais sur quoi peut se fonder une telle société ? Elle est un corps ; quelle sera sa base et son point d'appui ? Elle doit réunir les hommes : quel sera le lien dans lequel elle pourra les embrasser ? — Une révélation reconnue, une révélation historique. Hors de là, tout est vague, tout est changeant, tout est mobile. Les individus, et quelques-uns encore, par la force de la réflexion dans une âme pure, peuvent arriver par la réflexion à la conscience de l'idée. Mais, dès qu'ils veulent propager les sentiments dont ils sont pleins, la puissance leur manque pour captiver l'attention et lutter contre la vie matérielle. Ils n'ont aucune autorité. Ils sont quelques membres épars ; mais le corps n'existe plus. Les règlements humains ne suffisent point à ce but ; car il est ici question d'un ordre supérieur à la terre. Vous ne pouvez y conduire les hommes en masse que lorsque vous pourrez leur dire et leur faire croire que cet ordre extra-terrestre s'est manifesté par des faits. Kant lui-même a reconnu que, pour fonder l'Église, il fallait une révélation.

Maintenant, ce qu'on peut appeler *la chair*, dans la conception des dogmes chrétiens, s'est manifesté de trois manières, dont deux sont essentiellement distinctes l'une de l'autre, et dont la troisième est une fusion, ou plutôt une confusion des deux premières.

La première de ces religions, charnelles encore, est celle des hommes qui ne veulent fonder les croyances religieuses que sur des faits sensibles et extérieurs.

Ici, la chair consiste à vouloir faire passer l'idée dans le domaine des sens.

L'idée est intime à l'âme. Elle la constitue en quelque sorte. Ne la voir qu'au dehors dans des faits matériels, soit réels, soit symboliques, c'est faire venir la religion du dehors au dedans, tandis qu'en réalité c'est le dedans qui empreint le dehors. C'est l'idée intime de l'âme qui se reflète dans les faits extérieurs et les interprète en actes d'intelligence, de puissance, d'amour, d'infini ; dans un seul mot, en religion. Ces faits, ces symboles, en se présentant, mettent en jeu l'âme et lui font retrouver, sentir avec plus de force l'idée qu'elle recélait dans ses profondeurs ; mais il faut que l'idée s'y trouve pour les recevoir, les interpréter, leur prêter le sens et la vie. Ne voir la religion que dans les faits extérieurs, soit réels, soit symboliques, c'est donc la matérialiser dans des faits ou des actes, qui, au fond, ne sont et ne peuvent être que des moyens de nous la rendre sensible, en la mettant en rapport avec notre imagination.

Cette forme d'une religion charnelle appartient aux supranaturalistes, dans la manière dont la plupart d'entre eux viennent à la religion, l'entendent et veulent la faire entendre.

J'admets la partie surnaturelle du christianisme. Je vois dans son histoire des faits matériels et moraux, que rien, dans les lois ordinaires de la nature et dans la marche de l'humanité, jusqu'ici n'a pu m'expliquer. Je respecte les symboles fondés sur une autorité sainte, par lesquels il parle à mes sens et à mon imagination. Mais ces faits, ces symboles et cette autorité même ne sont pour moi que lettre morte, jusqu'à ce que j'aie saisi, senti, approprié à mon cœur l'idée qu'il doivent réveiller en moi. Il faut que je trouve, que j'aperçoive, que je reçoive au-delà de ces faits, de ces symboles et de cette autorité, quelque autre chose ; et ce quelque autre chose n'est pas moins que la religion elle-même et toute la religion. — Une religion qui n'est qu'histoire n'est point encore une religion. Il faut qu'elle soit traduite en idées. Et, pour que ces idées aient de la puissance, il faut qu'elles trouvent dans l'âme une forte prise. Et, pour qu'elles trouvent dans l'âme une forte prise, il faut que l'âme les reconnaisse pour siennes. Et, pour que l'âme les reconnaisse pour siennes, il faut qu'elle les possède ; il faut au moins qu'elles dorment en elle, et n'aient besoin que d'être éveillées pour s'y trouver établies, pleines de force et de fraîcheur.

La seconde des religions, que l'on peut appeler charnelle, est celle que l'on ne voudrait établir que sur des raisonnements.

Ici, la chair consiste à vouloir faire passer l'idée des profondeurs de l'âme dans le domaine de la déduction ; à la tirer de son état de spontanéité et de vie, où, assise en quelque sorte au centre de l'âme, elle règne à la fois sur toutes ses facultés, sur la pensée, sur la volonté, sur l'affection, pour en faire un jeu de logique, que l'âme peut contempler sans y être autrement intéressée. Le raisonnement, le jeu de la pensée dans les formes qui lui sont essentielles, est une opération presque aussi étrangère à l'âme, presque aussi indépendante de sa vie que les faits extérieurs. La religion est la vie intime de l'âme, la conscience, qui lui est propre, de ses idées les plus profondes, de ses sentiments les plus doux, teints de l'infini et courant vers l'infini. Tout cela ne se trouve point au bout d'un syllogisme. On parle d'un mathématicien qui, voyant ses amis s'extasier devant un des plus beaux produits de l'art, leur demandait avec froideur : « Qu'est-ce que cela prouve ? » Quels que soient les objets auxquels elle s'applique, la faculté raisonneuse est semblable à elle-même. Elle ne voit que la conséquence des idées. Elle oublie les idées elles-mêmes, et les idées sont la vie de l'âme ; elles sont la religion ; elles se trouvent à la tête et non à la queue d'une déduction. Après avoir beaucoup raisonné, beaucoup déduit, on n'est pas plus près de l'homme spontané, moral, religieux ; et peut-être a-t-on affaibli le principe même d'où devait sortir le sentiment, la vertu, l'espérance, la conscience de l'infini, en un mot la religion.

Cette sorte de religion, aussi charnelle que l'autre, quoiqu'elle ait un faux air de spiritualité, est celle des rationalistes, au moins du plus grand nombre d'entre eux, et presque des seuls que l'on connaisse en France.

Voilà les deux tendances charnelles que l'on peut appeler fondamentales. Mais, quelque opposées qu'elles paraissent, rien n'est plus facile que de les combiner. Oubliez l'idée qui est dans l'âme, qui est l'âme ; appliquez aux faits matériels, qui sont hors de l'âme, le raisonnement qui n'est pas elle, et vous aurez la combinaison la plus commune. Elle consiste à vouloir raisonner, mais seulement sur des faits, surtout matériels et extérieurs, c'est-à-dire encore, appliquer le raisonnement à des principes qui ne sont que la matérialisation de l'idée, ou, en d'autres termes, appliquer le raisonnement à des faits, à des symboles que l'on rend bruts, parce que l'on s'en empare avant d'en avoir extrait l'idée.

Cette troisième voie qui conduit à une religion charnelle, est celle qu'on peut appeler la voie du syncrétisme. C'est, en effet, le syncrétisme des deux voies ordinaires qui conduisent à la chair, et encore un syncrétisme qui prend seulement ce qu'il y a de charnel dans l'une et dans l'autre, en élaguant ce qui est esprit. — En effet, la première voie matérialise l'idée dans les faits ou les symboles ; la seconde l'enfouit et la fixe dans les raisonnements qu'elle entasse ; mais l'idée y est encore. La troisième supprime l'idée pour ne laisser que les faits matériels et le raisonnement qu'elle combine.

C'est par cette voie syncrétique que sont bâtis presque tous nos systèmes dogmatiques, surtout les systèmes ecclésiastiques décrétés, qui ne sont pas autre chose. — Voilà pourquoi j'ai toujours dit que le rationalisme et le supranaturalisme, tels qu'on les entend encore presque partout, se ressemblent en plus d'un point. C'est toujours l'idée qui descend de sa hauteur, qui sort des profondeurs de l'âme, où elle est vivante, spontanée, spirituelle, céleste, pour se matérialiser, pour se figer dans des faits ou dans des raisonnements. Seulement, le supranaturalisme vulgaire la matérialise des deux manières à la fois.

Si l'on me demandait à quelle sorte de religion doit conduire chacune de ces trois voies charnelles, je serais assez embarrassé, non pas à trouver ce que j'en pense, mais à le dire sans blesser. Je le dirai pourtant, en avertissant que, dans toutes ses erreurs, l'homme vaut mieux que ce qu'il se fait. Il a beau perdre de vue l'idée éternelle que Dieu lui imprima sur l'âme comme un sceau gravé de son image, l'empreinte demeure, et elle imprime à son tour cette image sur tout ce qu'elle peut toucher. L'homme n'est pas conséquent à ses systèmes et à ses raisonnements, parce que, malgré qu'il en ait, il faut avant cela qu'il soit conséquent à autre chose, savoir, à lui-même, à l'humanité. Il suffit qu'il soit homme pour valoir presque toujours bien mieux que les systèmes qu'il embrasse et qu'il se plaît à pousser jusqu'à leurs dernières conséquences.

Je dirai donc sans détour que la première voie que j'ai signalée comme charnelle me paraît devoir conduire à une religion dans laquelle il y aura peu de lumières, peu d'étendue dans la pensée ; souvent même la peur de la lumière, et tous les maux positifs, et tous les maux négatifs, plus redoutables encore, dont cette peur est la source. — Le fanatisme et le fétichisme se montrent au bout de cette voie comme une extrême limite d'abaissement et de malheur, à laquelle, hélas ! il n'a pas été rare de voir de grandes portions de la race humaine parvenir et s'arrêter longtemps. — D'un autre côté, malgré l'erreur qui matérialise l'idée, comme l'idée vit encore, et que l'imagination est mise en jeu par les faits ou par les symboles, on trouve sur cette voie, de la chaleur, de l'activité, du dévouement, la disposition au sacrifice, et des effets moraux assez puissants quand ils ne sont pas pervertis.

Je dirai de même que la seconde voie charnelle me paraît devoir conduire à une religion qui s'accommodera fort bien des lumières, de la culture de l'esprit, de l'étendue des connaissances, et de tout ce qu'on réunit ordinairement sous le mot de civilisation. Mais, comme la spontanéité de l'âme est méconnue et sa partie mécanique uniquement mise en jeu, il en résulte de la froideur, une croyance qui ne pénètre point dans les sources de la vie, et, pour dernière conséquence, le doute, puis l'indifférence, puis l'affaiblissement de toute moralité. On ne trouve ni Dieu ni la conscience au bout d'un raisonnement ; mais, à cela près, on y trouve tout. Rien qu'on n'ait établi, rien qu'on n'ait renversé par le raisonnement. Fondez sur lui vos espérances et vos devoirs, et bientôt vous ne saurez pas mieux si quelque chose vous attend que si quelque chose vous oblige.

La troisième voie charnelle me paraît offrir une combinaison dans laquelle on pourra bien réunir les défauts des deux voies primitives, mais où l'on pourra difficilement conserver leurs qualités. On n'aura point la chaleur de l'une ; car les faits, même extérieurs, perdent leur force vivante en passant par le scalpel du raisonnement, et le scepticisme finit toujours par y mordre, quand on se sert de son instrument ; ni la lumière de l'autre, car les faits matériels, dépouillés d'idée, arrêtent, figent l'essor de la pensée. C'est l'état de mitoyenneté où sont presque tous les hommes en Europe. — Si le raisonnement s'applique, non aux faits de la révélation, mais à ceux de la nature, alors le matérialisme est la conséquence la plus commune.

Je m'arrête. Les applications de ces principes sont immenses. Mais j'ai besoin de me recueillir pour les exposer. Dans ce siècle de liberté et de vie, qu'on ne se hâte point de me condamner ; que l'on examine, que l'on réfléchisse, que l'on sonde son propre cœur, que l'on sympathise du moins avec les intentions qui me dirigent, et que l'on ne m'impose point malgré moi des conséquences que je n'ai point tirées.

L'AMOUR DE LA PATRIE

« Jérusalem, si je t'oublie, que ma droite s'oublie elle-même ! que ma langue s'attache à mon palais, si jamais tu sors de mon souvenir, si Jérusalem n'est pas toujours le premier sujet de ma joie ! »

— (PSAUME CXXXVII, 5,6.)

À* mesure que l'homme s'éclaire et s'ennoblit, la sphère de son activité devient plus vaste, ses affections plus élevées et plus pures. Au plus bas degré de l'échelle se trouve l'amour de son propre individu, avec les soins et les passions que cet amour inspire. S'il ne sortait pas de ce cercle, l'homme vaudrait à peine mieux que la brute. Mais la nature même l'invite à en sortir. Il se crée bientôt une famille ; il travaille pour elle ; il l'aime, et cet amour, quoique encore entaché d'égoïsme, l'ennoblit et l'épure. Il ne vit plus pour lui-même ; il se sacrifie à d'autres intérêts que les siens. Mais ce cercle, quoique agrandi, est lui-même renfermé dans un autre plus vaste, qui le pénètre et le touche de toutes parts. La petite société dont il est le chef n'est qu'une branche d'une société plus nombreuse, qui respire le même air, qui féconde le même sol, qui parle la même langue, dont les

---

* Novembre 1830.

lois le protègent et dont la prospérité fait la sienne. Il s'attache à cette société plus large ; il la sert ; il fait pour elle des sacrifices ; il aime sa patrie. S'il s'éclaire encore, si son âme s'épure, si ses affections se développent, il saura s'élever au-dessus des préjugés même que l'amour de la patrie inspire. Comme il a vu sa famille dans la grande famille du pays, il verra son pays et son peuple dans la grande famille de l'humanité. Il sentira les rapports qui unissent les peuples entre eux et tout le bien qu'ils retirent de leurs communications fraternelles. Il respectera la dignité humaine, malgré les diversités d'habitudes et de langage. Au-delà du pays qui l'a vu naître, il verra d'autres pays sur lesquels Dieu fait lever son soleil et qu'il peuple d'êtres créés à son image. Au-delà du Français, de l'Anglais, il verra l'homme ; et dans son âme agrandie, l'amour de la patrie saura se subordonner à l'amour de l'humanité. Mais ce nouveau sentiment, tout vaste et tout pur qu'il est, n'épuisera point son âme. S'il s'éclaire encore, surtout si un rayon d'en haut vient l'illuminer, il embrassera un ordre plus vaste que celui dont l'humanité peut jamais être le théâtre. Il verra l'humanité elle-même renfermée dans une grande famille qui embrasse tous les esprits, qui a ses lois éternelles, son chef éternel, et son bonheur incorruptible, résultant de l'accord immuable entre ce chef et ces lois. Dès que cet ordre l'a frappé, il le reconnaît pour le sien. Il franchit l'amour de l'humanité comme insuffisant et borné ; il s'élève à la vertu. — Son âme est satisfaite, car il n'est plus rien au-delà.

L'amour de la patrie n'est donc qu'un des degrés de cette vaste échelle, par laquelle l'homme étend la sphère de son action et de sa dignité, pour s'élever jusqu'à la vertu, qui en est le point culminant.

Mais ce degré, pour n'être pas le suprême, n'est pas moins très important. Il faut passer par lui pour s'élever plus haut ; et, quand on sait voir et sentir au-delà, il est à la fois une école et un honneur pour l'humanité.

Le christianisme s'y est peu arrêté, parce qu'il avait mission de révéler l'ordre universel, la vertu. Et d'ailleurs, au temps de ses premiers apôtres existait-il une patrie ? Mais cet amour si naturel et si doux était loin d'être étranger à l'âme aimante du Sauveur ; il s'est manifesté par les plus touchantes effusions, au moment où la patrie se montrait pour lui si ingrate. Et peut-être est-ce à l'amour de la patrie que les apôtres ont dû les seuls préjugés qui aient entravé leur marche aux premiers jours de leur ministère.

Et quel sentiment fut plus naturel et plus doux que l'amour de la patrie ! Elle nous a fourni les premiers rayons de lumière qui aient frappé nos yeux, le premier souffle qui ait enflé notre poitrine, le premier pain qui nous ait nourri. Elle a vu naître nos premières affections, nos premiers plaisirs. Les années les plus délicieuses de notre vie, celles qui laissent les souvenirs les plus doux et les plus purs, se sont écoulées dans son sein. Depuis longtemps nous nous sommes moulés l'un sur l'autre. Nos habitudes, nos goûts, nos désirs ont été formés par elle et pour elle. Chez elle, ils sont à l'aise ; partout ailleurs, ils sont dans la gêne. C'est son climat qui a formé notre tempérament ; tout autre nous incommode et nous attriste. Son sol nous plaît, ses sites réjouissent nos yeux. Nous en voyons ailleurs de plus beaux ; nulle part de plus chéris. Après avoir contemplé avec extase la verdure luxuriante du Nord, j'éprouve une douceur secrète à retrouver la teinte pâle de l'olivier, et ces collines pelées sur lesquelles s'étend un dôme resplendissant de lumière et d'azur. Ce sol, déjà chéri pour lui-même, porte nos frères et nos amis. Il recèle nos souvenirs et nos espérances. Il retentit des accents que notre oreille veut entendre. Un compatriote est plus qu'un homme, il est un parent et un ami. Loin de la patrie, c'est un frère avec lequel on s'entend au premier mot, et dont la conversation ne lasse jamais. Pour savoir ce qu'est la patrie, il faut en être sorti ; comme pour savoir ce qu'est l'air, il faut en être privé pendant un instant.

L'amour de la patrie est donc une sorte d'instinct bienveillant que nous inspira la nature, pour nous rendre chers les lieux où doivent s'écouler nos jours. Mais c'est encore un sentiment raisonné qui élève et ennoblit l'homme, et que la vertu la plus pure non seulement permet, mais appelle.

Notre sort tient à celui de la patrie : notre bonheur, notre aisance, notre paix, notre avenir sont les siens. Les troubles qui l'agitent nous dévorent d'inquiétude ; les malheurs qui l'accablent deviennent bientôt nos malheurs. La honte qui peut rejaillir sur elle nous flétrit dans notre propre conscience. On aime à pouvoir s'avouer tout entier : et qui ne compte pas son pays pour une sorte de lui-même ? Qui peut se croire honoré quand la patrie est avilie, heureux quand elle est dans la détresse ?

Le mot seul de patrie réveille un autre sentiment, qui rend plus impérieux et plus juste le devoir de l'aimer et de lui faire du bien. La patrie, c'est la possession des pères, c'est l'héritage qu'ils doivent laisser à leurs enfants. C'est ce fonds commun dans lequel ils doivent puiser ce qu'il y aura de plus réel, de plus doux et de plus pur dans la vie. Avec la lumière du ciel, avec l'air que l'on respire, avec l'eau que Dieu donne à tous, c'est ce que l'on possède sans le sentir, ce qui éclaire tout, colore tout, vivifie tout, embellit tout. Laissez à vos enfants la patrie grande, riche, éclairée, puissante, honorée, qu'ils soient eux-mêmes au niveau de sa civilisation, et vous aurez plus fait pour leur assurer une vie pleine, heureuse et forte, que si vous leur aviez laissé de la fortune dans un pays ingrat, ignorant et malheureux.

Et si parfois vous gémissez des limites étroites de votre être ; si vous êtes humiliés de songer que vous n'êtes qu'un point sur la terre, et que vos traces passagères seront dans peu d'instants effacée pour toujours, attachez-vous à la patrie, et vous agrandirez votre être. L'humanité vous écrase et vous ne pouvez rien pour elle. Mais la patrie vous entoure de toutes parts. Elle agit sur vous sans cesse ; mais à votre tour vous réagissez constamment sur elle. C'est le plus grand théâtre où vous puissiez porter votre action ; mais ce théâtre est sous vos pieds ; il suffit que vous vouliez prendre quelque part au drame qui s'y joue. Si vous avez une bonne pensée, si vous faites un sacrifice, si vous prenez de la peine, si vous êtes pressé d'un généreux dévouement, vous n'êtes qu'un, et pourtant des milliers vont éprouver le contre-coup du mouvement qui vous anime. La pierre que vous portez à la main va prendre sa place dans cet édifice vivant bâti pour des siècles, et l'élever de quelques lignes. Vous-mêmes, vous grandirez d'autant dans votre propre conscience et dans l'opinion de celui qui vous donna la patrie comme le noble champ que votre activité doit cultiver. Les hommes l'ignoreront peut-être : que vous importe, pourvu qu'ils en jouissent ? Le temps vous emportera ; un froid gazon couvrira bientôt votre dépouille, sans révéler même votre nom ; mais le bien que vous aurez fait à la patrie vous survivra, et, comme un arbre vigoureux planté sur un terrain fertile, il reverdira sur votre tombe.

Il est donc naturel, il est juste d'aimer sa patrie. Mais, quand cette patrie est la France, le devoir devient encore plus doux et plus glorieux à remplir. Pays béni du ciel, toutes les richesses d'un sol fertile s'y joignent à tous les charmes d'un climat qui favorise les productions de la nature et le bien-être de la vie humaine. Placée au centre de l'Europe, elle réunit les qualités et les produits des pays qui l'environnent ; elle en tempère les défauts. Elle nourrit dans l'abondance de nombreux millions d'habitants et recèle dans ses entrailles fécondes la nourriture des millions bien plus nombreux qui doivent la cultiver un jour. Ses sites variés présentent tous les aspects et toutes les températures, depuis les glaces de la Norvège, dans les sommets des Alpes, jusqu'aux chaleurs de l'Égypte dans ses plaines méridionales ; depuis la triste nudité des déserts jusqu'aux vallées délicieuses de Cachemire et de Tempé. Et ce sol est encore embelli par la population qui le couvre, par les institutions qui le régissent, par le travail qui le féconde, par l'industrie qui y fait circuler, à travers mille canaux, les nécessités et les douceurs de la vie, par les lumières de l'intelligence, qui l'inondent à grands flots. Plein d'esprit et de vivacité, et pourtant patient et laborieux ; plein de sentiment et de grâce, et pourtant capable des plus grands efforts du génie ; plein de politesse et d'humanité, et pourtant sérieux et moral, le peuple français réunit en lui, tempérés dans un tout harmonique, les dons qui, partagés, font la gloire des autres nations de l'Europe. Plus positif que l'Allemand, plus idéal que l'Anglais, plus travailleur que l'Espagnol, plus penseur que l'Italien, il a ce qu'il faut de ce qui les caractérise, et tous se trouvent bien chez lui. Voilà pourquoi Paris est la capitale de l'Europe. Les étrangers viennent voir, réuni dans un même cadre, ce qu'ils chercheraient en vain chez eux. Ils y trouvent de plus les institutions les plus franches, les plus homogènes, les plus fécondes en avenir, qu'un peuple ait jamais possédées. Ils y trouvent l'union, réelle ici, chimérique partout ailleurs, de ces trois immenses bienfaits, où la société puise sa force et sa vie, l'ordre, la liberté et l'égalité, mots pleins de charmes, que les souvenirs d'une époque désastreuse ne doivent point flétrir pour nous. Dégagée des entraves qui ralentissent encore les progrès des autres peuples, la nation française marche à leur tête, vers la conquête de tout ce que l'intelligence et la nature peuvent produire encore pour l'honneur et le bonheur de l'humanité. Si elle s'arrête, tout s'arrête, car elle est le lien de tout ; mais, si elle marche, tout marche, car tout l'admire et veut l'imiter. Si, pendant longtemps, elle fut, au sein de la gloire, la terreur des peuples, maintenant, maîtresse d'elle-même, elle en est, avec une gloire plus pure, l'espérance et la joie. En France et hors de France, il est glorieux, il est doux d'être Français. C'est une noble patrie que l'on peut aimer sans mesure et qui payera richement tout ce que l'on fera pour elle.

L'amour de la patrie est donc à la fois un sentiment et un devoir de conscience. Il doit être chaud, actif, désintéressé.

Un amour sans chaleur est un amour sans amour. L'homme est si petit, qu'il n'obtient jamais rien de grand qu'en s'y donnant tout entier. L'âme est à la fois l'instrument et la récompense de tous les véritables succès. C'est dans la chaleur d'un sentiment profond et dominant que prennent leur source ces nobles actions, dont la patrie conserve un long souvenir ; ces immenses bienfaits, achetés par tant de peines et fécondés pour un long avenir. C'est cet amour chaleureux jusque dans le malheur, qui fera retentir dans un avenir immense les noms de Léonidas, d'Aristide, de Philopémen, de Fabricius, de Caton, de Washington, de la Fayette. Ces âmes généreuses ont su comprendre que, devant le grand nom de la patrie, l'individu s'efface ; qu'il y a là de quoi soutenir et payer les sentiments les plus généreux, les efforts les plus constants, les sacrifices les plus douloureux. Celui qui peut avec froideur se retirer dans l'ombre, quand la patrie fait entendre sa voix, est à peine digne du nom d'homme, car il manque du sentiment qui honore le plus l'humanité.

Et, comme la patrie est la portion de l'humanité qui nous touche le plus immédiatement, et que l'humanité c'est la vie, il s'ensuit que l'amour de la patrie ne doit pas être seulement contemplatif, mais actif. La patrie nous nourrit de réalités ; ce sont des réalités qu'il faut lui rendre. La puissance de vos affections, les lumières de votre esprit, les ressources de votre fortune, la magie de votre parole, l'entraînement de votre exemple, la force de votre corps, tout, tout doit être à son service, si votre conscience vous dit qu'elle en a besoin. Quand il sent bien ce que c'est que la patrie et la grandeur de ses droits sacrés, l'époux s'arrache des bras de son épouse, et le père donne son fils pour la servir dans les conseils ou sur les champs de bataille. Et, si le danger s'accroît, si la voix de la patrie devient plus impérieuse, le citoyen généreux tourne un dernier regard vers tout ce qui lui fut cher ; il contemple encore une fois ce ciel et ce soleil si doux à ses yeux, ces champs où se joua son enfance et qu'il cultiva de ses mains, ces êtres chéris qui vont pleurer sur sa poussière, et il abandonne sa vie avec regret, mais sans faiblesse et sans murmure. Jamais elle ne fut plus noble et plus belle qu'au moment où il la perd pour une cause aussi sacrée.

Et la vie n'est pas toujours le plus grand des sacrifices que la patrie nous appelle à faire pour elle. Pour le consommer, l'âme rassemble toutes ses forces ; elle en reçoit un enthousiasme qui l'emporte et qui l'agrandit. Mais les sacrifices de tous les instants, dans les pensées, dans les affections, dans les opinions, dans les intérêts, dans les espérances, sont bien plus difficiles à soutenir. Savoir sortir de sa ville, de sa religion, de sa coterie, de son parti, pour voir au-delà des cercles dans lesquels on est enlacé, la patrie avec ses véritables besoins et ses véritables dangers ; supporter les rancunes de ses amis mêmes, pour faire le bien que l'esprit et le cœur révèlent ; marcher vers le but avec constance, malgré les obstacles que les passions, les amitiés et les haines, les intérêts et les intrigues suscitent partout sur la route, voilà ce qui est plus difficile ; voilà ce qui exige tout le courage d'une âme forte et généreuse, et ce qu'il faut pourtant accomplir. Faire plus encore : sacrifier ses opinions les plus chères, ses plans les mieux concertés, ses espérances les plus intimes, quand l'expérience nous révèle qu'ils ne sauraient s'accomplir sans de terribles malheurs, ou que du moins ils sont encore impraticables, et prêter sa force, ses lumières et son activité à d'autres desseins, à d'autres plans, à un autre avenir ; voilà l'épreuve la plus rude à laquelle une âme loyale puisse être soumise, et dont un véritable ami de la patrie saura toujours triompher. Si ses conseils ne sont pas suivis, si ses plans sont mis de côté, si son parti ne triomphe pas, il ne cherchera point la misérable satisfaction de voir les conseils suivis entraîner après eux des malheurs. Avant tout, il fera tous ses efforts pour faire tourner au bonheur de la patrie les mesures mêmes qu'il improuve. Et, puisqu'il ne lui est pas donné de prévenir tout le mal, il n'épargnera rien du moins pour l'alléger et pour l'amoindrir.

Et tout cela, pour la patrie, et pour elle seule. Il faut l'aimer, il faut se donner pour elle sans attendre de récompense. Le bien qu'on fait à la patrie est sûr ; la récompense est incertaine ; elle dépend de tant de circonstances, de tant de jugements, de tant d'intérêts, que, dans les pays les mieux gouvernés, rien n'est aussi incertain qu'elle. Et encore, je ne parle point des erreurs de l'amour-propre qui nous la font attendre souvent là où réellement elle n'est pas due ; et parce qu'elle n'arrive point, parce que nous en voyons d'autres plus heureux que nous, détournerons-nous nos affections et nos efforts d'une patrie qui nous donne toujours mille fois plus que ses gouvernants ne pourront jamais nous donner ! Non ; quelle que soit notre situation, et nos espérances, et leurs succès, à travers toutes les vicissitudes sociales, à travers les erreurs et les fautes qui se mêlent toujours pour ceux qui gouvernent aux meilleurs desseins, nous verrons, avant tout et toujours, la patrie ; et devant cette grande figure, tout s'évanouira dans l'ombre. Tout passe, et nos craintes, et nos espérances, et nos projets, et nos désirs, et les gouvernants avec leurs faveurs, et les gouvernés avec leurs vœux et leurs mécomptes. Tout passe et tout meurt ! Mais la patrie ne meurt point. Elle seule demeure au bout de ces vicissitudes. C'est toujours pour elle qu'il faut travailler ; c'est d'elle qu'il faut faire sa récompense, et regarder comme sauvée du néant toute portion de notre vie que nous pouvons consacrer à son bonheur ou à sa gloire. Ici, comme en tout, il faut prendre pour devise : « Fais le bien, advienne que pourra. »

Voilà comment et jusqu'où le vrai citoyen, et par conséquent aussi le vrai chrétien, aime sa patrie.

Mais, en aimant sa patrie, que doit-il donc vouloir pour elle ?

Le voici en peu de mots : c'est que la plus grande masse d'hommes puissent y trouver la vie la plus pleine, la plus heureuse.

Maintenant, en quoi consiste cette plénitude de vie, que nous voudrions faire trouver au plus grand nombre possible de citoyens, sur le sol de la patrie ?

Ici, distinguons la vie de ce qui sert à la soutenir.

La vie est le but ; ce qui sert à la soutenir n'est que le moyen.

Et, par la vie, je n'entends pas seulement le jeu mécanique des organes matériels. Ce n'est encore là qu'une existence animale, instrument et non point essence de la vie véritable de l'humanité.

Ce que j'entends et ce que je veux, c'est la vie de l'homme, c'est-à-dire de l'être intelligent, social, moral et responsable de ses actions. Je veux donc pour la patrie tout ce qui peut assurer au plus haut degré le développement de la partie supérieure de l'humanité, de telle sorte que l'homme puisse s'y perfectionner tous les jours en intelligence, en lumières, en sociabilité, en puissance sur la nature et en vertu.

Et, comme l'homme tient à la terre par mille besoins, je veux que chacun puisse trouver sur le sol de la pairie la plus grande masse possible des choses nécessaires à la satisfaction de ses besoins.

Diffusion de lumières, de sociabilité, de dignité, de vertu ; diffusion des moyens d'existence, sur le plus grand nombre d'hommes possible ; sûreté d'un pareil ordre pour le présent et pour l'avenir : tel est le fond des vœux qu'un bon citoyen fait pour sa patrie.

Quels sont les moyens de les réaliser ?

Répandre l'instruction, la mettre à la portée de toutes les classes, en faire naître partout le goût par des institutions qui la favorisent, combattre ce penchant à l'inertie, cette satisfaction de l'ignorance qui font à l'homme une si cruelle guerre ; porter l'attention et les habitudes de toutes les classes vers les plaisirs intellectuels plutôt que vers les plaisirs physiques ; et, d'un autre côté, favoriser la production de ces géants de l'intelligence qui reculent les limites de la pensée ; voilà le moyen d'exciter dans une nation ce développement harmonique qui rend l'homme à la fois plus heureux et plus digne de l'être.

Pourquoi faut-il que la France, si prodigieusement avancée sous tant de rapports importants, le soit encore si peu sous celui-ci ? Elle a des sommités que l'univers contemple et admire, mais les bases lui manquent. Les masses sont encore ignorantes, et cette gangrène qui la ronge encore lui fait plus de mal que ne sauraient lui en faire les saisons, les maladies, ses rivaux et ses ennemis. Oh ! quand aurons-nous fait du Français ce qu'il est capable de devenir, c'est-à-dire l'homme le plus spirituel à la fois et le plus solidement instruit de l'Europe ? Dès cet instant, il en sera le plus respecté, parce qu'il en sera le plus invincible.

Comment l'homme sentirait-il sa dignité, dans une profonde ignorance ? Et pourtant le sentiment de sa dignité est la première base de la vertu.

Des institutions qui mettent l'homme en relief, qui lui parlent sans cesse de ses droits, du respect qu'il doit s'attirer en commençant à se le porter à lui-même, qui le chargent sans cesse d'une portion de responsabilité, l'attirent vers la chose publique et le forcent de sortir de son intérêt privé, voilà ce qui peut relever en lui le sentiment de sa dignité, et l'exciter à le soutenir. Ces institutions, nous avons le bonheur de les posséder. Elles ont pris racine sur le sol français. Ce qui manque encore ne se fera pas longtemps attendre. Le reste est l'ouvrage du temps, qui fera passer dans les habitudes et dans les mœurs les fruits de lumière, de vérité et de vertu que ces institutions doivent produire.

La religion est le point culminant de l'intelligence humaine, et, quand elle est pure, c'est la plus haute dignité à laquelle l'âme humaine puisse atteindre. Mais, comme elle a ses racines dans l'âme, elle en sortira grande et forte, quand des institutions vraiment libérales l'auront enfin délivrée de ses entraves. La patrie ne peut rien pour elle, que la laisser libre dans le sanctuaire de la conscience.

Les progrès de l'agriculture, de l'industrie, du commerce, ces sources fécondes de la prospérité des peuples, suivront les progrès des lumières et des institutions ; elles répandront dans toutes classes, non seulement les nécessités, mais les aisances de la vie.

Les progrès de l'intelligence, des bonnes mœurs et de l'industrie seront en même temps les progrès de la population. Plus les hommes seront heureux, éclairés et moraux, plus ils seront nombreux. Le sein fécond de la patrie n'a pas encore donné toutes ses richesses. Il recèle encore du pain, du travail et du bonheur pour les millions d'enfants qu'il doit un jour mettre au monde.

Je ne veux point parler de toutes les conditions de détail qui peuvent assurer ce progrès du bien intellectuel et matériel, sur notre belle patrie. Mais voici les conditions générales sans lesquelles il est impossible de songer à aucun progrès vers le bien. C'est donc à les réaliser qu'un ami de son pays doit consacrer ses premiers et ses plus constants efforts.

La première de ces conditions, c'est l'indépendance. Un pays gouverné par un autre dont il n'a ni le langage, ni les idées, ni les mœurs, ni les besoins, ni les intérêts, est toujours un pays malheureux et avili, qui recule au lieu d'avancer. La fusion, si jamais elle s'opère, est toujours l'œuvre du temps. Mais le temps emporte dans sa course des générations nombreuses et dégradées. Quand les envahisseurs sont les plus barbares, dix siècles ne réparent point de pareils revers. Si l'indépendance de la patrie est menacée, rien ne doit donc coûter au citoyen pour la défendre. Plus de partis, plus de divisions, plus de jalousie. Il n'est plus qu'un seul intérêt, celui de sauver le pays, plus qu'une seule rancune, celle qui repousse l'étranger suivi de la servitude. C'est alors que les ennemis et les rivaux doivent s'embrasser sur le sein maternel de la patrie ; et, quand ils auront repoussé l'esclavage, ils reviendront continuer ces querelles domestiques, aliment de la pensée et source de l'esprit public.

Hors de ce cas extrême où tout citoyen doit être soldat, le vrai besoin du pays, c'est la paix. C'est dans la paix que les institutions s'améliorent sans passion et sans violence ; que l'agriculture, l'industrie et le commerce trouvent de nombreux encouragements ; que les capitaux s'accumulent, que les richesses se répandent, que l'instruction et les inventions utiles se communiquent d'un peuple à l'autre, comme un patrimoine commun ; que la population s'accroît en augmentant dé bonheur ; que les mœurs s'adoucissent et que l'humanité fait un pas vers un meilleur avenir. La paix avec l'honneur et la sécurité ; oh ! quel cœur vraiment humain ne bondirait pas devant cette image, et ne la préférerait pas mille fois aux brillants trophées de la guerre ! Et si la paix est désirable au dehors, combien plus entre des concitoyens et des frères ? Quand elle s'excite dans le même pays, dans la même ville, la guerre flétrit tout ; elle détruit la sécurité ; elle décourage l'industrie ; elle nourrit le cœur de fiel ; elle empoisonne les affections domestiques ; elle déracine des âmes les plus douces jusqu'aux sentiments les plus communs de l'humanité. Toujours présent et toujours craint, l'ennemi occupe toutes les pensées et les occupe pour les entacher de férocité. Est-il besoin, aux lieux où j'écris, d'insister sur les malheurs dont est la cause l'absence de la paix parmi les citoyens ? Toutes les âmes généreuses ne sympathisent-elles point à la douleur dont mon âme est navrée, quand je songe à tout le mal qu'elle a fait à notre malheureux pays. Ô belles contrées du Midi, favorisées du ciel, doux climat, terre nourricière, féconde nature qui ne demandez qu'à donner, beaux jours qui la secondez, air tiède, azur brillant des cieux, éblouissante lumière, torrent de chaleur régénératrice, soleil éclatant et réparateur, pourquoi, quand vous répandez sur nous les flots inépuisables de vos bienfaits, semblons-nous prendre à tâche de les gâter les uns pour les autres en les arrosant de fiel ? Pourquoi, dans un pays où la nature est si puissante et si riche, l'homme, l'homme seul, qui devait valoir mieux qu'elle, se montre-t-il au-dessous des merveilles qui l'entourent, et comme indigne des noms qui pleuvent sur lui ? Pourquoi des concitoyens et des frères cherchent-ils à s'en empoisonner la jouissance par des inimitiés et des haines que les moindres accidents renouvellent et dont rien ne présage la fin ? Ici, la nature embellit tout ; l'homme la flétrit. Ah ! que le soleil se voile, que l'azur des cieux se ternisse, que la terre devienne ingrate, que la brume et les frimas remplacent nos jours tièdes et sereins ; et que la paix règne dans nos cœurs.

Ayons donc la paix et l'ordre avec elle. C'est le besoin d'ordre qui forma les sociétés ; c'est l'ordre qui les conserve. C'est par l'ordre que chacun sait ce qu'il doit attendre et ce qu'il doit craindre. C'est par l'ordre que chacun se livre à ses travaux avec l'entière certitude d'en recueillir enfin le fruit. L'ordre, c'est la liaison du présent et de l'avenir. C'est l'observation de toutes les lois, le respect de tous les droits. C'est la persévérance de chacun à remplir fidèlement la place qui lui est marquée, sans tout troubler et tout compromettre pour en sortir ou pour en changer les conditions. De quelque côté que parte le désordre, il est un malheur que tous doivent réprimer ; il flétrit tout, il arrête tout, il dévaste tout, et partout où il passe il laisse des traces profondes de corruption et de misère. Si quelques circonstances impérieuses le troublent un instant, ou plutôt, si quelque grand désordre en appelle pour remède un plus petit, que celui-ci soit aussi court que possible. Que tous les bons citoyens s'empressent d'en limiter l'étendue, d'en corriger les effets, d'en faire sortir un ordre plus solide et plus fécond. C'est ainsi qu'ils peuvent se créer des titres éternels à la reconnaissance de la patrie et de l'humanité. Notre pays n'en est point à son apprentissage, et l'Europe a contemplé avec admiration l'ordre subitement établi, comme par miracle, au milieu du désordre le plus épouvantable qui fut jamais.

Mais l'ordre ne saurait suffire ; car il règne aussi dans les tombeaux. La tyrannie aime à décorer de ce nom la paix dévastatrice dont elle s'entoure. L'ordre n'est bon qu'avec la vie, avec les progrès, avec la dignité de l'espèce. Et tout cela est le fruit de la liberté. L'esclavage est donc le plus grand et le plus fatal de tous les désordres. Il mutile l'homme, il étouffe ses facultés, il le prive de son aisance, il le rend lâche, trompeur et méchant. C'est dire qu'il le rend malheureux et digne de l'être. Par la liberté, l'homme se sent une créature nouvelle. Il se respecte lui-même, car il est responsable, et il veut être respecté des autres. Ses facultés se développent par l'exercice. Sa vie devient plus pleine. Ce n'est plus un instrument, c'est un homme ; il faut donc vouloir pour la patrie des institutions qui laissent à chacun toute la liberté qui est compatible avec la sécurité de tous, et qui excitent le développement de l'homme au lieu de le comprimer. Il faut vouloir les institutions qui garantissent cette liberté tutélaire, qui la mettent pour toujours à l'abri de l'ambition et des caprices d'un seul, qui en font un héritage toujours plus précieux et plus solide, que chaque citoyen est assuré de léguer à ses enfants. C'est par la liberté que les habitants d'un pays sentent qu'ils possèdent une patrie, et non point une prison ; qu'ils s'y attachent avec orgueil, et qu'ils y reviennent avec joie respirer sans gêne et le front levé, quand le hasard leur fait traverser ces pays malheureux d'où la liberté fut bannie et avec elle la confiance et la dignité ; ces pays où les murs ont des oreilles, où le foyer domestique a ses soupçons, où la main de plomb du despotisme, après avoir propagé l'ignorance et semé la misère, empoisonne jusqu'aux épanchements de l'amitié.

L'ordre avec la liberté, voilà le vœu que tout bon citoyen doit former pour son pays : il renferme tous les autres. Voilà la devise qu'un peuple peut montrer avec orgueil sur ses drapeaux. Avec l'ordre et la liberté viendront bientôt et la force, et l'indépendance, et le courage, et les progrès de l'esprit, et les conquêtes de l'intelligence, et les purs délices des arts, et les prodiges de l'industrie, et les dons inépuisables de l'agriculture, et, ce qui vaut mieux encore, les bonnes mœurs et la vertu. L'ordre sans liberté peut flétrir et corrompre. La liberté sans l'ordre peut ravager et dissoudre. L'ordre avec la liberté rallient, vivifient, enrichissent, élèvent, épurent. Ils donnent tous les bienfaits de la civilisation, sans énerver les courages et sans corrompre les âmes.

Voilà ce qu'il faut vouloir pour la patrie, voilà ce qu'il faut vouloir pour la France. Et le vouloir maintenant ou jamais, car jamais la France n'eut une occasion plus belle pour l'obtenir ; jamais elle ne fut dans des circonstances à la fois plus critiques et plus propres à remplir ses amis de l'espoir le mieux fondé ; jamais elle n'eut plus besoin que ses citoyens fussent éclairés, exempts de passions trompeuses, d'espérances chimériques, d'utopies impraticables. C'est le moment où chaque bon citoyen doit se croire obligé de concourir par tous ses moyens à faire le bien de la patrie. C'est un de ces moments rares dans l'existence d'un peuple, où son sort se décide pour des siècles, où il doit choisir entre des routes opposées, sans avoir plus la faculté de revenir en arrière. C'est un de ces moments où les erreurs sont fatales, où la vérité bien saisie porte des fruits immenses, où le bien et le mal se portent les derniers coups. Oh ! que le bien triomphe, et que cette patrie si chère voie renaître, dans l'ordre et dans la paix, une longue série de beaux jours ! Que chacun de ses enfants se serre plus étroitement autour d'elle et vienne lui porter, avec son amour, ses lumières, son dévouement et son courage. Que chacun l'aime pour elle et non pour lui-même, et que le doux nom de la France vienne réveiller dans tous les cœurs les plus doux souvenirs comme les plus profondes affections. Ô France, ô ma patrie ! que ma droite s'oublie elle-même, que ma langue s'attache à mon palais, si jamais ton souvenir sort de mon sein, s'il ne fait pas toujours battre mon cœur, si tu n'es pas le premier objet de mes affections ! Je t'aime comme on aime une mère, une sœur et une fille, car tu es la terre de mes aïeux, de mes frères et de mes enfants. Je t'aime pour le pain dont tu m'as nourri, pour la lumière dont tu m'as éclairé, pour le spectacle dont tu as réjoui mes regards ! Je t'aime pour les souvenirs de mon enfance qui tous se rattachent à toi ; souvenirs presque aussi doux et aussi purs que mes espérances du ciel. Je t'aime pour les caresses délicieuses de ma mère, que toi seule peux rappeler à mon cœur. Je t'aime pour ma vie passée dans ton sein, pour mes jours consumés à ton service. Je t'aime pour les plaisirs dont tu m'as environné, pour les émotions délicieuses que j'ai goûtées, pour les sentiments doux et purs que tu m'as fournis, pour les fleurs que tu as fait naître sur mes pas. Je t'aime pour les douleurs même dont tu fus pour moi le théâtre, pour les larmes dont j'ai abreuvé ton sol nourricier, pour cette terre sacrée où dorment déjà mes ancêtres et mes enfants, où bientôt je dois dormir moi-même. Je t'aime, parce que tu es libre et forte, grande et généreuse, éclairée et vertueuse. Je t'aime pour ce que tu es et pour ce que tu dois être. Je t'aime, parce que je puis demeurer au milieu de toi avec gloire et avec bonheur, et en sortir sans craindre d'avouer d'où je viens. Je t'aime, parce que tout ce que je suis, tout ce que je sens, tout ce qui m'intéresse, se confond avec toi ; parce que mille cordages d'amour m'attachent à tes montagnes et à tes plaines, à tes fleuves et à tes forêts, à tes cités et à tes campagnes, à tes places et à tes temples, à tes sites et à tes lois, à ton soleil et à tes enfants. Est-ce donc trop de la vie pour payer toutes ces choses, quand le besoin commande un tel prix ? France ! France ! ô que je m'enivre de ton nom, dont les vibrations enchantées vont m'émouvoir si délicieusement jusqu'au fond de l'âme ! que mon oreille l'entende et l'entende encore, sans jamais s'en lasser ! France ! ô que le ciel te bénisse ! qu'il accomplisse pour toi les vœux brûlants de mon cœur ! que sa rosée te fertilise ; que son soleil t'échauffe ; que son souffle t'anime et te vivifie ! que sa paix règne dans tes murs et autour de tes remparts ! Que tes amis t'admirent et te vénèrent, en se donnant pour toi, et que tes ennemis te craignent ! que tes enfants soient nombreux comme les sables de la mer ; heureux, comme si le ciel versait sur eux tous ses dons ; unis, comme s'ils n'avaient qu'une âme ; et libres, de cette liberté qui repose sur l'ordre et sur la vertu ! Sois, pendant des siècles encore, pour les nations tourmentées, un phare bâti sur le roc, qui les guide dans la voie orageuse qu'elles parcourent vers l'ordre et la vie, lui-même pour jamais à l'abri des tempêtes ! Dure à jamais, glorieuse et respectée, sous une nouvelle race de rois ! et que mes derniers regards soient témoins de ta paix, de tes progrès et de ton bonheur, ô France, ô ma patrie !

LE VISIBLE ET L'INVISIBLE

« Thomas, tu as cru, parce que tu m'as vu ; heureux ceux qui auront cru sans avoir vu. »

— (JEAN, XX, 29.)

Le Christ était ressuscité. Il s'était laissé voir à ses disciples. Dès le premier instant, leur cœur, plongé naguère dans la tristesse, avait reconnu avec transport ce regard, ce son de voix, ce bruit même des pas, que la parole ne peut décrire, mais sur lesquels le cœur ne se trompe point.

Thomas seul oppose le raisonnement à ces mouvements irrésistibles de l'âme. C'est bien le regard de Jésus, c'est bien sa voix, c'est bien sa personne tout entière ; mais Jésus est enseveli ; et les morts ne reviennent pas. — Jésus ne s'irrite point contre son disciple. Il condescend à sa faiblesse et lui fait toucher les ouvertures profondes qu'ont laissées sur son corps les instruments du supplice. Thomas, qui n'avait pas cru son cœur, en croit à ses yeux. Jésus se contente de lui adresser cette parole d'une si haute portée : « Tu as cru, parce que tu as vu ; bienheureux ceux qui auront cru sans avoir vu. »

En effet, l'événement est de telle nature, que la chrétienté, tout en fondant sur lui de si grandes espérances, est à jamais obligée de le croire sans l'avoir vu. Mais il n'est point la seule vérité que l'humanité soit obligée de croire ainsi. Il en est d'autres tellement graves, tellement importantes, tellement sublimes, tellement humaines, tellement divines, que, devant elles, toutes les autres deviennent légères, et qu'à les bien peser, on peut dire d'elles qu'elles sont toute la vérité. Elles sont invisibles et n'en sont pas moins certaines.

Notre siècle a besoin qu'on le lui dise ; car il se fait gloire d'être positif et de ne croire que pour avoir vu. Une seule vérité qu'il croira sans voir démolira ce système de matérialisme sensuel, qui exerce parmi nous tant de ravages. Heureusement, il y en a plus d'une, et des plus belles.

Que croyez-vous pour l'avoir vu ? Quelle est l'étendue du cercle que votre expérience physique et vos sens mettent à votre portée ?

Par vos sens réduits à eux-mêmes, vous connaissez les couleurs, les formes des objets, leurs contours, leur dureté, leur mollesse, le froid et le chaud, le sec et l'humide, la lumière et les ténèbres, les odeurs et les goûts, les impressions agréables ou douloureuses que le mouvement de la vie ou l'action des causes extérieures produisent sur votre propre corps les besoins que vous éprouvez, les plaisirs que vous goûtez, les douleurs que vous souffrez. Réellement vous ne voyez, vous ne sentez rien au-delà.

Si vous aidez ces sensations par la force d'induction qui appartient à l'âme, alors le cercle prend tout à coup plus d'étendue. Les phénomènes isolés se groupent, les propriétés des corps se manifestent, les lois de la nature se révèlent en partie. Vous coordonnez les événements ; vous en attendez le retour ; vous apprenez à distinguer ce qui vous flatte et ce qui vous nuit ; à augmenter vos plaisirs et à diminuer vos souffrances. Vous connaissez mieux le monde qui vous entoure, la place que vous y occupez. Vous apprenez la valeur de la plus infaillible de toutes les analogies, c'est que, comme tous les autres, bientôt il vous faudra sortir de ce monde par la mort et par la dissolution.

Voilà tout le cercle des choses visibles. Voilà tout ce que les sens nous peuvent apprendre ; et encore j'y ai compris des idées que nos sens ne nous apprendront jamais, et sans lesquelles nos sens ne sauraient nous rien apprendre. Impossible d'expliquer par les sensations et de faire dériver d'elles les idées d'espace, de temps, de cause et d'effet. Elles ont une autre origine. On peut dire qu'elles sont une révélation du ciel, car elles ne viennent point de la terre. Et ce sont elles à leur tour qui nous révèlent toute la nature, qui en lient les éléments, qui en classent les phénomènes, qui en font ressortir les lois. C'est par elles que nos sens nous parlent un langage intelligible, que l'expérience peut nous apprendre quelque chose et qu'il existe pour nous une nature. Mais elles, personne ne les a vues ni ne les verra jamais.

Voilà tout, absolument tout ce que vous pouvez savoir pour l'avoir vu. Et encore, pour que vos sens vous en enseignent si long, il faut qu'il y ait derrière eux quelque chose qui n'est pas eux.

Mais est-ce là tout pour l'humanité, et n'y a-t-il plus rien à croire ? Il y a tout à croire, au moins tout ce qui ennoblit, tout ce qui distingue l'humanité.

Je mets au premier rang de ces choses qu'il faut croire sans les voir, la pensée et ses lois. Elles ne sont pas moins certaines que les lois de la nature extérieure. Elles ne commandent pas un assentiment moins implicite ; et l'absurde dans les idées n'excite pas moins de ridicule que les erreurs et les méprises sur les formes et les distances. Mais qui a vu les idées ? qui a touché la pensée et ses lois ? Quel sens nous les a révélées, et à quel objet sur la terre les ferons-nous ressembler ?

Et l'infini, qui nous presse de toute part, dans lequel s'étendent et se perdent toutes nos conceptions, qui s'étend lui-même comme un immense cadre autour du champ que l'expérience nous fait parcourir, qui se révèle au fond de notre âme par un irrésistible besoin ; l'infini, que nous ne pouvons pas ne pas croire, que nous mettons dans l'espace pour en faire l'immensité, que nous mettons dans la durée pour en faire l'éternité, que nous mettons dans la puissance, dans l'intelligence et dans la bonté pour en faire Dieu ; l'infini, où l'avons-nous vu ? qui nous l'a montré ? L'avons-nous reçu dans le globe de notre œil ou dans le creux de notre main ? Et cependant, il est aussi certain pour nous que notre propre existence. En vain les savants, cédant à la mode, ont-ils fait des efforts inouïs pour le bannir du domaine des sciences. Il était dans l'âme avant eux et il y restera après eux. Ils n'ont pu réussir seulement à le bannir des premiers éléments de la géométrie ; car l'objet de la géométrie, c'est l'espace, et l'espace, c'est l'infini.

Et le beau, cette source intarissable de jouissances pures et de sentiments élevés, qui pourra l'expliquer par les sens ? Nous le voyons dans la nature et nous le créons par la force de notre imagination ; mais il n'est point dans la couleur, il n'est point dans la forme, il n'est point dans le son, il n'est point dans les paroles ; il est dans les rapports de toutes ces choses avec la pensée. Il est tout entier dans l'esprit, qui applique à tout la puissance et en quelque sorte le moule qui est en lui, pour trouver beau ce qui lui ressemble et laid ce qui s'en écarte. Le beau est donc un privilège invisible de l'âme, encore plus qu'une qualité des objets qui nous entourent. Les objets sont l'occasion qui le révèle ; l'âme seule en possède la réalité.

Quelqu'un oserait-il mettre au rang des chimères cet amour qui s'agite dans le cœur de l'homme, et qui joue un si grand rôle dans son existence, ce dévouement sans bornes, ce renoncement absolu, ces immenses sacrifices qui sont accomplis sans que le cœur balance un instant, ce don de la vie, que rien sur la terre ne peut compenser et que l'homme fait d'un front serein ? D'où viennent ces sentiments généreux, qui, loin d'avoir une source impure, épurent eux-mêmes tout ce qu'ils touchent ? La chair et le sang, les sensations et ce qu'elles révèlent ne les ont point donnés, car ils luttent contre toutes ces choses, ils ont une tendance opposée, et ils finissent par en triompher. Ils sont la manifestation d'une nature meilleure et, pour ainsi dire, les corps avancés de ce monde invisible, qui se manifeste autrement, mais qui n'est pas moins certain que l'autre. Si vous cessiez de croire à cet amour parce qu'il vous est impossible de le voir, ou même parce que tout ce que vous voyez lutte contre lui, si vous osiez dépouiller ces sentiments généreux par lesquels il se manifeste, ne seriez-vous pas pour vous-même un objet de mépris, et vous croiriez-vous digne de voir le jour ? Si voilà les chimères, laissez-les moi ; emportez vos réalités.

Mais la voix la plus puissante qui se fasse entendre au cœur de l'homme, le plus merveilleux et le plus inexplicable de ses instincts, c'est la conscience, mystère de l'âme, que l'œil ne peut voir, et dont rien au monde ne saurait affaiblir la certitude. Tu dois : quiconque a entendu cette parole impérieuse dans le fond de sa conscience, au milieu des besoins, des tentations et des plaisirs, quiconque a senti que cette voix devait être obéie, celui-là a cru sans avoir vu. Il a eu la révélation la plus claire d'un monde invisible planant sur le monde visible et lui imposant ses lois.

Il a cru au devoir et au droit, foi sainte et sacrée, qui fait de l'homme un être surnaturel. Il a cru à Dieu, car Dieu, c'est le devoir, c'est le droit, c'est l'intelligence, c'est la bonté, c'est l'amour, c'est la force, revêtues du caractère de l'infini, que nous venons de trouver parmi les choses invisibles auxquelles l'homme est obligé de croire. — Et, en même temps que l'homme croit à cette réunion d'attributs infinis que nous avons appelé Dieu, il trouve dans la nature, dans sa propre âme, des traces non équivoques de la réalité de l'être qui les porte, traces que l'œil ne voit point, mais que l'esprit découvre partout. – Il trouve en Dieu et en sa conscience, dans l'ordre et dans le désordre du monde, le besoin et la promesse de l'immortalité. Le devoir sans elle, et Dieu sans elle, seraient une dérision.

Ainsi donc l'intelligence, l'infini, le beau, l'amour, le devoir, le saint, le juste, Dieu, l'immortalité, voilà ce que vous admettez sans l'avoir vu, sans avoir jamais pu le voir, ni l'entendre de personne qui l'ait vu. Voilà ce que vous admettez malgré vous, sans hésitation et sans trouble. Voilà ce que vous admettez avec une confiance d'autant plus forte que vous vivez davantage avec vous-même, que vous savez vous recueillir davantage dans le fond de votre âme. Voilà ce qui caractérise l'humanité, ce qui en fait une espèce si sublime. Voilà ce qui l'élève infiniment au-dessus de la nature matérielle, ce que rien dans la nature matérielle ne peut expliquer. Voilà ce qui vous transporte vous-même, quand vous trouvez dans son histoire la vie de ces hommes d'élite, où les choses invisibles ont lutté contre tout ce qui frappe les sens, et se sont manifestées avec tant de force, d'éclat et de pureté. Voilà ce qui émeut et transporte les âmes, et non ces plaisirs ou ces intérêts qu'on méprise, dès l'instant qu'on est venu à bout de les posséder. Voilà ce que l'humanité tout entière a admis comme sa règle et son honneur ; car, dans tous les pays et dans tous les âges, ces grandes idées l'ont dominée, ont fait la loi des individus, ont eu seules la puissance de remuer les masses. Le sentiment de l'infini dans le borné qui nous entoure, du devoir parmi les intérêts et les plaisirs, de l'immuable dans le changeant, de l'éternel dans le passager, de Dieu, en un mot, dans la nature, peut seul expliquer l'histoire de l'humanité. Et dans ce grand drame, les choses invisibles ont joué un plus grand rôle encore que les visibles, parce que l'esprit est la partie supérieure et dominante de l'humanité. L'homme n'est point un organisme servi par une intelligence comme la brute ; c'est une intelligence, c'est un esprit servi par des organes. Qui comprend l'homme autrement ne le comprend pas du tout.

L'invisible, c'est donc tout ; et le visible, c'est peu de chose. L'invisible, c'est l'âme, c'est la pensée, c'est la sagesse, c'est la bonté, c'est la vertu. Rien n'est plus haut, rien n'est plus grand, rien n'est plus beau ; et surtout rien n'est plus vrai dans l'univers. C'est lui seul qui parle à votre âme, qui l'émeut, qui l'ennoblit, qui l'épure. C'est lui qui embellit le monde de ses reflets mystérieux. C'est lui qui est l'ordre, l'harmonie, le plan, la bienveillance et la beauté qui vous enchantent dans la nature. Elle est ravissante ; elle a pour vous d'inépuisables délices, non parce que vous y voyez, mais parce que vous n'y voyez pas. Elle est un langage touchant et sublime que l'invisible du dehors adresse à l'invisible du dedans, c'est-à-dire, Dieu à votre âme. Voilà pourquoi elle est belle. S'il n'y avait dans la nature que ce que vos yeux peuvent y voir et vos mains toucher, elle serait pour vous un désert.

Ne vous croyez donc point esprit fort, parce que vous avez la prétention de ne croire que pour avoir vu. La belle force ! Celle de l'idiot et de l'enfant. À ce compte, l'aigle serait plus esprit fort que vous, car il voit mieux et de plus loin. Cette prétention funeste apparaît principalement chez les peuples usés et corrompus, pour lesquels l'exagération des besoins et des plaisirs a fait de la sensation tout, et du reste peu de chose. Elle est elle-même un signe de dégradation, car elle montre un grand affaiblissement du principe moral, dont la tendance est tout opposée. Tout homme moral croit sans avoir vu ; sans cela il cesserait d'être moral. La lionne devant sa tanière, quand elle se fait déchirer pour défendre ses lionceaux, croit sans avoir vu ; et elle devient un être sublime. Elle donne sa vie pour un sentiment mystérieux qui lui vient d'en haut ; qui est l'expression d'un ordre qu'elle ne peut comprendre ; et elle fait honte au désolant épicuréisme qui veut tout voir et tout calculer. C'est pour elle la seule manifestation de l'invisible. Elle en suit les indications sans balancer.

Il en est des choses invisibles comme de tant d'autres, que ceux qui les ignorent traitent de chimères, et ceux qui les connaissent d'importantes vérités. Pour un ignorant, l'astronomie n'est pas moins une chimère que la religion pour un homme sensuel, ou la musique pour un sourd. Ils sont aussi fondés les uns que les autres.

Et ici, je crois devoir faire observer que le but propre du christianisme n'a pas été d'augmenter pour nous le nombre des choses que nous sommes obligés de croire sans les voir, car nous les croyions sans lui ; mais bien plutôt de soumettre, en quelque sorte, au témoignage de nos sens un certain nombre de ces dernières. Jésus est venu, non pas nous faire croire ce que nous ne pouvions pas voir, mais nous faire voir ce que nous avions à croire sans l'avoir vu. Il est venu l'incorporer dans sa vie pour nous le manifester à tous ; tels, ces quatre points cardinaux de toute religion et de tout perfectionnement humain ; le gouvernement du monde par un esprit infini ; la vie nouvelle réservée à l'homme ; l'horreur du péché et la miséricorde de Dieu : toutes choses invisibles que Jésus a fait sortir de la conscience pour les changer en faits extérieurs, en les faisant entrer dans le grand drame de sa vie.

Placez l'homme où vous voudrez et comme vous voudrez ; il sera noble, grand, pur, moral, heureux, s'il croit sans avoir vu ; il sera petit, vil, immoral et finalement malheureux, s'il ne croit que pour avoir vu.

LE DOUTE

Il* est une force qui exalte toutes les facultés de l'homme et leur fait produire des effets qui ont quelque chose de prodigieux. Celui qui en est animé sent avec puissance, discerne avec sûreté, combat avec courage, exécute avec persévérance. Ses facultés se dirigent et se concentrent sur un but qu'il voit clairement ; il sent le terrain sur lequel il marche solide et ferme sous ses pieds ; il avance sans hésitation et sans faiblesse. Les obstacles l'échauffent et ne le découragent pas ; les sacrifices ne lui coûtent rien. Il lutte, il résiste, il triomphe, il laisse de sa vie des traces qui excitent, pendant de longues générations, l'étonnement, le respect, et font la gloire de l'humanité. Cette force, c'est la foi.

Il est une influence fatale qui s'attache au cœur de la vie humaine pour la paralyser et la flétrir. Celui qui l'éprouve, toujours tiraillé par des forces opposées, ne peut rien accomplir de beau, de durable, de grand. Les facultés de son âme n'ont point de centre ; elles ne sont jamais recueillies, élancées fortement vers un même but. S'il avance, il tourne à chaque instant ses regards en arrière, regrettent le point dont il s'éloigne autant qu'il désire celui vers lequel il va. Le terrain sur lequel il marche est mouvant ; le but qu'il se propose est vague et

---

* Janvier 1837.

confus ; la volonté qui le pousse est chancelante, parce qu'une autre volonté surgit toujours à côté d'elle, pour le pousser vers un but différent qui n'est pas plus clair à ses yeux. L'obstacle ne le trouve point résolu ; la difficulté l'arrête et le décourage. Il essaye de tout et n'est content de rien, pas même de lui. Il tâtonne sans cesse, il produit des ébauches et point d'œuvres. Après un combat sans courage, l'abîme du temps se referme sur lui, et il n'y laisse point de traces. Cette influence qui flétrit et qui paralyse est celle du doute.

Suivez l'homme dans sa vie intime et dans toutes les applications qu'il peut faire de ses facultés : vous distinguerez sans peine les effets de l'une ou de l'autre de ces dispositions que nous venons de décrire. Partout où vous verrez l'homogénéité, la spontanéité, la naïveté, la puissance, la franchise de l'allure, la constance du mouvement, le courage et le sacrifice, vous reconnaîtrez la foi. Partout où vous verrez le tâtonnement, la recherche, la faiblesse de la volonté, les essais infructueux, les efforts et le découragement, la tristesse et la crainte, vous reconnaîtrez le doute.

Nous admirons tous les jours la puissance que le génie humain a déployée dans les arts à certaines époques, trop rares, dont les monuments nous étonnent et nous ravissent. Dans ces époques fortunées, le beau est jeté avec profusion sous les formes les plus diverses par des artistes nombreux qui surgissent de toutes parts. Les chefs-d'œuvre succèdent aux chefs-d'œuvre par un mouvement spontané, comme la feuille succède à la feuille sur l'arbre que la nature a fait pour la produire. Rien n'égale la fécondité de la source que l'inimitable beauté de ses produits. Point d'hésitation, point de tâtonnement, point de recherche. Chaque artiste a sa puissance propre, son ineffaçable individualité ; mais un mouvement puissant les emporte tous, un sentiment commun les inspire. Ils savent ce qu'ils veulent et l'exécutent avec simplicité et sûreté. Leurs œuvres sont homogènes. Dans leur abondance, elles portent un caractère de profondeur et de plénitude devant lequel nous nous inclinons. Cette source de beauté, cette puissance intérieure, si féconde en admirables choses, n'était qu'une des formes de la foi ; c'était la foi elle-même s'appliquant à l'art.

D'autres époques ont présenté un spectacle bien opposé. De la recherche, des tâtonnements, des essais. Au lieu de couler de source, les produits des arts ne sont que le résultat du calcul. Un système succède à un système, une imitation à une imitation. La nature est méconnue : on ne sent pas assez purement pour la goûter ; l'exagération prend sa place. On traverse le beau ; on rencontre le faux et le laid. L'effort se voit partout, la simplicité et la beauté nulle part. La peinture découragée s'empare des formes de la statuaire, qu'elle abandonne bientôt avec dégoût pour se jeter dans d'autres travers. La statuaire à son tour veut s'emparer des ressources de la peinture et ne réussit qu'à perdre les siennes. La littérature fouille dans toutes les annales, imite les chefs-d'œuvre étrangers qu'elle ne comprend pas, force tous les effets sans parvenir à émouvoir, et retombe découragée. En voyant de tels résultats, vous devez reconnaître la cause : vous avez devant vous les effets du doute.

Si vous voyez régner dans une maison l'ordre et l'harmonie ; si ceux qui l'habitent sont contents les uns des autres et s'étudient à se rendre heureux ; si les orages sont tout au plus à la surface et la sérénité dans le fond ; si les intérêts se confondent, si les affections se conservent et s'épurent ; si les erreurs se pardonnent et s'oublient, reconnaissez là les effets d'une confiance mutuelle qui a passé dans la vie et ne se laisse plus ébranler. C'est une foi profonde et vivement partagée, qui procure cette sérénité, qui embellit le bien et qui fait pardonner le mal, ou plutôt qui assure d'avance qu'il n'y a rien à pardonner.

Mais si vous avez le spectacle du désordre et de la désunion ; si les volontés sont divergentes ; si chacun ne songe qu'à lui-même et ne sait pas s'imposer des sacrifices pour les autres ; si l'inquiétude et la jalousie laissent voir leurs traits hideux, soyez certain que ces âmes n'ont plus de foi en elles-mêmes ni dans ceux qui les entourent. Le doute s'est assis au foyer domestique pour en éloigner la paix et empoisonner le bonheur par son souffle empesté.

Et sur un théâtre plus vaste, sur ce théâtre où s'agitent et se décident les destinées des peuples, qui pourrait méconnaître et confondre l'action de ces deux principes opposés ? L'un s'y manifeste comme amour de la patrie et comme abnégation de l'individu devant elle ; l'autre s'y manifeste comme indifférence pour le pays et comme culte de l'individu ; l'un inspire le dévouement et la confiance, l'autre l'insouciance et l'égoïsme. Quand la patrie est le premier de tous les intérêts ; quand ses lois sont acceptées et chéries ; quand elles sont entrées dans les habitudes du peuple au point de diriger et de mouler en quelque sorte sa vie publique ; quand on tient aux formes de son organisation et au fond même de sa prospérité ; quand on est glorieux de sa gloire et heureux de son bonheur, alors tout devient facile ; les grandes choses s'opèrent par le concours sincère de tous ; les grands dangers se conjurent par la coopération spontanée de tous ; on croit au pays, à son avenir et à ses lois. Mais quand cette cette foi est ébranlée, quand on tâtonne et qu'on ne croit plus, quand tout est question et rien n'est croyance, quand l'amour même de la patrie a fini par s'affaiblir et par s'éteindre, alors la force politique disparaît sous l'influence glaciale du doute. Quand on ne croit rien assez fortement, on est incapable des grandes choses. Le dévouement est traité de faiblesse, et le sacrifice d'imbécillité. Chacun est de feu pour l'attaque, car il espère y trouver non pas le bien du pays, mais une satisfaction pour son amour-propre ou son intérêt ; chacun est de glace pour la défense, car il ne voit que le danger, et le fond même ne lui tient point à cœur. On essaye tout, on n'achève rien. On abandonne l'œuvre aux trois quarts consommée, pour en entreprendre une autre bientôt abandonnée à son tour. Chacun se retire et s'efface pour conserver le peu de terrain qu'il occupe, et s'inquiète peu du pays. Point de centre d'action, point d'idées arrêtées, point de mouvements généreux : le doute a tout paralysé. Sous son action délétère, tout s'éteint et tout meurt, excepté l'égoïsme, qui veille toujours pour guetter sa proie et pour la saisir à propos.

La politique n'est qu'une partie de la morale, et les devoirs du citoyen sont bien loin d'épuiser tous ceux que l'homme est appelé à remplir. Dans ce champ plus vaste, l'influence de la foi et celle du doute ne sont pas moins manifestes et moins opposées que dans les champs bornés où nous venons de porter les yeux. La moralité n'est quelque chose qu'à condition d'être spontanée, prompte, sûre, décisive, puissante. Si elle est faible, si elle hésite, si elle calcule, elle n'est déjà plus la moralité. Dans les jugements que nous portons d'elle, nous n'en faisons cas qu'autant que nous avons la conscience qu'elle gît au fond de l'âme, qu'elle gouverne la vie, qu'elle agit et se déclare par un mouvement naturel et irrésistible, qu'elle est l'expression de l'âme tout entière dans ce qu'elle a de plus profond et de plus intime ; en un mot, qu'elle a foi en elle-même. Nous nous méfions d'elle si elle balance, si elle tergiverse, si les occasions décisives la trouvent flottante et irrésolue ; en un mot, si elle doute. La moralité, dans sa plus haute acception, est le sacrifice perpétuel de l'individu, c'est-à-dire de l'agent lui-même, à la loi, c'est-à-dire aux conditions nécessaires du bonheur de la masse. Mais le sacrifice est un effort, un élan, un dévouement de l'âme que rien ne peut inspirer, si ce n'est une foi profonde et puissante en la loi, en son but, en son garant et sa sanction. Dès qu'il y a doute, la force disparaît, le sacrifice devient impossible. Dès qu'un autre intérêt est mis en balance dans l'esprit avec celui du devoir, dès qu'une autre crainte vient égaler la crainte de Dieu, dès qu'une autre voix vient parler aussi haut que la voix de la conscience, dès que l'utile vient se mettre en parallèle avec le juste et laisse le cœur suspendu, le doute s'est emparé de l'âme et la moralité s'est effacée devant lui. Quand les passions parlent si haut, quand les intérêts sont si pressants, délibérer, c'est être vaincu. Il n'est pas trop de tout le courage que peut seule inspirer la foi, pour triompher constamment dans ce combat de toute la vie.

Mais la région de l'âme où cette double influence s'exerce de la manière la plus puissante, c'est assurément cet espace éthéré dans lequel plane la religion. On peut dire avec juste raison que la religion est, en effet, le point culminant de l'existence humaine. Par elle, l'homme sent qu'il est un être céleste et divin, et centralise toutes ses forces pour réaliser cette grande idée qu'il se fait de sa propre nature. Il reconnaît le divin en lui-même et autour de lui ; c'est en lui et pour lui qu'il aime à vivre. Le matériel, le passager, l'imparfait, le fini, ne sont plus pour lui que des degrés par lesquels il s'élève au spirituel, à l'immuable, au parfait, à l'infini. Il ne trouve le repos que devant ces idées éternelles qu'il contemple sans cesse et qu'il n'épuise jamais. Et s'il a le bonheur d'être chrétien, il trouve en Jésus une manifestation de la divinité, surtout de la partie morale, plus claire, plus puissante, et surtout plus émouvante que celle qu'il trouve dans la nature ; plus indépendante et plus pure que celle qu'il trouve dans son propre cœur. Mais, s'il doute, où sera la vie ? où sera l'espérance ? où sera la force ? où sera l'amour ? La religion doit emporter l'âme tout entière vers un but mystérieux, mais cher : le doute l'arrête, la divise, la retient, l'embarrasse et l'attache à la terre. C'est l'oiseau qui veut prendre son vol vers les cieux, mais dont un inextricable réseau comprime les ailes et paralyse l'essor. Il se débat en vain et retombe épuisé après des efforts inutiles. Ici la vérité devient évidente par le simple énoncé : la religion ne vit que de foi comme la moralité et plus encore peut-être. Elle n'existe que par cette force intérieure. Pour elle, douter c'est déjà ne plus vivre ; c'est se débattre contre la mort.

D'où vient le doute, et comment y échapper ?

Le doute est dans l'esprit, la foi est dans le cœur.

J'entends par l'esprit la faculté de raisonner ; j'entends par le cœur ces sentiments profonds, ces tendances puissantes, ces instincts de notre nature morale qui existent en fait au fond de notre âme et qui sont pour une si grande part dans le caractère spécial de l'humanité.

Un peu de réflexion suffit pour faire comprendre que la source unique de toute conviction intime, de toute véritable foi, est dans le cœur et non dans l'esprit.

L'esprit procède par induction. Il est guidé et en quelque sorte forcé dans ses opérations par des rapports nécessaires entre les idées. Un principe posé donne sa conséquence obligée, laquelle, devenant principe à son tour, fournit une nouvelle conséquence, et ainsi de suite à l'infini, s'il y avait de l'infini dans ce que l'homme peut effectuer. Il résulte de là que les opérations de l'esprit ont quelque chose de général et d'impersonnel, qui laisse à peu près passif le sujet dans lequel elles ont lieu. Elles procèdent par des règles obligées, auxquelles il ne peut rien changer ; elles donnent des résultats qu'il ne peut refuser d'admettre. C'est comme une armée qui défile devant lui dans un ordre très serré, dont il est simple spectateur sans y pouvoir commander. Un bataillon suit un bataillon, un numéro suit un numéro dans une série constante, jusqu'à ce que le cycle soit accompli ou le spectateur lassé. La série passe devant lui, lui-même en dehors et à distance ; ce n'est pas en lui ; ce n'est pas lui. Aussi, là où la faculté de raisonner se montre la plus indépendante et la plus pure, n'ose-t-on faire intervenir l'idée de l'individu. Nul ne dit *mes mathématiques*, comme il dit *ma conduite* ou *mon poème*. Ce caractère de l'opinion à laquelle on arrive par le raisonnement la prive déjà de toute intimité, et la sépare des principes qui se fondent avec notre personne morale, qui sont en contact immédiat avec elle et qui influent le plus fortement sur sa vie.

Mais, du moins, la nature du procédé, la rigueur et même la nécessité des conséquences devraient-elles amener une conviction irrésistible, et par conséquent exclure le doute.

Oui, pour un esprit infini ; mais pour un esprit borné, c'est tout autre chose.

Quelque grande que l'on suppose la rigueur du raisonnement, elle ne remonte pas au-delà du principe. Or, une intelligence bornée ne prend pas son principe à l'origine des choses ; comment y remonterait-elle ? Elle le prend à un point quelconque d'une chaîne immense et compliquée, peut-être au hasard, peut-être parce qu'elle est incapable de remonter plus haut. Elle le prend comme absolu, tandis qu'il n'est qu'un cas particulier ; elle l'isole, tandis qu'il tient à tout ; elle le grossit outre mesure dans son importance, tandis qu'il est limité par d'autres principes non moins nécessaires et non moins puissants que lui ; que sais-je, elle le prend pour vrai, tandis qu'il est faux. Si elle eût pris pour base un autre principe, en particulier un de ceux qui viennent limiter celui qu'elle a préféré, elle aurait obtenu des conséquences opposées. Faut-il s'étonner si, à mesure qu'elle avance, les difficultés s'accroissent ; si, à chaque pas, les conséquences deviennent plus paradoxales ; si elle vient se heurter contre des vérités aussi anciennes que le monde et que ses arguments n'ébranleront pas ; en un mot, si l'hésitation et le doute se glissent entre elle et ses résultats, et viennent la troubler au milieu de ses déductions les plus triomphantes ?

Les mêmes difficultés que le raisonnement rencontre à son origine, il les rencontre à chacun de ses progrès. Tantôt le principe permet une double conséquence ; tantôt il subit, à un point donné, une limitation qui peut passer inaperçue. Si vous n'acceptez qu'une des conséquences multiples, si vous n'apercevez pas la limitation et si vous n'en tenez pas compte, vous prenez pour absolu ce qui n'est que relatif ; vous excluez une partie importante de la vérité, c'est-à-dire que vous-même êtes déjà dans l'erreur, que cette erreur vous serre de plus près à chaque nouveau chaînon que vous parcourez, et qu'elle vous apparaît enfin inquiétante, inévitable, traînant après elle le découragement et le doute. C'est une forêt immense de branches et de rameaux, au milieu desquels vous vous perdez, sans pouvoir jamais distinguer quels sont les troncs auxquels ils appartiennent.

Le domaine du cœur est d'une tout autre nature. C'est celui de la spontanéité, de l'activité, de la vie, de la personnalité. Dans tous les actes qui s'y passent, l'homme intervient lui-même comme base, comme principe, comme sujet, comme personne. S'il éprouve un sentiment, s'il rencontre en lui un instinct, s'il est poussé par une tendance de sa nature, ce sentiment est dans la partie la plus intime de son être ; cet instinct sort du fond de son âme ; cette tendance est dans sa propre volonté ; cette action puissante à laquelle il est soumis, c'est la sienne, et il ne la distingue point de lui-même. Sans doute ces sentiments, ces instincts et ces tendances viennent de plus haut que l'homme. Il ne se les est point donnés : ils émanent de son Créateur et remontent vers lui. Mais ils sont l'homme, dans ce qu'il a de plus immédiat et de plus spontané. Dans tout ce qu'il éprouve, c'est ce qu'il peut le moins regarder comme n'étant pas lui. La foi qui porte sur cette base est donc intime et profonde. Elle part des sources mêmes de la vie ; elle prend l'être moral tout entier ; elle se confond avec le sentiment de l'existence, et l'homme ne la sépare jamais de lui-même.

Toute puissante qu'elle est, cette considération n'est encore que secondaire. En voici donc une autre qui va plus avant dans l'intimité du sujet.

Le cœur n'est pas le domaine des *conséquences,* c'est celui des *données.* Il fournit des principes immédiats, des principes certains, dont la réunion a toujours constitué et constituera toujours la conscience du genre humain. Ils se montrent partout à travers les siècles ; ils résistent à toutes les révolutions ; ils survivent à tous les systèmes. Seuls ils expliquent l'histoire et sont la gloire de l'humanité. Le raisonnement échoue à les déduire d'autres données, à les prouver par d'autres principes. Il échoue bien plus évidemment encore à les nier et à les dissoudre par des arguments fondés sur d'autres bases. Au milieu de ce vain cliquetis de la logique, qui peut l'éblouir un moment, l'homme se replie sur lui-même et se retrouve tout entier, avec ces principes immédiats et puissants de sa nature intime, qu'il n'appartient pas à la logique de changer. Il touche et il voit, devant le raisonneur qui nie les corps ; il marche, devant celui qui nie le mouvement ; il aime, devant celui qui proclame l'égoïsme ; sa conscience se soulève et s'indigne, devant celui qui nie la moralité ; son âme s'élance hors de la terre, devant celui qui nie la religion et Dieu. C'est donc là que sont en effet la vie et la plénitude de la foi.

S'il veut croire et chasser le doute, il faut que l'homme connaisse bien ce que le raisonnement peut rendre et ce qu'il refuse ; il faut qu'il rentre dans sa conscience et qu'il vive avec son propre cœur.

Appliquons d'abord ces remarques au cas le plus simple. La sensation est le moyen immédiat par lequel notre âme est avertie des phénomènes qui se passent dans le monde qui n'est pas elle. Le mot même par lequel on la désigne indique qu'elle est un acte de la faculté de sentir, c'est-à-dire une fonction de l'âme elle-même. C'est déjà le sentiment le plus simple mis en jeu dans l'âme par des causes placées au dehors. Toutes les recherches des physiologistes, tous les systèmes des philosophes ne nous en ont pas appris davantage. Là est un abîme que l'intelligence humaine n'a pu franchir. Là est le point de contact de deux mondes, que l'intelligence humaine ne sait comment rallier. Admirable révélation, manifestation mystérieuse de la matière à l'esprit ! Il faut l'accepter et y croire, sans l'expliquer et sans la comprendre, sous peine de misère et de folie. Mais aussi la foi qu'elle inspire, fondée sur le sentiment intime, est-elle complète et irrésistible. Et le raisonnement qui a tenté de la dissoudre, quoique spécieux comme tant d'autres, n'a jamais pu prendre contre le sens commun de l'humanité. Mais, sans remonter aussi haut, supposons pour un moment que le raisonnement s'ingère de suppléer à la sensation par ses conséquences et ses calculs ; qu'il parte d'un fait accompli dans un temps donné et qu'il en déduise les événements, les phénomènes qui doivent se passer à l'instant ; qu'il veuille faire prévaloir ses conclusions sur le témoignage immédiat des oreilles et des yeux ; n'est-ce pas une folle tentative ; et celui qui voudrait y persévérer, perdu dans des conséquences diverses qu'il serait incapable de contrôler, ne deviendrait-il pas inévitablement la proie du doute ? Semblable à ces enfants qui cherchent un but après s'être bandé les yeux, il ferait à chaque instant fausse route, tandis que ses compagnons marcheraient d'un pas ferme, guidés par leur foi immédiate et complète dans le témoignage de leurs sens.

Prenons encore un exemple dans un instinct un peu plus élevé que celui de la sensation. Qui peut nier que l'amour paternel ne soit en effet un instinct de notre nature qui nous a été donné par le Créateur dans des vues pleines de sagesse ? Il agit sur toutes les créatures humaines avec une puissance irrésistible, et il se manifeste avec non moins d'énergie dans les êtres placés au-dessous de l'humanité. Il est prompt et complet dans son action ; il est immédiat ; il est général ; il est désintéressé ; il est sûr ; il fait taire d'autres principes qui, dans tout autre moment, exerceraient une influence suprême ; il va jusqu'à commander et à soumettre l'instinct de la conservation. C'est donc à la fois un instinct puissant de notre nature, un sentiment profond de notre cœur. Aussi le père et la mère le suivent-ils sans hésitation, sans calcul, avec constance, avec courage, à travers toutes les difficultés, tous les sacrifices, tous les dégoûts, comme à travers les espérances les plus douces et les jouissances les plus vives. C'est de la foi ; car elle est dans le cœur, car elle procède d'une affection vivante. Le doute ne saurait en approcher. Mais que, laissant de côté cet instinct puissant de son âme, le père veuille en scruter les bases par le raisonnement ; qu'il veuille trouver par là ce qu'il doit à son fils, ce qu'il peut en attendre, et les sacrifices auxquels il peut se livrer ; bientôt, embarrassé dans des conséquences opposées, il ne saura plus ni ce qu'il sent, ni ce qu'il veut, ni son devoir, ni son intérêt, ni ses espérances. Le doute avec son froid glacial se sera logé dans son âme. Il ne faut plus qu'une circonstance pour qu'il devienne un père dénaturé. Sans doute un père se sert de sa raison pour se diriger vers le but que lui désigne son amour pour son enfant. Il observe, prévoit et calcule pour lui assurer le bonheur ; mais que le raisonnement qui éclaire l'instinct ait jamais pu le créer, c'est ce qu'il est impossible de croire. Ainsi appliqué, il ne saurait créer que le doute.

Je ne puis poursuivre cette idée dans toutes ses applications. Le lecteur y suppléera sans peine, l'espace me manquerait. Je laisse de côté toutes les autres affections de famille, et même l'amour de la patrie, qui confond dans un même sentiment l'amour filial et l'amour de l'humanité. Je ne m'arrête pas même au sentiment du beau, qui est bien véritablement un instinct et un besoin de notre âme. Il peut se développer et s'étendre, ou se laisser dominer et presque étouffer par les goûts grossiers ou par les soins inévitables de notre nature charnelle ; il peut, comme tous nos autres sentiments, être éclairé dans son exercice par le bon sens et la raison, sous forme de goût ; mais il n'est pas créé, il n'est pas même expliqué par le raisonnement : il est donné de plus haut à notre âme divine, comme une source pure de jouissances intarissables et dignes d'elle. C'est quand ils ont puisé purement et simplement dans ce sentiment naturel, dans cet instinct du génie, que les artistes ont été puissants, riches et variés. Leurs œuvres, émanant du cœur, ont ébranlé les masses et trouvé partout des échos.

C'était la foi fondée sur un sentiment immédiat et profond. Mais quand le raisonnement voulut se substituer à cette puissance mystérieuse ; quand il eut tout soumis à sa critique ; quand, généralisant quelques cas particuliers, il eut donné ses recettes pour les lois et les limites de la nature, alors la véritable fécondité disparut ; le génie fit place à la recherche, la puissance à la faiblesse, la foi au doute, jusqu'à ce qu'après une longue éclipse, le sentiment du beau animé, ou plutôt délivré de ses entraves, ait reproduit, sous de nouvelles formes, une série de chefs-d'œuvre inépuisables comme lui. Quand l'art grec demeure enseveli sous les arguties des rhéteurs, l'art gothique surgit tout à coup chez des peuples encore vierges ; il étonne et enchante le monde par ses magiques beautés. Quand la poésie est emprisonnée et frappée de stérilité par les vains préceptes d'une critique arbitraire, elle se renouvelle tout à coup et retrouve toute sa puissance chez d'autres peuples en les foulant tous aux pieds. Il faut nier l'évidence ou faire une nouvelle rhétorique, qui ne tardera pas plus longtemps que l'autre à recevoir de solennels démentis.

Venons-en donc à des instincts plus nobles et plus puissants encore de notre nature. Les mêmes remarques, justifiées par des applications plus faciles, n'y porteront pas avec moins de justesse. La moralité est un de ces instincts célestes qui élèvent l'homme au-dessus de la sensualité, au-dessus des intérêts et des plaisirs, et font déjà de lui sur la terre un être vraiment divin. Mais cette-moralité elle-même, sur quoi est-elle fondée ? Où puise-t-elle sa force ? Quel est le ressort qui la pousse avec tant d'énergie et lui donne la puissance de vaincre les passions les plus ardentes, les besoins les plus impérieux de notre nature mortelle ? Trouverons-nous cette force au bout d'un raisonnement fondé sur le principe de l'intérêt bien entendu, d'une force étrangère à laquelle il faut obéir, de la sensation transformée, et que sais-je encore ? Efforts impuissants, tentatives funestes ! Tous les systèmes imaginés pour expliquer la moralité par autre chose que par un sentiment simple, profond, intime, n'ont jamais fait qu'énerver la moralité et produire le doute. La conscience du genre humain se soulève contre la confusion de la moralité et de l'intérêt privé. La raison demeure impuissante à prouver que l'individu se doive sacrifier à l'intérêt général. La soumission à une volonté étrangère n'est déjà plus la moralité. Et pourtant la moralité existe ; elle se fait entendre au fond de la conscience avec une incorruptible pureté. Elle parle avec autorité ; mais cette autorité n'est point étrangère à l'homme, elle est dans son propre cœur. Seulement, il ne peut la méconnaître sans se sentir avili, tandis que la résistance à une volonté étrangère et arbitraire le relève à ses propres yeux. La foi, cette morale qui fait l'homme profondément et sûrement vertueux, se trouve donc dans la conscience pure et simple de ce sentiment instinctif de notre nature. Le doute, le doute qui flétrit, le doute qui dessèche, le doute qui corrompt et qui démoralise, se trouve au bout de tous les raisonnements par lesquels on a voulu le remplacer. Aussi, quand a-t-on trouvé que les progrès dans la logique, le maniement habile du raisonnement, marquassent des progrès égaux dans la moralité ? On est moral ou immoral, et l'on se sert du bon sens et de la raison pour arriver plus sûrement à son but : voilà tout. Ce but, c'est le cœur qui le choisit, c'est le vice ou la vertu qui l'indique. Le raisonnement vient après, et ce n'est pas quand il est le plus mal inspiré qu'il est le moins habile. Si le sentiment généreux se tait, si l'amour pur de l'humanité, seul fondement de toute moralité véritable, a cessé de parler au cœur, ne cherchez plus la moralité, ne cherchez plus la vertu : vous ne trouverez que le doute, si le cœur est indifférent ; vous ne trouverez que la corruption, s'il a fait un autre choix.

Le raisonnement n'est pas moins inhabile à produire la foi religieuse. La religion est un besoin de notre nature qui s'élance au-delà de tout ce qui est fini pour chercher et pour sentir ce qui est infini et absolu. Elle ne compte que des heures, il lui faut l'éternité ; elle est murée dans un étroit espace, il lui faut l'immensité ; elle est soumise à mille vicissitudes, il lui faut une existence absolue et suprême ; elle sait rallier quelques idées et concevoir quelques vérités, il lui faut l'intelligence illimitée ; elle a un peu d'amour pour le bien que mille passions parasites étouffent et compriment, il lui faut l'inépuisable bonté, la sainteté incorruptible et la suprême justice ; en un mot, il lui faut Dieu et l'immortalité. Voilà la religion ; voilà cette force incompréhensible qui a plus profondément remué l'humanité que toutes ses autres tendances réunies, car elle est la plus puissante et la plus haute. C'est celle qui se réveille avec le plus d'énergie quand toutes les autres viennent à faillir ; c'est celle qui survit à toutes les phases de la civilisation, à toutes les révolutions des idées, à tous les désastres des peuples, et que l'homme retrouve toute-puissante dans son sein quand il veut l'interroger. Comme tous les sentiments instinctifs et véritablement humains, elle prend, suivant les circonstances, des formes plus ou moins pures ; mais elle existe toujours comme un sublime témoignage pour l'homme de son origine et de sa destination. C'est ce noble instinct de notre âme qui illumine pour nous la nature et nous y fait découvrir partout Dieu, sa puissance, sa sagesse et son amour. C'est l'infini qui éclaire pour nous le fini. C'est parce que la religion trouve ainsi sa racine dans un sentiment intime de l'âme, qu'elle est commune à tous, qu'elle est la consolation du pauvre comme la lumière du riche, et qu'elle agit avec le plus de puissance là où elle est reçue avec le plus de simplicité. Laissez de côté ce sentiment sur lequel repose la foi, pour recourir au raisonnement ; servez-vous de cet instrument non pas pour éclairer, pour généraliser, pour amener à une conscience plus nette les données du sentiment, mais pour y suppléer ; avisez-vous de vouloir les prouver, et vous verrez cette foi lumineuse se changer en doute, la force qu'elle inspire se convertir en faiblesse, les ténèbres s'épaissir, et l'homme ne sachant plus où il va dans ce monde mystérieux dont il a éteint le flambeau. Croira-t-il aux causes finales, quand l'idée des causes est controversée ? Comment, avec le raisonnement qui va pas à pas, franchira-t-il l'abîme incommensurable qui le sépare de l'infini ? Où prendra-t-il ses principes et comment sera-t-il capable de les rattacher à des conséquences qui sont d'une tout autre nature et placées dans un autre monde ? Non, la religion ne vient pas plus au bout d'un raisonnement que l'amour paternel ou la moralité. Le raisonnement éclaire et généralise, mais il faut que les données soient dans le cœur.

J'ai hâte de finir, mais je ne veux pas quitter ce sujet sans soumettre à mes lecteurs une dernière considération. Le christianisme est un trait de lumière venu d'en haut pour compléter l'éducation du genre humain et pour le sauver. La divinité, que notre cœur pressentait dans les cieux, s'est manifestée à la terre dans sa puissance, sa sagesse et sa bonté, et le Christ nous l'a montrée sous une forme plus immédiate et plus vivante. Immense bienfait ! révélation à jamais bénie, qui a séparé pour toujours la religion d'un alliage impur et l'a posée enfin sur la terre, digne de l'homme et digne de Dieu ! Mais s'il y a dans l'Évangile un trésor inépuisable de sanctification, de lumière et de vérité, comment l'homme parvient-il à se l'approprier ? Est-ce par le raisonnement ? Est-ce par le sentiment ? S'il y a eu des saints et des martyrs ; si nous voyons encore de nos jours des hommes que le christianisme ennoblit en leur inspirant une foi qui fait plus que transporter les montagnes, comment cette foi leur est-elle venue ? Est-ce par la discussion des témoignages ? Est-ce par l'accumulation des preuves ? Est-ce par les réponses triomphantes aux innombrables objections ? Tous les mystères de l'histoire primitive du christianisme sont-ils dissipés, toutes les difficultés sont-elles résolues ? Non, ce n'est point par là que nous arrive la foi. Ici, l'expérience parle assez haut ; ceux qui ont cherché la foi sur ce chemin n'ont rencontré que le doute, mais la grande figure du Christ surmonte ces difficultés et ces mystères de toute sa divinité. Il parle à notre cœur, et notre cœur lui répond ; il connaît tous les secrets de notre âme, et notre âme se laisse instruire. À cette voix puissante nous croyons, parce que nous sentons, parce que nous aimons, parce que nous devenons meilleurs. Le Christ est l'humanité divinisée : nous nous jetons dans ses bras avec une confiance que rien ne saurait plus ébranler.

LE PASSAGER ET LE PERMANENT DANS LA RELIGION

> Les choses visibles sont passagères, mais les invisibles sont éternelles.
>
> — (II COR., IV, 18.)

La* réalité d'un mouvement religieux dans les sommités et dans les masses frappe les yeux les moins attentifs. Du dédain l'on est arrivé à l'attention, de l'attention au respect, du respect au désir. Tant de promesses ont été trompeuses, tant d'espérances déçues, tant de systèmes renversés, tant de vides produits, tant de maux éprouvés, tant de sentiments flétris, tant d'immoralités subies ! Le matérialisme a fait tant de blessures et donné si peu de jouissances ; le positif tant vanté a traîné derrière lui tant de doutes et laissé si peu de réalités ! L'ère qui devait voir disparaître tous les préjugés en a tant fait naître, et de plus dangereux que les autres ! Faut-il s'étonner que l'humanité attristée et déçue se soit repliée sur elle-même, ait cherché dans son sein de nouvelles ressources et soit revenue au sentiment de ces choses

---

* Avril 1837. — Le fragment qu'on va lire est tout ce que Vincent a écrit du discours dont le plan a été inséré dans la Notice sur ses écrits.

invisibles qui peuvent seules diriger, éclairer et compléter les choses visibles ?

Et, pendant que l'expérience la plus intime révélait ce vide aux esprits les plus éclairés et aux cœurs les plus généreux, les plus grands intérêts de la terre se débattaient sur le plus vaste théâtre. Les questions les plus hautes étaient posées, celles qui embrassaient dans leur sphère toute l'existence matérielle, toute l'assiette sociale, tous les progrès intellectuels et moraux de la plus nombreuse et de la plus puissante nation de l'Europe. Il s'est trouvé que pendant cette longue fièvre ce corps immense n'a pu rencontrer une place de repos et de bien-être. Il s'est agité sur sa couche comme un géant, s'entourant partout de débris et jetant loin de lui, comme une paille légère, les médecins imprudents qui promettaient de le guérir. Et la cause de ce mal s'est pourtant révélée aux hommes désintéressés et amis de leur pays. Elle est tout entière dans le défaut de foi qui a fini par assoupir la conscience. C'est le matérialisme qui a tué le principe de la vie morale et, par conséquent, sapé les fondements de l'ordre, de l'harmonie, de la subordination et de l'obéissance. Il n'est plus resté qu'un seul sentiment, un seul désir, un seul besoin : jouir et gouverner. Le malade a la fièvre et veut avoir la fièvre. Le calme et le repos de la santé lui sont inconnus, et il ne peut en supporter les premiers moments. L'expérience est complète, le cercle tout entier est parcouru ; il faut en sortir. Ce n'est pas la religion, c'est le matérialisme qui a fait son temps. Le nombre de ceux qui le sentent devient tous les jours plus grand, et pour quelques-uns ce retour a pris toutes les apparences d'un impérieux besoin.

Et ce besoin ne demeure pas caché dans le fond des cœurs : il se révèle par une foule de signes. Les actes, les paroles, la vie privée et publique en fournissent déjà l'expression. Les lieux consacrés au culte sont plus fréquentés, l'exposition des vérités religieuses trouve des auditeurs plus nombreux, les conversations intimes s'en alimentent, les livres qui y sont consacrés prennent faveur dans la librairie ; et dans ces écrits frivoles que chaque jour voit naître et que le lendemain emporte, si quelques-uns surnagent, ce sont encore ceux où, sans les résoudre, l'on agite, où plutôt l'on tourmente ces grandes questions de l'âme humaine qui, au fond, ne sont autre chose que la religion elle-même. Tout ce qui ne va pas jusque là est déjà vulgaire et délaissé.

Heureux ceux qui sont appelés à parler de religion dans la période qui va commencer ! Leurs prédécesseurs ont parlé au milieu de l'inattention et du dédain ; eux trouveront la considération et le désir.

Mais cette nouvelle période qui s'ouvre pour la religion est séparée des périodes anciennes par un abîme.

Les traditions sont interrompues, les esprits sont renouvelés. Tout a été remis en question, mais toutes les questions ne sont pas résolues ; le siècle écoulé a laissé d'immenses ruines, qui toutes ne se relèveront pas. Une foule de vieilles armes ont été laissées sur la route, et le siècle nouveau ne reviendra point en arrière pour les ramasser ; il sent qu'elles ne seraient plus pour lui qu'un inutile fardeau, il en cherche d'autres. Deux choses demeurent arrêtées : l'exclusion du matérialisme dont tout le monde est fatigué, parce qu'il n'a produit que corruption et misère ; le retour au christianisme, parce que le cœur humain y trouve la satisfaction réelle de tous ses besoins, et parce que l'histoire prouve que le vrai spiritualisme, celui qui élève les idées et qui épure les âmes, n'a jamais régné sans lui sur les sociétés et sur les masses.

Il y a donc eu dans la religion des choses que l'humanité dans ses progrès a pu laisser derrière sans compromettre ses progrès et la religion elle-même. Mais n'y en a-t-il pas aussi dont le rejet attaquerait la religion au cœur et corromprait l'humanité en la dépouillant de quelques-uns de ses plus beaux caractères ? Qui pourrait en douter, quand il voit la religion si profondément gravée dans le cœur de l'homme, faisant de lui déjà sur la terre une créature céleste, et appelant d'en haut non seulement les actes providentiels ordinaires qui conservent les lois morales et les instincts de tous les êtres sensibles, mais encore des actes extra-providentiels par lesquels l'essence divine s'est placée en quelque sorte face à face avec l'humanité.

La grande question qui s'agite dans toutes les âmes est donc la distinction entre ce qui est occasionnel, passager, transitoire dans la religion, et ce qui est constant, fondé sur les besoins impérissables de notre âme et par conséquent permanent.

Nul individu, nulle époque ne peuvent traiter cette question complètement en dehors de ses idées et de ses habitudes ; elle n'est donc jamais complètement résolue, et chaque âge en a donné une solution partielle qui n'a jamais pu être définitive. Mais l'expérience et la réflexion ne sont pas perdues ; l'intelligence du christianisme et de son histoire fait toujours de nouveaux progrès qui doivent être mis à profit. Notre époque pose donc la question avec une nouvelle instance. Elle veut une solution nouvelle, et le succès de la religion est attaché à ce que cette solution soit satisfaisante et réponde aux nouveaux besoins. Nous allons l'effleurer plutôt que la traiter dans l'étroit espace qu'il nous est permis de remplir.

Au premier rang des choses transitoires et passagères dans la religion il faut placer évidemment les institutions extérieures, les formes du culte, le gouvernement de l'église et la hiérarchie. Ce sont là des moyens de propagation, de développement, de direction, d'influence : ce n'est pas le but. Ces moyens peuvent changer avec l'état religieux et moral des peuples, avec le degré d'intelligence et de civilisation dans lequel ils sont arrivés, avec les habitudes, avec les institutions politiques, avec le caractère, avec la langue, avec le climat. Ils ont changé en réalité, ils ont différé d'un siècle à l'autre, ils diffèrent encore sur les deux flancs d'une montagne, sur les deux rives d'un fleuve, sans que pour cela la religion soit compromise ou perdue. Et l'on voit tous les jours des formes très divergentes s'appliquer à des idées semblables et produire de grands et beaux résultats. C'est précisément pour se prêter à ces divers besoins que le christianisme, à son origine, est si peu chargé de formes et que Jésus et ses apôtres ont été si sobres d'en créer, et il est tellement dans l'essence de toutes les formes du culte, de toutes les institutions religieuses visibles, d'être transitoires et passagères, que celles mêmes dont l'origine remonte jusqu'à Dieu par une révélation expresse ont fait leur temps et ont dû disparaître pour toujours. À défaut d'autre exemple, le mosaïsme tout entier en fournirait un irrécusable. C'était un immense recueil de formes et d'institutions visibles qui, quoique divines, ont dû céder la place devant une religion d'esprit et de vérité. Même dans le Nouveau Testament il ne serait pas difficile à un esprit exercé de trouver des formes et des institutions qui n'ont duré que peu de temps et ont légitimement disparu. Les moyens termes essayés avec le consentement des apôtres, pour l'usages des viandes, sont dans ce cas. Les règlements donnés par saint Paul sur les prophéties et les langues ont tellement fait leur temps, que nous ne les comprenons plus. Les formes d'invention humaine et d'origine ecclésiastique auraient-elles plus de droits à être confondues avec ce qui constitue l'essence éternelle de la religion ?

DE L'UNION DU CHRISTIANISME
À LA CIVILISATION GRECQUE

Passe en Macédoine, et viens nous secourir.

— (ACTES, XVI, 9.)

Cet* ordre, donné à saint Paul dans une vision mystérieuse, marque une des époques les plus mémorables dans les annales du genre humain : je veux dire la réunion du christianisme à la civilisation grecque. Saint Paul obéit, il quitta l'Asie pour passer en Grèce ; et dès ce moment le christianisme, trouvant un sol bien préparé, fit la conquête de l'Occident.

Nos arts, nos sciences, nos habitudes morales, notre vie intérieure

---

* Affligé de voir que notre ville n'avait presque rien fait pour les Grecs, tandis que, dans l'Europe entière, toutes les religions, et tous les partis étaient unanimes dans leurs efforts pour cette belle cause, je prononçai ce discours, pour intéresser du moins le petit nombre de ceux qui devaient l'entendre.

Mais les cœurs étaient mieux disposés que je n'osais le croire. À peine le signal donné par quelques amis des Grecs, des hommes de toutes les opinions et de tous les cultes se sont réunis sur le terrain sacré de la charité.

Un grand nombre de passages auraient eu besoin de développements considérables ; d'autres peut-être auraient demandé des autorités. L'influence des Barbares et du Moyen Âge ne devait pas être traitée en trois lignes. Mais mon temps était limité ; et mon but n'était pas d'approfondir les questions, mais d'exciter l'intérêt par quelques vérités frappantes. (*Note de l'auteur.*)

et publique, nos idées philosophiques et religieuses, notre littérature, nos amusements même et nos plaisirs, en un mot, toute notre civilisation européenne moderne, ne sont que le résultat toujours croissant de la fusion du christianisme avec la civilisation des Hellènes, qui déjà dominait l'Europe. Les causes, dont l'action s'est fait sentir après elle, n'ont eu qu'une influence partielle, qui s'affaiblit tous les jours, et qui finira bientôt par disparaître.

Accoutumés à tous les avantages, à toute la sécurité, à tous les plaisirs de cette civilisation européenne, il nous semble qu'elle est naturelle à l'homme, et qu'il n'est pas pour lui d'autre manière d'exister en société. Et pourtant, plus de la moitié de l'espèce humaine en est privée. Sans être sauvage ni barbare, elle vit sous des lois, des mœurs et des habitudes qui diffèrent en tout des nôtres, et dont les résultats sont entièrement opposés. L'influence combinée du christianisme et de la civilisation grecque n'est point parvenue jusqu'à elle, et la société n'y ressemble pas plus à celle des nations européennes, que les tours et les minarets des Arabes ne ressemblent au Parthénon.

Est-ce une tâche indigne de la chaire chrétienne, que de comparer la civilisation où la Providence vous a fait naître avec celle des autres peuples, et d'attirer votre attention sur les avantages immenses dont vous êtes comblé, peut-être sans y avoir jamais réfléchi ?

Si nous faisons abstraction de l'état sauvage et de l'état de barbarie dans lesquels vit encore une portion très peu considérable de la race humaine, nous verrons cette race presque entière se ranger sous deux formes de civilisation bien distinctes : la civilisation européenne ou occidentale*, et la civilisation orientale ou asiatique.

Établir une comparaison détaillée entre ces deux civilisations, dépasserait de beaucoup les limites de ce discours. Il faut donc que je me borne à quelques grands traits.

I. Dans la civilisation européenne règnent le respect et l'amour pour l'humanité ; dans la civilisation asiatique règne le mépris pour elle.

Je sais, et je sais trop, que, chez les peuples d'origine européenne, l'homme est loin d'être parfait. Il se montre avec les faiblesses, les

---

* Dans tout ce discours, quand je parle de l'Europe, de la civilisation européenne, j'entends les peuples de race européenne chrétienne, dans quelque partie du monde qu'ils habitent.

passions et même les vices de son espèce ; mais, au milieu de ces imperfections des individus, il règne dans les masses un ensemble de sentiments, d'opinions et d'habitudes qui forme les mœurs sociales, qui imprime le mouvement à tout le corps, qui gouverne même les gouvernants, et qui donne à la civilisation européenne sa direction et sa couleur. Et ce qui constitue le fond de ces opinions générales, de ces habitudes directrices, de ces mœurs sociales, c'est le respect, c'est l'amour pour l'humanité. L'homme s'y présente toujours à la pensée de l'homme comme un être digne à la fois de respect et d'amour.

De là, non seulement ces formes de politesse propres aux peuples de l'Europe, et dont le fond, plus ou moins solide, n'est autre chose que l'expression du respect et de l'amour ; mais ce besoin de la société, cette communication des peines et des plaisirs, cette humanité, cette douceur dans toutes les relations, ce désir général d'en adoucir et d'en embellir les formes ; cette répugnance à faire du mal, à causer de la peine, qui va beaucoup plus loin qu'on ne pense ; ces égards mutuels, ces ménagements pleins de douceur, où des philosophes moroses n'ont voulu voir qu'un caractère efféminé, tandis que je me plais à y reconnaître la manifestation d'un sentiment d'humanité qui pénètre toutes les parties du corps social ; ces établissements nombreux ouverts à tous les genres d'infortune ; ces secours puissants appliqués à tous les maux ; ces moyens de développement intellectuel, de perfectionnement moral, d'instruction religieuse et de dévotion fournis au genre humain en masse ; ces lois protectrices et constantes, bases fermes et connues de l'ordre social, sur lesquelles chacun est assuré de trouver justice et protection ; cette sécurité générale, qui met l'homme en paix avec l'homme, lui permet de voir toujours dans ceux qui l'entourent des frères et des amis, et lui donne la liberté précieuse de reporter sur lui-même l'attention et l'activité que partout ailleurs il serait forcé de dissiper au dehors ; enfin, ce respect profond pour la vie humaine, devenu si naturel en Europe et si rare partout ailleurs ; toutes ces choses, qui constituent le fond de notre état social, qui lui prêtent un si grand charme, qui répandent tant de jouissances et qui consolent tant de peines ; toutes ces choses, juste orgueil des Européens, ne sont que le résultat et l'expression du respect et de l'amour pour l'humanité.

Elles s'affaiblissent et disparaissent partout où manque ce sentiment généreux.

Voyez les nations de l'Asie, où ce sentiment n'existe que de nom : quel spectacle différent se présente à vos regards ! Point de respect, point d'amour pour l'humanité ; dès lors point de sociabilité point de lien commun que celui de l'intérêt ou de la force ; point d'adoucissement, même extérieur, à l'expression et aux effets de ces passions brutales qui bouillonnent dans le cœur de l'homme, quand il n'est point retenu par un amour profond pour l'humanité ; point d'égard pour l'homme comme homme, par conséquent point de ménagements pour sa dignité, point de crainte de l'avilir, point de respect pour sa liberté, pour sa propriété, pour sa vie ; il est traité comme une chose, et non comme un être moral ; il est un instrument et jamais un but ; il est réduit, sans remords comme sans pitié, à la condition des animaux les plus vils, et, quand le maître le commande, il est honteusement dépouillé même de sa qualité d'homme, et banni tout vivant du milieu de son espèce. Les lois les plus simples de l'humanité sont violées ; les sentiments les plus chers au cœur de f homme, les penchants les plus irrésistibles et les plus doux sont étouffés par le plus vil intérêt ou sacrifiés aux superstitions les plus horribles. Le Turc mutile son esclave, le Chinois expose ses enfants, et le Brahmine fait passer le char de son dieu sur le corps de ses sectateurs avilis, ou brûle la veuve sur le bûcher de son époux.

Ici les détails seraient innombrables. Je n'en signalerai que deux.

N'est-ce pas à ce respect pour tout ce qui est humain, trait caractéristique de la civilisation européenne, que nous devons l'institution du mariage, remplaçant, dans toute l'Europe chrétienne, la polygamie orientale ?

L'imagination elle-même ne peut embrasser tout ce que l'institution du mariage introduit dans la vie humaine de paix, de calme et de douceur ; tous les sentiments généreux et tendres qu'elle développe, tous les vices qu'elle prévient, toutes les vertus qu'elle fait naître, toutes les heures qu'elle embellit, toutes les peines qu'elle modifie, qu'elle adoucit, ou même qu'elle prévient à jamais ; toute la dignité qu'elle rend à l'homme ; tous les liens sociaux qu'elle resserre ou qu'elle crée, toute la force bienfaisante qu'elle prête à l'autorité des lois, toute la prospérité dont elle est la source pour les arts et pour l'industrie. C'est par elle que toute une moitié de la race humaine, si intéressante par le charme qui l'entoure et par tout le bien qu'elle fait, est réintégrée dans l'humanité, est portée à la place que lui marqua la bienfaisante nature, et, d'un vil instrument de plaisir, est transformée en la compagne, en l'amie, en la consolatrice de l'homme. Par le mariage, la femme vient s'associer aux travaux et aux peines de son époux, pour les soulager et les embellir, se donne à lui sans s'avilir et sans se corrompre, parce que lui aussi se donne à elle, et former avec lui cette société délicieuse dont nulle autre union ne saurait donner l'idée, où deux vies viennent se resserrer en une seule ; où les vœux, les plaisirs, les affections, les intérêts, les espérances sont confondus ; où la femme est l'égal de l'homme, et lui rend, en soins et en amour, ce qu'elle en reçoit en protection et en force ; où les enfants sont une bénédiction du ciel, qui vient resserrer et embellir ces doux nœuds, et non une source intarissable de jalousies et de haine ; où ils sont soutenus, soignés, élevés dans une maison qu'ils remplissent, dont chaque membre leur veut du bien et mourrait volontiers pour eux ; où tout l'amour d'un père, toute la vie d'une mère leur sont exclusivement consacrés pour les rendre meilleurs et plus heureux. Voilà, voilà ce que le mariage assure à la presque totalité de l'Europe chrétienne ; et voilà ce qu'ignorent ces peuples nombreux, sur lesquels la civilisation asiatique étend encore son joug avilissant.

Point d'union conjugale, point d'élévation et de noblesse dans la femme, point d'amour et de respect dans le mari. La femme est ravalée à la condition d'une esclave, à l'état d'une méprisable propriété, et bientôt elle en devient digne par sa dégradation et son abrutissement. C'est là son dernier malheur et le plus irréparable de ses outrages. Point de famille, point d'amour paternel, point d'éducation pour les enfants. Ils sont livrés à des esclaves, en attendant de devenir esclaves eux-mêmes. Point de société ni de relations sociales ; la famille en est le centre, et c'est elle seule qui peut leur prêter quelque charme. Avec le respect pour l'humanité a disparu tout ce qui honore, tout ce qui embellit, tout ce qui vivifie, tout ce qui charme l'humanité.

L'influence de ce sentiment ne se manifeste pas moins dans les rapports qui s'établissent entre les gouvernants et les gouvernés.

L'Europe moderne présente toutes les formes de gouvernement, depuis la démocratie jusqu'à l'empire absolu d'un seul. Mais, quelles que soient ces formes, il règne au-dessus d'elles ces grands principes d'humanité, de respect pour l'homme, qui constituent la base de la civilisation européenne. Les formes varient, mais dans l'application de la force gouvernante aux individus qui lui sont soumis, les résultats sont presque partout les mêmes, en sorte que, dans presque tous les pays chrétiens de l'Europe, l'individu est libre ; il développe à son gré ses talents et ses facultés, il trouve à sa portée des moyens d'instruction abondants, que le gouvernement lui fournit ; il vit sous des lois qu'il connaît d'avance ; sa propriété lui est assurée, sa vie est protégée. Quelque petit qu'il soit, mille bras se lèveraient pour le protéger contre la violence et pour punir les outrages qu'il aurait soufferts. Le corps social est vraiment un corps dont tous les membres sentent les uns pour les autres. Le bien public est toujours pris en considération ; l'homme est toujours regardé comme un but. Et si les gouvernants, qui sont aussi des hommes, se permettent parfois de manquer à ce grand principe, ils lui rendent hommage encore en colorant leur conduite par des prétextes puisés dans l'amour de l'humanité. Ce sentiment de la liberté individuelle, de l'indépendance morale, du droit et de la justice, résultat d'un respect habituel pour ces privilèges sacrés, est tellement répandu, même parmi les classes les moins éclairées, qu'un paysan, menacé d'être dépouillé par une erreur ou même par une injustice, sera toujours prêt à dire avec confiance comme un autre l'a dit avant lui : *Il y a des juges à Berlin*. S'il est quelques exceptions à ces habitudes mutuelles des gouvernants et des gouvernés, qui, dans les États les plus absolus de l'Europe, laissent à l'homme sa noblesse et sa dignité, elles se trouvent peut-être dans le pays où fermente encore un levain asiatique, ou bien dans ceux où des causes semblables à celles qui ont avili l'Asie ont agi pendant trop longtemps. Aussi, cette sécurité, cette protection générale, cette libre disposition de la propriété, cette indépendance individuelle, qui constituent le fonds des mœurs politiques des Européens, ont-elles partout marqué leur influence par la prodigieuse multiplication de l'espèce, par l'augmentation incalculable de tous les produits agricoles, par la profusion de tous les objets nécessaires à la vie, par l'amélioration toujours croissante de tout ce qui embellit l'extérieur de l'existence, en un mot, par cet ensemble de prospérité qui fait que le même terrain nourrit plus de monde et le nourrit mieux que dans les pays où ces avantages politiques sont inconnus. Sortez de l'Europe où cette sécurité opère tant de merveilles ; parcourez ces régions de l'Asie, jadis si belles, mais où, depuis des siècles, cette sécurité n'existe plus ; vous y verrez les hommes traités comme de vils troupeaux, sans respect pour leur indépendance individuelle, sans garantie pour leurs droits, sans protection pour le présent, sans sécurité pour l'avenir. Le maître les regarde comme sa propriété ; il les gouverne pour lui et non pas pour eux ; il en tire sans pitié tout ce qu'ils peuvent rendre ; il les livre, pour de l'argent, à de farouches délégués, qui ne songent qu'à les dépouiller pour s'enrichir, en attendant le fatal cordon ; qui pillent, qui tuent, qui dévorent, qui font plus de mal encore par ce qu'ils étouffent que par ce qu'ils ravissent. Le peuple, fatigué de ne travailler que pour ses bourreaux, ne travaille plus ; il ne sème point, car il n'est pas sûr de recueillir ; les champs demeurent en friche, le commerce languit, le peuple meurt de faim, la population disparaît et le voyageur étonné parcourt de vastes plaines, jadis si florissantes et si fertiles, sans y trouver un seul hameau. Le chacal établit sa demeure sous les débris des palais ; le hibou pousse son cri lugubre du sommet d'une colonne de marbre ; le serpent roule ses replis sous l'autel du roi des dieux ; et à peine, dans une année, le pâtre, seul habitant de ces déserts, vient-il planter sa tente devant ces immenses ruines et montrer une figure humaine à ces lieux, que les lois et la liberté avaient peuplés jadis de cent mille habitants, riches, éclairés et heureux.

Ainsi méprisée, ainsi foulée dans ses droits les plus sacrés, faut-il s'étonner que l'humanité s'arrête dans sa marche vers la destination où l'appellent ses facultés, et dont elle approche tous les jours dans les pays où elle est secondée et respectée ? Aussi, l'expérience prouve-t-elle qu'une autre différence fondamentale entre la civilisation européenne et la civilisation asiatique, c'est que l'une est stationnaire, tandis que l'autre est progressive.

II. Les peuples asiatiques, occupant des pays que l'histoire nous induit à regarder comme le berceau du genre humain, sont arrivés, dès avant les temps historiques, à un degré de civilisation assez avancé ; ils en étaient en possession, lorsque les peuples occidentaux et les Grecs eux-mêmes n'étaient encore que des barbares. Mais, par une singularité remarquable, après ces premiers progrès, dont l'origine se perd dans la nuit des temps, tous ces peuples sont demeurés stationnaires quand ils n'ont pas rétrogradé. Sous des climats opposés, sous des institutions diverses, avec des habitudes toutes différentes, dans l'abondance ou dans la misère, dans les vallées fertiles ou dans les déserts, ces peuples se sont toujours ressemblé par un grand trait : ils ont été stationnaires dans l'état où l'histoire nous les a montrés dès ses premières pages, et l'*immobile Asie* est une épithète dont on n'a jamais contesté la justesse. Quelques circonstances extraordinaires, quelques grandes révolutions ont paru quelquefois bien près d'imprimer à cette masse inerte un mouvement progressif ; mais l'immobilité séculaire a toujours fini par triompher de ce mouvement passager, comme les rochers des Alpes résistent au marteau du voyageur, dont les efforts impuissants peuvent à peine en détacher un fragment inaperçu ; ou comme l'Océan se joue du corps léger dont un faible sillon marque à peine la trace, l'engloutit ou le repousse vers ses rivages, et reprend bientôt après sa surface unie et son éternel niveau.

Tout n'est pas égal dans cette immobilité ; tous les peuples qu'elle a, pour ainsi dire, pétrifiés, ne sont pas également malheureux. Tous ne partagent pas les mêmes privations, les mêmes vexations, la même ignorance brutale ; mais tous sont glacés par une immobilité qui paraît éternelle, et c'est assez pour les dégrader et les avilir. L'humanité s'y dépouille peu à peu de ses plus belles prérogatives ; presque partout sa vie devient purement animale, même dans les lieux où le climat invite le plus à la contemplation. Plus d'activité dans les idées, plus de mouvement dans les esprits, plus de progrès dans les arts. Ou les hommes sont parqués en castes, dont une seule se réserve la méditation et la pensée, et, à force d'offusquer pour les autres le jour intellectuel, finit par le perdre elle-même : tels les mandarins de la Chine, les bramines de l'Inde, les prêtres de la Chaldée et de l'Égypte ; ou bien toute la masse est ignorante, et s'enorgueillit brutalement de son ignorance et de son immobilité. Incapables de goûter les plaisirs nobles et purs de l'intelligence, les hommes s'attachent avec fureur et sans mesure aux plaisirs grossiers, fournis par la seule chose qui soit toujours la même dans l'homme, les sens ; et une lasciveté sans délicatesse et sans frein est pour eux presque l'unique source de jouissance. Les facultés plus nobles de l'âme dont le siège est la volonté, ces facultés par lesquelles l'homme devient, à juste titre, le roi de la création, parce qu'il devient capable de vertu et d'immortalité, demeurent sans exercice et finissent par s'oblitérer. Une soumission passive, fruit de l'avilissement et de l'esclavage, demeure la seule vertu, et le fatalisme étouffant devient la seule religion. Quelques récits fantastiques pour amuser d'insupportables loisirs, quelques accents de volupté toujours les mêmes parce que les sens seuls les inspirent, sont les uniques produits de l'intelligence de l'homme dans sa longue immobilité, comme le despotisme et la servitude, la dévastation et le carnage sont les seules révélations de son cœur.

Quel spectacle différent présente à nos regards la civilisation européenne ! L'esprit et le cœur de l'homme y sont en possession de leurs droits ; ils agissent avec une liberté dont quelques tentatives infructueuses n'ont pu les priver, et des progrès constants ont couronné leurs constants efforts. Depuis les premiers siècles de la Grèce jusqu'à nos jours, jamais, dans notre occident, l'humanité ne fut entièrement stationnaire. Elle a eu diverses phases, elle a suivi diverses directions, qui toutes ne lui furent pas également favorables ; mais toujours elle a marché, toujours elle a cherché le mieux et s'est efforcée de l'atteindre. Des causes puissantes, et surtout son contact avec les barbares de l'Orient et du Nord, ont suspendu sa marche progressive, souvent même l'ont rendue rétrograde. Mais ce principe d'activité qui la distingue s'est aussitôt remis au travail ; il a promptement réparé ses pertes et retrouvé toute son énergie, comme la force mystérieuse de la jeunesse surmonte les maladies, cicatrise les blessures, tourne tout à son profit, et donne enfin au corps et la grâce, et la force, et la stature à laquelle il doit parvenir. Un progrès s'ajoute à un progrès, pour devenir à son tour le principe d'un autre plus grand. Une découverte s'ajoute aux découvertes anciennes pour arracher à la nature quelques-uns de ses secrets, ou fournir à l'homme de nouvelles sources de jouissances. Les procédés des arts se perfectionnent et se simplifient. Les produits en deviennent plus abondants, plus solides et plus beaux. L'homme y travaille par son intelligence encore plus que par ses bras ; il semble retrouver, enfin, le rôle que lui donna le Créateur, celui de commander à la nature par sa raison et par sa volonté. Multipliés à l'infini par des perfectionnements toujours nouveaux, les produits des arts utiles vont embellir l'existence des classes les moins fortunées et se font jour jusque chez les peuples qui repoussent les progrès et la liberté dont ils sont le fruit. L'esprit, dans son activité toujours croissante, interroge cette nature mystérieuse que lui révèlent les sens. Il tâtonne longtemps sans doute, mais il avance toujours en corrigeant ses erreurs, et trouve de temps en temps, comme une récompense digne de lui, quelques-unes de ces lois primordiales auxquelles l'éternelle Sagesse a soumis la marche de l'univers. Il se replie sur lui-même ; il analyse les procédés de son intelligence ; il interroge les mystères de sa volonté ; il sonde les profondeurs de sa conscience ; il s'élance hors de l'espace pour trouver la cause première que l'espace ne saurait contenir ; et dans ces nobles exercices dont il accumule les résultats, il acquiert une élévation et une force dont les plus habiles sont à juste titre étonnés. Il se perfectionne lui-même, il perfectionne la famille, il perfectionne la société, il développe et améliore sans cesse les institutions publiques. Et pour se délasser de ces travaux renouvelés sans cesse et jamais achevés, il invente ou il perfectionne ces nobles arts, qui ajoutent à la vie intellectuelle tant de douceurs et tant de charmes ; produits de l'intelligence, plaisirs éthérés de l'imagination et du sentiment, peinture toujours reproduite et toujours neuve de la nature extérieure et des profondeurs de l'âme, des réalités et des idées, de ce que l'homme voit et de ce qu'il pressent, de ce qu'il possède et de ce qu'il désire, de ce qui est et de ce qui devrait être. Sous le ciel et sous la liberté de la Grèce, ces beaux arts prirent leur essor ; ils arrivèrent promptement à une perfection dont nous sommes encore étonnés, et l'esprit humain sembla n'avoir plus d'autre tâche que celle d'imiter des chefs-d'œuvre qu'il était incapable de surpasser. Mais ce mouvement progressif, imprimé aux peuples occidentaux, par les habitudes et la civilisation de la Grèce, ouvrit bientôt des champs nouveaux à la pensée, et aux arts de nouvelles richesses. À côté des beautés grecques, si simples et si pures, apparurent bientôt d'autres beautés, ou plus grandes, ou plus sentimentales, ou plus profondes. À côté du temple grec, avec son élégante colonnade, s'éleva l'amphithéâtre romain avec sa majestueuse grandeur, et bientôt la mystérieuse église gothique, où l'imagination se plaît à errer. À côté des chefs-d'œuvre si beaux et si calmes de la sculpture antique, se montrèrent les chefs-d'œuvre ravissants de la peinture moderne. À coté de ces poèmes, où un siècle grossier mais fort avait imprimé son caractère et semé tant de mâles beautés, se montrèrent bientôt d'autres poèmes, expression et délices d'une civilisation plus avancée, où le cœur humain révéla quelques-uns de ses sentiments les plus doux, où l'esprit élevé dans une plus haute région consigna quelques-unes de ses plus touchantes rêveries.

À ces jeux du théâtre, si simples, mais si attendrissants dans la Grèce, succédèrent plus tard d'autres jeux, où l'homme fut peint plus en grand, où l'on pénétra plus avant dans ses affections les plus secrètes, où sa nature se montra si embellie, si agrandie, sans cesser d'être elle-même. Depuis vingt-cinq siècles, toujours actif, toujours réfléchi, toujours infatigable, l'esprit humain a travaillé sans relâche à multiplier et à varier les jouissances qu'il se procure à lui-même. Dans les choses les plus graves, comme dans les plus légères, il a déployé une force productive, une puissance créatrice et ordonnatrice, qui ont justifié ses prétentions à une éternelle durée, qui ont embelli, ennobli, purifié, agrandi son existence terrestre, et l'ont rendu capable d'en posséder une meilleure. Nous vivons au milieu de ces progrès ; nous sommes entourés de leurs résultats ; tout ce que nous possédons, tout ce que nos pères nous ont transmis, tout ce que nous avons acquis nous-mêmes, pour le corps, pour l'esprit et pour le cœur, en est le fruit et la conséquence. Et si nous n'en sentons pas bien toute la valeur, c'est que dès longtemps ils se sont identifiés avec nous-mêmes, et qu'en les goûtant tous les jours, nous ne songeons pas plus à eux qu'à l'air qui soutient notre vie.

Tels sont, à notre sens, les principaux traits qui distinguent la civilisation européenne de la civilisation asiatique. Beaucoup reste à dire sans doute ; une foule de détails viendraient ici corroborer l'impression produite par les masses auxquelles nous avons dû nous arrêter ; et de ce vaste ensemble résulterait dans notre âme un sentiment de reconnaissance et de bénédiction pour le Dieu qui nous a fait naître sous le plus bienfaisant et le plus doux de ces deux systèmes sociaux.

En réfléchissant à cette opposition si profonde et si singulière, on se demandera peut-être quelle en est la première cause ; mais je n'ai pas la prétention de répondre à une question aussi compliquée. Ce n'est point le climat, car tous les climats se rencontrent en Asie, et tous les climats ont été tour à tour traversés par les arts, et par la liberté. Ce n'est point la nourriture, ce n'est point la détresse ou l'abondance, la population ou la solitude ; en général, ces choses-là sont effet et non pas cause. Mais, si j'ose hasarder une conjecture, je dirai qu'une des principales causes qui ont donné à l'Asie son immobilité et son esprit pour les hommes, c'est le régime sacerdotal auquel elle n'a cessé d'être soumise, et qui a tout étouffé sous sa main de plomb. De là les Castes ;

de là la servitude de la pensée ; de là l'immobilité de l'esprit et par conséquent des arts et de l'industrie ; de là cette tyrannie brutale et dévastatrice dont le sacerdoce asiatique s'est toujours porté le défenseur pour s'en faire un instrument. Presque partout et toujours la civilisation européenne fut à l'abri de cette fatale influence ; et si parfois elle y fut soumise en partie, au même degré, elle devint ressemblante à la civilisation orientale.

Mais dans cette civilisation européenne, déjà si belle par ce qu'elle donne, et mille fois plus belle encore par ce qu'elle promet à l'avenir du genre humain, qu'est-ce qui appartient à chacun des deux éléments qui l'ont presque en entier composée ? Qu'est-ce qui appartient au christianisme, qu'est-ce qui revient à la civilisation grecque ?

Cette recherche est délicate ; elle touche à des idées auxquelles les hommes donnent avec raison une grande importance : il faut faire la part des choses saintes, il faut faire la part de celles qui ne le sont pas. Nous osons à peine l'entreprendre, certains d'avance de n'accomplir qu'en partie une tâche aussi difficile.

Remarquons d'abord combien, dans une telle recherche, il est facile d'être injuste envers le christianisme. La civilisation d'un peuple consiste dans ses arts, ses habitudes intérieures, son gouvernement et ses mœurs sociales, en un mot dans les choses qui se voient ; et le christianisme exerce surtout son influence dans les choses qui ne se voient point. Il prend les habitudes sociales comme elles sont ; c'est le cœur seul qu'il veut changer ; il est l'ouvrage de celui qui dit aux enfants de la terre : *Mon royaume n'est pas de ce monde.* Quand il a purifié le cœur, en y réveillant le sentiment du devoir et la haine du vice ; quand il a ennobli l'âme par des espérances qui l'élèvent au-dessus de tous les intérêts et de toutes les passions de la terre, par des affections qui l'exaltent et la sanctifient ; en un mot, quand il a fait de l'homme *un bourgeois des cieux,* sa tâche est remplie ; mais cette tâche est digne d'un Dieu. Il ne s'inquiète point des habitudes extérieures ni de l'ordre politique qu'un miracle perpétuel pourrait seul maintenir sans cesse dans un état de perfection. Le christianisme a donc fait beaucoup de bien dans tous les siècles qui ont suivi sa naissance, sans que le monde l'ait connu, sans que l'histoire ait pu le recueillir, dans le temps même où elle racontait aux générations futures les travers de ses ministres. C'est dans les profondeurs de l'âme que le christianisme exerce sa plus puissante influence et répand ses plus précieux bienfaits. Des milliers d'individus, dans tous les siècles, les ont goûtés en silence, en ont embelli leur vie sans éclat et sans bruit ; et, dans l'estimation de ce que l'Europe doit au christianisme, c'est une quantité inconnue mais immense qu'il faut ajouter à ce que l'histoire nous permet d'apprécier.

Après cette remarque essentielle, et dont les vrais chrétiens sentiront mieux que personne toute la portée, je puis me hasarder peut-être à dire que presque tout ce qui constitue l'extérieur de notre civilisation européenne me paraît appartenir à l'ancienne civilisation grecque. C'est donc à elle que je crois devoir rapporter la répression du pouvoir sacerdotal, et par conséquent l'esprit de liberté, d'indépendance intellectuelle, la marche progressive des arts, des sciences, de la littérature et de l'industrie dans les temps modernes. Si les habitudes des peuples eussent été favorables à l'établissement du pouvoir sacerdotal, les prêtres chrétiens n'auraient pas manqué de le saisir, car ils étaient hommes, et l'Europe aurait partagé l'immobilité de l'Asie. C'est donc à la Grèce que j'attribue l'esprit d'invention, d'amélioration et de progrès qui distingue l'Europe et lui promet un si bel avenir ; c'est à la Grèce en particulier qu'il faut attribuer ce goût des beaux-arts, ce besoin des jouissances intellectuelles, des recherches et des plaisirs de l'esprit qui honorent la race humaine et combattent avec tant d'avantage les passions brutales de la sensualité qui avilissent les Orientaux. C'est à la Grèce que j'attribue encore ce besoin de l'indépendance morale, de la liberté individuelle, cette fierté de l'homme qui sent sa valeur, ce respect pour soi-même, en un mot, qui est la base de toute vertu et le premier pas vers ce respect pour tout ce qui est homme, noble but auquel le christianisme a voulu conduire l'humanité tout entière. C'est à la Grèce aussi qu'il faut attribuer peut-être cette institution du mariage, cette loi de la monogamie, à laquelle l'Europe moderne doit une si grande portion de ses qualités sociales et de son bonheur domestique ; du moins le christianisme semble ne l'avoir imposée qu'aux évêques, et encore comme une loi de circonstance, ne voulant pas, en cela plus qu'en autre chose, s'immiscer dans les institutions civiles parmi lesquelles est certainement le mariage. Enfin, c'est à la Grèce que nous devons peut-être le christianisme lui-même, qui seul vaut beaucoup mieux que tout le reste ; car c'est un fait attesté par l'histoire, que le christianisme n'a jamais pu mordre sur les peuples que la civilisation grecque n'avait pas déjà préparés, et qu'il fut toujours exclu des pays soumis à la civilisation, ou plutôt à la barbarie asiatique. — Au christianisme est due une seule chose peut-être ; mais elle est la plus importante de toutes. À lui est dû l'amour de l'humanité, ce sentiment généreux qui triomphe de l'égoïsme, qui fait sortir l'homme de lui-même, de ses intérêts, de ses passions et de ses plaisirs, pour l'attacher à ce qui n'est pas lui, pour l'unir à la grande famille humaine comme à sa propre famille, pour lui inspirer la grande idée de dévouement et de sacrifice. Il n'a pas créé ce sentiment qui dormait dans l'âme humaine, mais il l'a réveillé, il l'a rendu dominant, il l'a popularisé, en un mot, il l'a introduit dans la vie pratique, et par lui, il a imprimé à la civilisation moderne un caractère de douceur et de spiritualité qu'ignorait même la Grèce ancienne. Il a fini par triompher des haines et des préjugés nationaux, dont la Grèce fut si longtemps tourmentée, et par dissoudre des institutions inhumaines que la Grèce garda longtemps dans son sein, et que les peuples chrétiens avaient aveuglément conservées.

Vous n'avez pas besoin qu'on insiste auprès de vous, chrétiens, sur ce que vous devez au christianisme. Dès longtemps vos cœurs en sont pénétrés, et ces murs ont souvent retenti de vos hymnes d'actions de grâces. Mais, si plusieurs d'entre vous n'y avaient pas réfléchi, ils sauront maintenant ce que vous et nous tous, et toutes les nations européennes, et ce nouveau continent qui se peuple de leur race, et ces myriades qui sont encore à naître, doivent et devront à cette belle civilisation grecque, mère des arts et des sciences, qui rend à l'homme son indépendance et sa dignité, et lui assure pour l'avenir les plus glorieuses destinées.

Après une longue trêve, la barbarie asiatique a renouvelé une guerre à mort contre la civilisation européenne et contre le christianisme, sur le sol même de cette Grèce, dont l'ami de l'humanité ne peut entendre prononcer le nom sans un sentiment de reconnaissance et d'amour. C'est une guerre excitée, d'un côté, par le despotisme et la barbarie ; de l'autre, par le désespoir qui termine enfin une longue patience dans d'intolérables abus. Traités comme les plus vils esclaves, réduits à la condition des brutes, méprisés, frappés, sans droits pour le présent, sans sécurité pour l'avenir, n'étant maîtres ni de leur travail, ni de leurs biens, ni de leurs enfants, ni de leurs femmes, ni d'eux-mêmes, les Hellènes, abattus et avilis, se sont enfin souvenus qu'ils étaient les descendants de ces Hellènes généreux qui jadis résistèrent à l'Asie et finirent par la conquérir. Ils ont demandé la protection et des lois ; on leur a répondu par des massacres, et l'on a cloué aux portes du sérail les têtes vénérables de leurs évêques les plus chéris. Un cri de douleur s'est fait entendre dans toutes les îles et sur le continent de la Grèce, et l'excès de l'oppression et de la barbarie a fait retrouver à ce peuple, longtemps avili, longtemps méprisé, longtemps foulé, son courage et son énergie. Une guerre s'est allumée, féroce, épouvantable, horrible ; une guerre d'extermination, comme le sont toujours les guerres de race à race, de religion à religion, d'esclaves à maîtres. Et il faut bien que l'oppression ait été violente, les abus intolérables, le mépris accablant et les cruautés inouïes, pour qu'une poignée d'hommes, sans armes, sans argent, sans discipline, sans chefs, ait osé lever l'étendard contre un empire puissant dans sa décadence, et dont tous les membres sont animés à la fois par l'orgueil de la conquête et par le fanatisme politique et religieux. Mais les Hellènes, attaqués par des essaims d'ennemis, ont retrempé leurs âmes par le souvenir de leurs glorieux ancêtres et par leur zèle indomptable pour la religion de Jésus. Ils ont fait voir encore une fois à l'Europe étonnée le courage de Léonidas et celui des premiers martyrs ; ils ont renouvelé leur gloire ; et, s'ils succombent, l'histoire ne dira pas avec moins d'admiration cette lutte héroïque, que celle dont on nous a si souvent entretenu dans nos jeunes ans. L'âme s'attriste, le cœur se soulève, les chairs frissonnent et les cheveux se hérissent au récit des horribles cruautés dont ce peuple est la victime, et des actes de courage auxquels il s'élève dans sa longue résistance. — Voyez-vous cette fumée qui s'élève du sein des mers ? c'est une île florissante, le paradis de la Grèce, où soixante mille chrétiens trouvaient l'abondance et la paix, parce qu'ils étaient la propriété d'une femme. Approchez. Quel spectacle frappe vos regards ! Les champs sont dévastés, les villes et les villages sont en cendres, et cinquante mille Grecs, surpris au sein de la paix et de l'obéissance, jonchent de leurs cadavres ces rivages désolés. — Voyez-vous ce navire cinglant du côté du midi ? Entendez-vous les cris déchirants, les gémissements profonds qui frappent les airs ? C'est la population d'un village tout entier, que l'Égyptien barbare, après avoir massacré les guerriers, a fait saisir pour peupler ses horribles déserts. Les femmes, les vieillards et les enfants s'avancent vers la terre de l'esclavage en pleurant leur chère patrie et leurs amis qui ne sont plus. Dieu ! n'est-ce pas la langue d'Europe que parlent leurs infâmes conducteurs ? — Voyez-vous cette longue file de femmes, dont les pleurs ont terni les yeux naguère si vifs et si doux, dont le chagrin a creusé les joues naguère si brillantes de jeunesse ? Ce sont des vierges qui, moins heureuses que leurs pères et l'époux destiné pour elles, ont été sauvées du massacre de leur village pour être prostituées à la lubricité de leurs ennemis et de leurs bourreaux. La chair chrétienne est devenue à vil prix ; les marchés de Constantinople et du Caire en sont encombrés. On vend les chrétiens hellènes parce qu'on est las de les tuer, et on les massacre encore parce qu'on ne peut plus les vendre. — Entendez-vous sur ce rocher stérile ce chant naguère consacré au plaisir et à la joie ? Ce sont des vierges, des épouses et des mères, que leurs pères et leurs époux défendent encore, par un dévouement héroïque, contre leurs farouches ennemis. Elles ont reculé devant l'outrage et le déshonneur, jusqu'à la cime de ce roc qui penche sur un abîme ; et là, se prenant par la main, dans l'enthousiasme de la religion et de l'honneur, elles ont entonné le chant de leur patrie, elles ont fait en rond une danse lugubre, et, quand chacune d'elles est arrivée à son tour au bord de l'abîme, elle s'y est précipitée, pour trouver au pied cet asile inviolable, que la mort ne refuse jamais à ceux qui souffrent. Et quand le Turc, après en avoir fini de leurs défenseurs, arrivera pour saisir sa proie, il ne verra, dans une profondeur immense, qu'un monceau de cadavres, objet de tristesse et de pitié, si la pitié pouvait entrer dans son âme. — Voyez-vous cette ville, où une poignée de soldats repousse des milliers de barbares ? Privations, fatigues, dangers, ils bravent tout pour leur patrie, tout pour leur liberté, tout pour leur religion ; et quand tout leur manque, quand leurs forces sont épuisées par la famine et par les combats, ils font un dernier effort, un dernier sacrifice ; ils s'ensevelissent sous leurs propres ruines, avec leurs femmes et leurs enfants, qu'ils sauvent de l'esclavage, avec une foule d'ennemis qui trouvent la mort dans la victoire. Psara ! Missolonghi ! noms tristes et chers, dont le souvenir vivra toujours dans les âmes généreuses comme un monument des plus nobles vertus, des plus horribles souffrances et des plus infâmes cruautés où l'espèce humaine puisse atteindre ; sera-ce en vain que vous retentirez à l'oreille d'Européens et de chrétiens qui doivent tout peut-être à cette Hellade que vos héros n'ont pu sauver, et n'exciterez-vous dans leur âme qu'une émotion vaine, une admiration stérile ? Non. Tous les peuples de l'Europe sont frères. Oubliant leurs anciennes et fatales rivalités, les hommes de tous les pays chrétiens ont appris à se réunir et à s'entendre pour les intérêts du christianisme et de l'humanité. Si la crainte d'allumer un incendie plus destructeur encore que celui dont nous avons vu les dernières étincelles retient dans le repos les rois chrétiens de l'Europe, partout du moins le cri des Hellènes s'est fait entendre aux cœurs aimants et généreux. De tous les points de l'Europe, des secours leur ont été tendus pour les aider dans leur lutte mortelle ou pour adoucir leurs désastres ; et la ville qui fut longtemps l'honneur de la réformation s'est distinguée au-dessus des autres, par la promptitude et l'étendue de ses dons. Et nous, que la Providence a comblés de tant de grâces, nous, qui pouvons si bien comprendre tout ce que nous devons à la Grèce, serons-nous les derniers à répondre à cet appel, serons-nous les seuls à ne pas l'entendre ? Nos pères ignorants et grossiers quittèrent jadis leur patrie, leurs femmes et leurs enfants, pour aller conquérir un sépulcre vide, honneur vain rendu à celui qui règne déjà dans les cieux, et peut-être pour repousser de l'Europe chrétienne ces essaims de mahométans et de barbares qui, plus tard, en envahirent les plus belles contrées. Et nous, que la barbarie asiatique serre de plus près, qu'elle vient presque toucher à l'Orient, tandis que ses cendres éteintes se réchauffent vers le midi ! nous, chrétiens ! nous, hommes libres sous la charte ! nous, qui nous flattons de marcher à la tête de la civilisation et qui du moins y occupons un des premiers rangs, verrons-nous sans regret tomber ce peuple généreux, dernier germe de civilisation et de christianisme dans la plus belle contrée de l'Europe, germe précieux, dont le développement pourrait vivifier encore et réunir à l'Europe civilisée et chrétienne ces belles contrées de l'Orient, si riches en souvenirs, si fécondes en fruits et en héros ? Non, les malheurs de la Grèce nous feront mieux sentir combien sont étroits les liens qui nous unissent à elle. En retournant dans nos demeures, nous y rapporterons la mémoire de ses bienfaits et de ses malheurs. Le négociant songera que c'est à elle qu'il doit cet esprit de progrès dans les arts, source féconde d'industrie et de richesse, et peut-être cette indépendance individuelle, cette sécurité sous des lois impartiales et humaines, sans lesquelles le commerce et l'agriculture ne sont plus que de vains mots. L'artiste, en donnant et en goûtant lui-même les plaisirs purs des beaux-arts, se souviendra, plein de reconnaissance, qu'il les tient de la Grèce souffrante. Le littérateur, en savourant avec délices les admirables beautés des poètes, des orateurs et des philosophes de la Grèce, éternel modèle dans le plus noble des arts, se souviendra que cette langue, admirable chef-d'œuvre de l'esprit humain, ne donne plus que des cris de détresse et des accents de désespoir. L'épouse, en rentrant sous le toit conjugal pour y prendre cette place de confiance et d'amour que nos mœurs lui assurent, en embrassant un époux dont elle est l'égale, des enfants qu'elle possède en entier et qu'elle élève autour du foyer domestique, sans gêne et sans bassesse, pour les rendre dignes un jour du bonheur dont elle jouit elle-même, l'épouse se souviendra que c'est à la Grèce peut-être qu'elle doit ce bonheur plein de dignité, et que, sans l'exemple de ce pays, réduite à la condition d'esclave, dégradée en un vil instrument déplaisir, elle n'aurait ni époux, ni enfant, ni maison, ni dignité, ni espérance. Et dans ce temple même, le chrétien, plein des idées sublimes, des doux sentiments, des affections pures, des vertus célestes, des espérances ravissantes, que le vrai christianisme porte avec lui dans le fond de l'âme, ne voudra point renvoyer plus loin de prêter aux Grecs le premier secours qu'il puisse leur tendre, celui de ses ferventes prières. — Dieu notre Père, entends les vœux de tes enfants affligés ! Dieu de constance et d'éternité, ne laisse point briser l'instrument dont tu t'es servi pour répandre sur la terre tes plus admirables bienfaits ! Dieu des lumières, ne laisse point l'ignorance et la barbarie envahir la terre classique des arts et de l'intelligence ! Dieu de la sainteté, ne laisse point la souillure et le vice s'assouvir sur l'innocence et la pureté ! Dieu des armées, déclare-toi pour le faible et pour l'opprimé ! Dieu des chrétiens, sois pour les soldats de la croix, pour les disciples de ton Christ ! Amen.

~

Copyright © 2025 by ALICIA EDITIONS
Crédits image : Canva, Wikipédia Commons

Tous droits réservés

www.ingramcontent.com/pod-product-compliance
Lightning Source LLC
LaVergne TN
LVHW092011090526
838202LV00002B/99